워런 버핏식
현금주의
투자 전략

글로벌 명품 주식 톱10으로 검증한

워런 버핏식
현금주의
투자 전략

장흥래 지음

에프엔미디어

추천사

주식 투자의 비법을 알려준다는 책은 시중에 무수히 많다. 하지만 대부분은 왜 그렇게 투자해야 하는지에 대한 과학적 근거 없이 자신만의 주장을 소개한다. 그렇게 투자한 결과가 어떤지를 실증적으로 보여주지도 않는다. 내가 오랫동안 교류하고 지내온 장홍래 대표가 그동안 축적한 경험과 지식을 종합해 쓴 이 책은 확실히 다르다. 재무제표를 통해 공시된 기업의 회계 숫자를 철저히 분석하고, 왜 그런 방식으로 투자해야 하는지를 논리적으로 설명한다. 그리고 그 방법에 따라 투자해서 어떤 결과가 나왔는지 소개하며 개별 기업에 대한 분석까지 실시한다. 현금흐름과 회계 정보의 신뢰성을 분석하는 이 책의 내용은 학술적 연구 성과들의 핵심을 요약한 것으로, 읽다 보면 저절로 고개가 끄덕여진다. 성공적인 주식 투자를 열망하는 투자자라면 저자의 통찰력과 투자법을 꼭 배워보기를 추천한다.

— **최종학**(서울대 경영학과 교수, 《숫자로 경영하라》 저자)

'제2의 스타벅스'로 칭송받던 중국의 커피 기업 루이싱(瑞幸)이 순식간에 무너졌다. 2020년 4월 2일, 루이싱은 뉴욕 증시 개장을 앞두고 "내부 조사를 통해 지난해 매출액 중 약 22억 위안(약 3800억 원)이 부풀려졌음을 확인했다"라고 발표했기 때문이다. 국내 주식은 물론이고 해외 주식에 투자하려는 사람들에게 가장 큰 '공포'가 바로 회계 분식이다. 대우조선해양이나 루이싱 같은 주식을 매입했다가 주식이 휴지 조각이 되는 일을 미연에 방지하기 위해서는 어떻게 해야 할까? 이 의문을 가진 독자들이라면 이 책의 1장을 탐독하기 바란다. 좋은 책 한 권이 당신의 계좌에 '안전벨트'를 채워줄 것이다.

— **홍춘욱**(EAR리서치 대표, 《디플레 전쟁》 저자)

글로벌 회계 법인 출신으로 성공한 투자자를 보니 동료이자 후배로서 너무나 자랑스럽다. 이 책은 장홍래 대표가 해외 주식 투자를 통해 이룩한 놀라운 성과의 근거를 풀어낸다. 특히 손익 위주로 접근하는 국내 투자자들에게 현금흐름이 왜 중요한지, 어떻게 투자에 활용할 수 있는지를 현실적으로 제시한다는 점에서 매우 의미 있다. 해외 주식에 관심이 있지만 쉽게 접근하지 못하는 분들께 추천한다.

— **사경인**(회계사, 《재무제표 모르면 주식투자 절대로 하지마라》 저자)

저자는 본질은 현금이고 당기순이익은 곁가지에 불과하다면서, 투자를 판단할 때 기업이 벌어들이는 현금이 가장 중요한 요소라고 밝힌다. 또한 역사상 가장 성공한 투자자인 워런 버핏이 활용한다는 DCF 방식, 즉 미래에 벌어들일 현금으로 내재가치를 계산하는 방법을 쉽게 설명하고, 이를 적용해 큰 성공을 이루어낸 자신의 투자법을 제시한다. 글로벌 명품 기업 11개사를 사례로 설명하는 분석법은 쉽게 이해된다. 현금 수입을 기준으로 한 투자 유망 기업 선정 방법은 안전하면서도 활용하기에 복잡하지 않다.

4차 산업혁명 시대에 들어서면서 기업이 보유한 유형자산보다 무형자산의 가치가 중시되고, 막대한 유형자산 투자가 필요한 전통 산업보다는 IT 기술을 활용한 지식 산업의 성장성이 높아지는 추세다. 이 시대의 유망한 산업 · 기업을 파악할 수 있고 실질적으로 투자에 도움이 되는 훌륭한 책이라는 믿음으로 일독을 권한다.

— **숙향**(《이웃집 워런 버핏》 저자)

기업의 현금흐름은 인체의 혈액 순환과 마찬가지다. 혈액 순환이 좋아야 건강한 것처럼, 현금흐름이 양호해야 우량한 기업이다. 매출과 순이익에만 주목하는 투자자가 대부분이다. 하지만 현금흐름 분석이야말로 성공 투자의 핵심이다. 이 책은 현금흐름의 양(quantity)뿐만 아니라 품질(quality)까지 입체적으로 분석한다. 버핏의 성공 비결인 현금주의 투자법을 알고 싶은 투자자라면 놓쳐서는 안 되는 책이다.

— **신진오**(밸류리더스 회장)

경제 거래를 원인과 결과로 동시에 보여주는 회계의 복식부기 사고를 기업 투자와 거시경제에 접목한 것이 신선하고 함의가 크다. 성실한 독자라면 책의 곳곳에서 가치투자에 실질적 도움이 되는 도구를 많이 얻을 수 있을 것이다.

— **곽태원**(영훈학원 이사장, 하버드대 경제학 박사)

성공적인 투자에는 인문학적 소양이 필요하다. 그중에서도 회계와 재무 지식은 투자 성공 확률을 높일 수 있는 확실한 자산이다. 회계를 넘어선 저자의 뛰어난 융합 지식과 인사이트가 돋보이며 투자자에게 실용적인 지적 자산을 제공한다.

— **김찬홍**(명지대 회계학과 교수, 서울대 경영학 박사)

들어가며

"촛불은 바람에 위태롭지만, 큰불은 바람을 반긴다."
– 나심 탈레브

"버크셔 해서웨이는 주기적으로 찾아오는 경제위기마다 풍부한 현금으로 시장
의 소방수가 되며, 수익성과 재무안정성이 대폭 향상된다."
– 워런 버핏, 2015년 버크셔 해서웨이 50주년 주주서한

"생산성과 번영 사이의 밀접한 관계를 이해하는 미국인은 극소수다."
– 워런 버핏, 같은 글

코로나 패닉과 대응

 2020년 3월 뉴욕증권거래소와 나스닥, 코스피와 코스닥, 유럽 주요
증시에서 연이어 서킷브레이커, 사이드카가 발동되었다. 이후 조금씩 회
복되고 있지만 코로나 패닉에서 완전히 벗어나지는 못했다. 이런 시기에
주식 투자 책을 내는 것이 현명한 일인가 고민했다. 정량적·정성적 분석

끝에 이 책 출간 준비가 한창인 4월부터는 투자에 나서야 한다는 결론을 내렸다. 글로벌 명품 주식 투자에 조금이라도 도움이 되리라는 생각에 부족하지만 독자들께 내놓기로 했다.

블랙스완은 언제나 경고 없이 닥치고, 투자의 대가도 피할 수 없다. 벤저민 그레이엄이 《증권분석》과 《현명한 투자자》를 저술한 것은 1929년 대공황 직후로 미국 주식시장은 최악에 처해 있었다. 가치투자의 창시자인 그레이엄조차도 당시 공매도와 신용융자 등으로 커다란 손실을 입었다. 이런 상황을 거치면서 그는 소문과 직감에 의존하는 투자가 아니라 재무제표를 정량적으로 분석하는 투자로 전환했다. 안전마진 개념도 이런 경험에서 나왔으며 공학 용어를 차용한 것이다.

주식시장이 좋을 때는 누구나 주저없이 참가한다. 그러나 반대일 때 과감하게 참가하는 투자자는 적고, 진입하더라도 자기만의 가치 평가(valuation)와 가격 책정(pricing) 기준을 적용하는 투자자는 더욱 드물다. 지금 같은 위기와 다가오는 전환기에는 어떻게 투자해야 할까? 투자 원금을 보전하고 적정 수익을 내기 위해서는 현금/자산 비율이 10% 미만이고 부채비율이 50%를 초과해 재무안정성이 낮은 기업은 피해야 한다. 또 영업현금흐름/당기순이익(영업이익) 비율의 변동이 심해 장부상 이익의 신뢰성이 낮은 기업도 걸러내야 한다.

어떤 주식을 매수해야 할까? 이 책에서 분석한 세계의 주요 명품 기업조차도 상당수가 코로나 패닉의 여파로 내재가치 이하에 거래된다. 그래서 나는 이들 기업의 일부를 매수하고 있다. 5년, 10년, 그 이상을 바라보는 장기적 투자자는 거리낌없이 투자할 수 있다. 투자의 기준과 철학이 없는 6개월~1년의 투자자는 투자할 수 없다. 시장의 단기적 변동성을 이기지 못하기 때문이다.

투자 실적과 경험

2016년 3월 1일 나를 포함한 투자자 4명이 정음에셋을 공동 창업했다. 투자 실적(사용자본수익률)은 2017년 3월까지 복리 19%, 2018년 3월까지 11%, 2019년 3월까지 27%, 2020년 2월까지는 45% 이상(잠정)이다.

코로나 사태 등 악조건 속에서도 이처럼 안정적인 수익률을 유지하는 것은 세밀한 정량적·정성적 분석은 물론 진입 시기, 행운 등의 덕도 컸다. 그중 가장 중요한 요인은 기업에 대한 철저한 이해와 분석을 바탕으로 한 이성적 확신과 평안함에서 오는 지속적 매입이었다. 정음에셋은 창업자 4명의 자본금 6억 원으로 시작해 우수한 투자 실적에 따른 증자와 재투자 수익 증가로 2020년 3월 말 기준 부채 없이 200억 원이 넘는 순자산을 가지고 있다. 한마디로 집중과 복리의 산물이다.

2020년 2월 정음에셋의 포트폴리오를 보면 중국 기업인 마오타이 등 소수에 집중 투자하고 있다. 이는 내가 글로벌 4대 회계·경영컨설팅 법인인 언스트 & 영 차이나(Ernst & Young China)에서 파트너(지분 임원)로 근무하면서 중국 기업의 재무제표와 현지 경제, 문화, 사회를 정량적·정성적으로 이해했다는 자신감에 나온 것이다. 특히 마오타이에 대한 분석은 내가 전 세계 투자자 중 최고라고 자부한다.

처음 투자했을 때는 6개월간 30% 손실이 발생하기도 했지만 현재 투자 수익의 대부분을 가져다준 마오타이에는 철저한 회계·재무 분석 외에도 제품 연구에 엄청난 시간과 노력을 쏟았다. 술을 잘하지 못하지만 세계 술 박람회 참가, 각종 명주 구입 후 시음, 마오타이 공장 방문, 담당 중국 회계사 면담, 중국 지인들과의 토론 등 할 수 있는 모든 것을 했다.

나는 회계사로서 기업 재무제표를 잘 이해하지만 마오타이에 투자한다고 하자, 중국 지인들도 처음에는 외국인인 내가 자기들보다 기업을 더 잘 이해한다는 것을 받아들이지 않았다. 20년 이상 애널리스트로 일한 중국인들조차도 나의 투자법이 중국에서 통하지 않는다고 했다. 그러나 4년이 지난 지금, 중국 지인들과 투자펀드는 100% 이상의 수익률을 얻었고 나의 버핏식 가치투자를 철저히 따라 투자를 집행하고 있다. 나는 중국의 투자펀드에 마오타이, 중국평안보험, 우량예 등의 기업 분석과 투자 자문도 제공하고 있다.

나는 얼마 전 포컴에셋(Focus & Compound Asset)을 창업했다. 정음에셋의 창업자들 사이에 경영상 이견이 있어 각자의 길을 가기로 결정한데 따른 것이다. 경험이라는 매우 중요한 지적 자산을 축적했기 때문에 감사한 마음이며, 정음에셋의 주주로서 정음에셋이 보유한 중국 기업에 대한 자문은 계속할 것이다. 정음에셋 주주들에게도 거듭 감사드린다.

안티프래질한 투자

나의 투자 이력에 가장 큰 영향을 준 인물은 워런 버핏과 나심 탈레브다. 탈레브는 《블랙스완》, 《행운에 속지 마라》, 《안티프래질》 등을 썼는데, 나는 특히 《안티프래질》을 수십 번 읽고 생각하면서 투자철학과 방법에 큰 영향을 받았다. '블랙스완'을 예측하기보다는 각종 변수에 상대적으로 안티프래질한 대상에 투자하면 된다는, 매우 간단하지만 강력한 투자 무기를 얻었다. 블랙스완인 코로나 사태가 전 세계를 강타하는 지금도 이 방법이 매우 유용함을 확인했다. 미국 달러, 아마존, 마오타이 등이 경제위기에 더 강해지거나 안전한 자산이 되고 있다. 현금/자산 비율이 낮거나 부채비율이 높은 프래질한 기업 등은 다시 도산 위기에 몰려서 투자 손실 확률을 높이고 있다. 탈레브는 속임을 당하는 자(sucker)와 속이는 자로 세상을 나눈다. 투자 세계도 그렇다. 우리가 사는 세상이 그렇고 투자 대상인 기업도 마찬가지다. 현명한 투자자는 타인의 사고에 지배되지 않으며 검증된 지식 체계와 독립적 사고로 이를 분별해낼 것이다.

많은 투자자가 워런 버핏을 잘 안다고 생각하지만 그를 제대로 이해하는 투자자는 소수다. 월가의 대가로 언급되는 투자자들도 버핏의 명성을 레버리지로 이용할 뿐이다. 버핏은 적이 적어서 많은 사람들이 그의 명성을 이용할 뿐, 실제로 그의 투자 방법을 실천하는 투자자는 드물다. 버핏은 나의 투자와 삶에 기준을 보여주었다. 특히 투자에서는 "현금과 현금흐름만이 실제적 가치다", "원금을 잃지 마라", "진정성(integrity) 있는 대상에 투자하라"라는 말에 근거한 정량 분석에 상당한 시간을 할애하고 제거적 방법을 적용해 투자 대상을 매우 소수로 한정해 투자해서 좋은 결과를 얻고 있다. 3, 5, 10, 20년 단위로 계산하는 투자자와 하루, 1개월, 6개월 단위로 계산하는 투자자는 모든 면에서 차이가 있다. 나는 버핏을 통해 투자의 성공은 더하는 것이 아니라 빼는 것에 있음을 깨닫고 긴 호흡으로 바라보게 되었으니 보상이 적지 않다.

이 책의 구성

1장의 전반부는 현금흐름이 개별 종목은 물론 주식시장 전체의 가격을 결정함을 보여준다. 이 책의 키워드는 현금흐름, 현금, 회계·재무 자료의 신뢰성이다. 내재가치는 미래에 잠재된 현금흐름을 의미한다. 현금과 현금흐름은 팩트이고, 이익은 의견일 뿐이다. 지금 코로나 패닉이 세계를 휩쓸면서 거의 모든 기업과 개인이 산소 같은 현금과 현금흐름을 찾아 헤매고 있다. 가격이 가치에 수렴한다는 말은 주가가 현금흐름에 수렴한다는 말과 동일하다. 각종 그래프를 잘 보면 명확히 보일 것이다. 국가를 기업으로 보면 국가의 경제적 가격이라고 할 수 있는 환율도 현금흐름인 경상수지와 현금인 외환 보유액에 수렴하는 것을 발견할 것이다.

후반부에서는 재무제표의 신뢰도를 정량적으로 쉽게 체크할 수 있는 지표인 현금전환비율(CCR)과 주가 결정 요인을 알 수 있는 현금전환일수(CCC)를 살펴본다. 현금전환비율은 회계상 이익과 현금흐름을 비교하는 단순한 지표지만 투자 대상 기업의 90%를 걸러낼 수 있는 강력한 필터로서 확률적으로 투자 손실 가능성을 대부분 제거한다. '자본생산성과 신뢰성'을 철저하게 분석하면 충분한 보상을 가져다줄 것이다.

현금전환일수는 재료 및 상품을 매입해서 판매해 현금을 회수하기까지 소요되는 일수를 말한다. 이는 기업의 현금흐름표상 현금흐름과 재무상태표상 현금의 직접적 원인 변수다. 주가가 내재가치에 수렴한다는 것은 주가가 현금흐름에 수렴한다는 말과 같다. 주가는 다음과 같은 인과체인의 결과로 나타나는 현상일 뿐이다.

경쟁우위(해자) ⇒ 현금전환일수(재고, 외상매출금, 외상매입금) ⇒ 영업현금흐름 ⇒ 잉여현금흐름 ⇒ 주가이 인과 체인을 통해 우리는 버핏이 왜 해자를 가장 중요한 장기 투자 지표로 생각하는지 알 수 있다.

2장에서는 투자 과정과 실제 기업 분석을 다룬다. 자기만의 투자 기준과 과정을 갖는 것은 독립적으로 사고하는 투자자의 필수조건이다. 이 과정은 투자 대상을 90% 이상 제거하는 데 중점을 둔다. 투자 원금 손실은 투자 대상 기업의 회계·재무신뢰성과 재무안정성이 낮은 데서 나오는 경우가 대부분이다. 이렇게 투자 대상을 걸러내고 나서 자기자본이익률(ROE) 등 수익성 기준을 결합하면 원하는 투자수익률을 얻을 확률이 대폭 높아진다. 일상에서 물품을 살 때는 가치를 먼저 계산한 후 가격이 적정한지 따진다. 주식을 매수하는 경우에도 기업을 이해하고 현금흐름과 자기자본수익률 같은 내재가치를 계산하는 가치 평가와 가격 책정 과정을 거쳐야 한다. 미래는 불확실성하지만 그 범주 내에서 가치와 가격을 판단할 수 있는 기업에만 투자가 이루어져야 한다. 계산되지 않는 기업은 투자자의 능력범위 밖이다.

2장에서 분석하는 글로벌 명품 기업은 11개사다. 내가 투자한 기업이 상당수 포함되어 있다. 이들 기업은 각종 정량적·정성적 지표에서 모두 명품적 요소를 갖추고 있다. 글로벌 기업에서 0.1% 이내에 들어간다는 것은 좋은 기업을 넘어 명품 기업의 반열에 오른 것으로 제조, 판매, 인사, 회계, 재무 등 필수 요소들이 유기적으로 결합되어 나오는 결과물이다.

3장에서는 먼저 인플레이션을 헤지하는 측면에서 투자를 다룬다. 인류 경제사를 보면 90%가 인플레이션 기간이고, 10%가 경제위기 등으로 인한 디플레이션 기간이다. 인플레이션은 물가와 자산 가격의 상승과 동시에 화폐가치 하락을 의미한다. 이것의 근본 원인은 통화량 증발이라는 것을 실증적으로 보여준다. 주식과 부동산의 자산 가격은 자본 생산성과 통화량이라는 두 가지 요소로 결정된다. 하나는 실물적 요소이고 다른 하나는 금융적 요소로, 이 둘이 결합해 자산 가격을 결정한다. 주식 가격은 기업의 자본생산성, 부동산 가격은 통화량이 미지는 영향이 상대적으로 크다.

이어 워런 버핏, 나심 탈레브, 찰리 멍거, 스티브 잡스 등 현명한 투자자들의 생각을 엿보고 이들이 어떤 과정을 거쳐 자신의 무형자산을 축적했는지 살펴본다. 성향은 완전히 다르지만 집중과 복리라는 두 가지 특징을 공통적으로 보유하고 실행함으로써 성취를 거두었다. 방향이 맞다면 우직하게 한 우물을 파는 사람은 결국 물을 얻는 것처럼 말이다.

마지막에는 기업 거래의 원인과 결과의 연쇄적 과정을 담은 복식부기 사고를 거시경제 분석까지 활용할 수 있음을 보여준다. 국가 재무상태표의 순자산에 해당하는 외환 보유액과, 국가 손익계산서(현금흐름표)에서 이익에 해당하는 경상수지는 국가의 상대적·경제적 가격인 환율과 밀접한 상관관계를 갖는다.

2년에 걸쳐 준비했고 12년 만에 닥친 글로벌 위기인 코로나 패닉 시기에 출간하는 이 책은 수많은 실패와 성공의 투자 경험, 독서와 몰입 사고의 결과물이다. 편집에 심혈을 기울여주신 백우진 님, 박민수 님, 존경하는 이건 님, 정음에셋과 포컴에셋 주주 여러분께 진심 어린 감사의 말

씀을 드린다. 끝까지 읽어주신 독자들께 감사드리며, 원하는 바를 모두 이루시길 진심으로 기원한다.

God bless us.
Stay hungry, stay foolish.

장홍래

차례

1장. 현금주의 투자로의 패러다임 전환

2장. 현금주의 투자에 따른 실제 종목 분석

3장. 현금주의 투자의 거시적·융합적 적용

1장

현금주의 투자로의
패러다임 전환

일러두기

- 각 기업의 재무지표와 '이익, 현금흐름, 주가' 그래프는 모닝스타, 야후 파이낸스 등을 토대로 작성했다.
- '이익, 현금흐름, 주가' 그래프의 세로축에 있는 k는 1,000, M은 1,000,000의 약자다.

현금흐름을 보기 전에는 투자하지 말라
코스피도 한국 제조업의 현금흐름이 결정
투자의 필요조건, 회계 신뢰도와 현금흐름
현금전환비율과 현금전환일수가 핵심 지표

현금흐름을 보기 전에는
투자하지 말라

'본말전도(本末顚倒)'라는 말이 있다. '근본 줄기는 잊고 사소한 부분에 치우쳐 일을 처리함'을 뜻한다. 이 말은 투자의 방식에도 적용할 수 있다. 투자자가 중요하게 고려할 '본(本)'은 기업의 수중에 있는 현금이다. 이 '본'이 표현된 결과인 '말(末)'은 손익계산서의 이익이다. 사업의 목적은 현금을 버는 것이지, 장부상의 이익을 버는 것이 아니다. 투자도 마찬가지다. 기업의 현금을 보고 투자해야 성공 확률이 높아진다. 현금이 아니라 이익에만 신경 쓰는 투자자는 본말전도한다고 할 수 있다.

놀랍게도 현재 한국 투자자 대부분이 본말전도의 투자를 하고 있다. 이들은 현금흐름에는 거의 눈길을 주지 않는다. 일반 투자자는 물론이고 증권사의 애널리스트들도 그리 다르지 않다. 애널리스트들도 영업이익의 추세와 영업이익에서 산출한 순이익, 재무상태표의 자기자본 정도를 놓고 분석한다. 현금흐름을 분석하고 거론하는 애널리스트는 거의 없다.

손익계산서의 이익이 쓸모없다고 주장하는 것은 아니다. 이익만으로는 보이지 않는 기업 경영 상태가 있으니 이익을 현금흐름으로 한 번 걸러서 보라는 말이다. 투자 후보 기업을 분석할 때 검토할 순서는 현금흐름표, 재무상태표, 손익계산서다.

이 장에서는 그래프를 통해 다음을 살펴보고자 한다. 첫째, 기업의 주가를 결정하는 것은 이익이 아니라 현금흐름이다. 따라서 투자 종목을 선정할 때는 이익보다 현금흐름을 살펴봐야 한다. 둘째, 글로벌 명품 기업은 이익과 현금흐름이 나란히 움직인다. 그러므로 이익, 현금흐름, 주가가 비슷한 추세를 보인다. 셋째, 이익과 현금흐름의 추세가 제각각인 기업은 이익의 신뢰도가 낮다고 판단할 수 있다. 이런 기업은 투자 대상에서 제외해야 한다.

대규모 분식회계로 자본시장에 큰 충격을 준 대우조선해양은 현금흐름이 회사가 발표한 이익과 반대 방향으로 움직였다. 또 주가는 이익이 아니라 현금흐름에 따라 하락하고 반등했다.

다음 그래프를 찬찬히 살펴보자. 대우조선해양이 발표한 당기순이익(파란색 선)은 2008년부터 2012년까지 비슷한 수준을 유지했다. 2013년에 감소했지만 폭이 그리 크지 않았다. 그러나 영업현금흐름(빨간색 점선)은 전혀 다른 추세를 나타냈다. 2009년에 급감했고 2010년에도 감소세가 이어졌다. 주가(녹색 선)는 순이익이 아니라 현금흐름과 동행했다. 이 그래프에서 또 주목할 것은 현금흐름이 순이익보다 적은 회계연도가 많다는 사실이다. 다른 제조회사는 대개 현금흐름이 순이익보다 많다. 그 이유는 차차 설명하겠다.

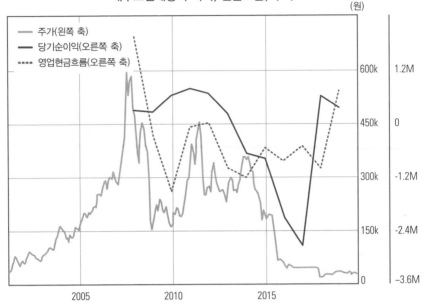

대우조선해양의 이익, 현금흐름, 주가

(원)

— 주가(왼쪽 축)
— 당기순이익(오른쪽 축)
···· 영업현금흐름(오른쪽 축)

600k 1.2M
450k 0
300k -1.2M
150k -2.4M
0 -3.6M

2005   2010   2015

이처럼 대우조선해양의 그래프는 여러모로 바람직하지 않은 양상을
보인다. 스펙트럼의 반대쪽에 있는 모범 사례와 비교하면 내용이 더 뚜
렷해진다. 모범 사례로 삼성전자의 그래프를 제시한다.

삼성전자의 영업현금흐름은 당기순이익과 거의 같은 추세로 증가하
고 감소했다. 따라서 주가도 순이익 및 현금흐름과 동행해 등락했다. 다
시 말해 삼성전자는 순이익과 영업이익, 주가가 정렬된 상태에서 상향
움직임을 보이는 매우 모범적인 기업이다. 확인할 대목이 더 있다. 대우
조선해양과 달리 현금흐름이 순이익보다 언제나 많다는 사실이다. 바람
직하고 정상적인 패턴이다.

삼성전자는 신뢰할 수 있는 지속적인 이익 증가만이 주가 상승으로 투

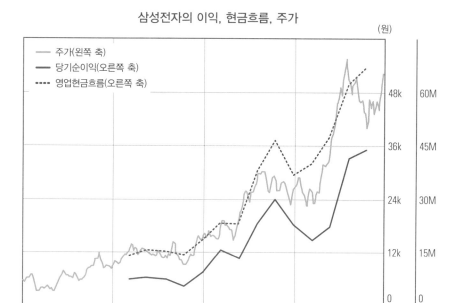

삼성전자의 이익, 현금흐름, 주가

(원)

— 주가(왼쪽 축)
— 당기순이익(오른쪽 축)
···· 영업현금흐름(오른쪽 축)

자자에게 보답함을 보여준다. 글로벌 상장기업 중 이런 기업은 0.1% 미만이다. 도시바의 불규칙한 그래프와 비교해보면 삼성전자 이익의 신뢰도가 얼마나 높은지 알 수 있다.

도시바의 그래프는 이 회사의 회계 분식을 2015년에 조정한 수치로 그렸다. 그런데도 당기순이익과 영업흐름이 2007년 이후 동반하지 않는다. 이익의 신뢰성이 매우 낮다. 도시바는 2007년 이후 이익과 현금흐름의 신뢰성과 예측 가능성이 없어졌다. 이런 기업은 투자 대상 자체가 될 수 없다.

이제 중국 주류회사인 마오타이와 우량예의 그래프를 비교해보자. 중국 백주시장 1위 기업인 마오타이는 이익과 현금흐름이 일치한다. 이익

도시바의 이익, 현금흐름, 주가

(엔)

- 주가(왼쪽 축)
- 당기순이익(오른쪽 축)
- 영업현금흐름(오른쪽 축)

마오타이의 이익, 현금흐름, 주가

(위안)

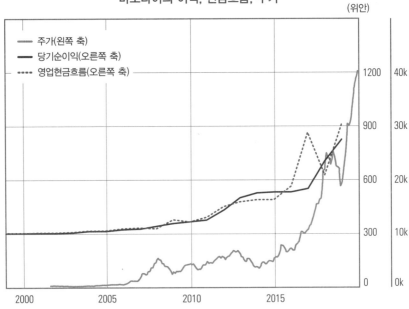

- 주가(왼쪽 축)
- 당기순이익(오른쪽 축)
- 영업현금흐름(오른쪽 축)

우량예의 이익, 현금흐름, 주가

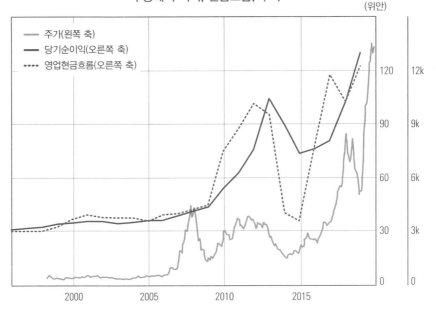

(위안)

주가(왼쪽 축)
당기순이익(오른쪽 축)
영업현금흐름(오른쪽 축)

의 신뢰성이 좋다는 뜻이다. 그래서 주가가 이익 및 현금흐름에 따라 등락한다. 이에 비해 2위 기업인 우량예의 이익은 마오타이에 비해 신뢰도가 낮고 변동성이 크다.

정보기술(IT) 업계의 그래프는 어떻게 갈릴까? 모범적인 그래프와 바람직하지 않은 그래프를 비교해보자. 전자는 구글이고 후자는 바이두다.

구글은 이익과 현금흐름이 10년 이상 일치해서 이익의 신뢰도가 매우 높다. 주가 역시 내재가치인 현금흐름에 수렴하고 있다. 반면 바이두는 이익과 현금흐름이 동행하지 않는다. 바이두의 이익신뢰성이 구글에 비해 매우 낮음을 확인할 수 있다.

제약업계에서는 어떻게 나타날까? 당뇨병 치료제 전문 제약회사 노보

구글의 이익, 현금흐름, 주가

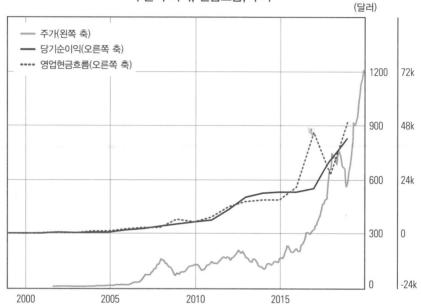

바이두의 이익, 현금흐름, 주가

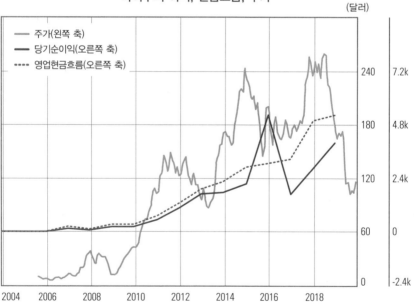

노보노디스크의 이익, 현금흐름, 주가

(크로네)

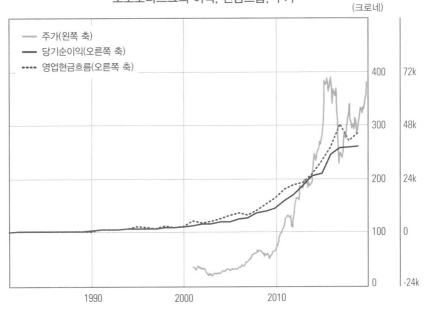

- ── 주가(왼쪽 축)
- ── 당기순이익(오른쪽 축)
- ···· 영업현금흐름(오른쪽 축)

일라이릴리의 이익, 현금흐름, 주가

(달러)

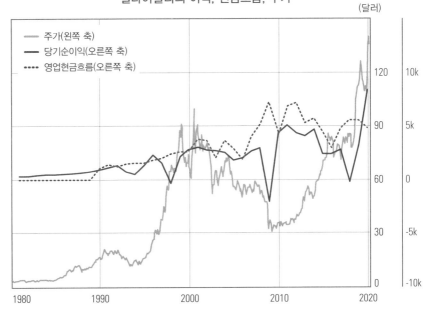

- ── 주가(왼쪽 축)
- ── 당기순이익(오른쪽 축)
- ···· 영업현금흐름(오른쪽 축)

노디스크와 일라이릴리의 그래프를 비교해보자.

노보노디스크는 이익과 현금흐름이 거의 일치한다. 투자자는 이익을 사용하든 현금흐름을 사용하든 동일한 결과를 얻는다. 일라이릴리는 이익의 신뢰성은 있지만 숫자가 한 번 무너졌고, 최근 수년간 거의 성장하지 못했다.

마지막으로 월트디즈니와 에르메스의 그래프를 보자. 두 회사 모두 설명이 필요 없는 브랜드 가치를 지닌 글로벌 명품 기업이다.

월트디즈니는 2000년 이전에는 순이익과 현금흐름이 일치하지 않았다. 그러나 그 이후 15년 이상 이익과 현금흐름이 동반한다. 주가는 당연

월트디즈니의 이익, 현금흐름, 주가

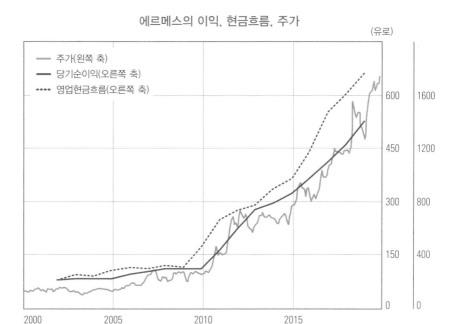

에르메스의 이익, 현금흐름, 주가

(유로)

주가(왼쪽 축)
당기순이익(오른쪽 축)
영업현금흐름(오른쪽 축)

히 현금흐름에 수렴하고 있다.

에르메스는 당기순이익과 영업현금흐름이 격차가 거의 없이 장기간 동반하며, 주가 역시 교과서적으로 내재가치인 현금흐름에 장기 우상향 수렴한다. 에르메스의 그래프는 한마디로 아름다운 패턴을 보여준다.

코스피도 한국 제조업의
현금흐름이 결정

코스피(KOSPI, 종합주가지수)는 오랫동안 '박스피'라고 불렸다. 박스피는 '박스(box)'와 '코스피'의 합성어로, 코스피가 2011년 이래 약 6년 동안 박스권에 갇힌 현상을 가리키는 데 쓰였다.

코스피는 왜 박스권을 벗어나지 못했을까? 한국 제조업의 영업현금흐름이 박스권에 머물렀기 때문이다. 제조업 영업현금흐름은 한국은행이 매년 발표하는 기업경영분석 통계에 집계되어 있다. 제조업 영업현금흐름의 업체 평균 금액은 기복이 있지만 뚜렷한 증가 추세는 보이지 않는다.

오른쪽과 같이 제조업 영업현금흐름은 매년 두 가지 수치로 나타나는데 그 이유는 32쪽을 참조하기 바란다.

코스피는 2017년 들어 상승세를 탄다. 제조업의 업체당 영업현금흐름

코스피 추이(2011~2019)

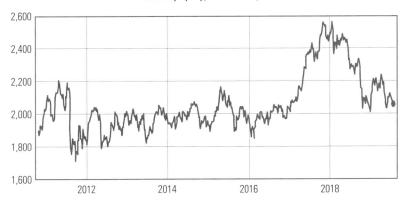

한국 제조업의 영업현금흐름 추이(2011~2018)

(단위: 억 원)

2011년	2012년	2013년	2014년	2015년	2016년	2017년	2018년
115.6	124.3	132.6	94.3	132.9	123.1	139.7	132.3
109.8	111.2	124.8	93.3	127.8	120.4	135.0	

출처: 한국은행 기업경영분석(연간)

이 120억 원대 초반에서 130억 원대 후반으로 증가했기 때문이라고 추정할 수 있다. 그러나 박스권 탈출은 실패했다. 현금흐름이 다시 정체되었기 때문이다. 한국은행이 2019년 6월 발표한 '2018년 기업경영분석(속보)' 자료를 보면 제조업의 2018년 영업현금흐름은 전년도의 135억 원보다 감소한 132억 원이었다.

이 측면에서는 2017년에 앞서 2015년에 코스피가 강세를 띨 수도 있었겠다. 현금흐름이 2014년 90억 원대 초반에서 2015년에 130억 원 전후로 크게 개선되었기 때문이다. 그러나 증시는 규칙에 따라 움직이는 곳이 아니고 언제나 예외가 있다.

제조업의 영업현금흐름은 왜 두 가지 수치로 제시될까?

제조업 영업현금흐름은 한국은행 기업경영분석 통계의 부록 중 현금흐름표에서 확인할 수 있다. 여기서 잠시 회계 자료 중 현금흐름표에 대해 알아보자.

한국은행은 "발생주의 회계 기준에 따라 작성하는 현행 재무상태표와 손익계산서는 일부 수익 및 비용을 추정하여 기록하고 있으므로 기업의 실제 자금 조달과 운용 상황을 정확히 나타내지 못한다"라고 설명한다. 기업 회계기준이 1994년 개정되면서 외부감사 대상 법인은 현금흐름표 작성이 의무화되었다. 한국은행은 이에 따라 1996년부터 기업경영분석 통계의 부록에 외감 법인의 현금흐름표를 분석해 수록하고 있다. 그 전에는 재무상태변동표(1981년 이후)를 작성했고, 재무상태변동표 전에는 자금운용표(1974년 이후)를 작성했다.

외감 법인은 재무제표를 공시해야 한다. 한국은행은 공시된 현금흐름표 자료를 취합해 기업경영분석 자료를 작성한다. 문제는 외감 법인의 공시와 한국은행의 자료 취합 마감에 시차가 존재하는 데서 발생한다. 외감 법인이 모두 공시하기 전인 4월 중에 한국은행이 자료 취합을 마치는 것이다.

그래서 매년 한국은행이 취합하는 현금흐름표 공시 제조업의 표본집단이 달라진다. 숫자가 달라지는 것은 물론이다. 2017년 기업경영분석의 현금흐름표 '조사개요' 항목을 보면 제조업 업체는 1만 441곳이었다. 2016년에는 9,964곳이었다.

매년 업체의 표본집단이 달라져도 숫자가 많으면 현금흐름의 추세를 보여주는 역할은 수행할 수 있다. 그러나 현금흐름이자보상비율 등 지표는 어림셈으로 처리할 수 없다. 현금흐름이자보상비율은 단기 지급 능력을 가늠하는 지표로 '(영업활동현금흐름 + 이자비용)/이자비용'으로 계산한다. 표본기업 전체의 이 비율은 2017년 1,467.6%로, 전년도의 1,231.0%보다 236.6%포인트 개선되었다.

2017년의 현금흐름이자보상비율을 2016년과 비교하려면 어떻게 해야 할까? 전년도의 현금흐름은 표본집단과 수가 다르기 때문에, 2017년의 표본집단을 대상으로 그 외감 법인들의 2016년 현금흐름과 이자비용을 집계해 현금흐름이자보상비율을 계산하면 된다. 매년 기업경영분석을 할 때 전년도 현금흐름을 다시 산출해서 기재하는 까닭이 이것이다. 예를 들어 2016년 제조업의 영업현금흐름 금액 중 120.4억 원은 2017년 표본집단을 대상으로 다시 산출한 것이다.

개별 기업의 영업이익과 영업현금흐름의 관계를 살펴보자. 영업현금흐름이 영업이익보다 큰 것이 정상이다. 기본적인 개념은 다음과같다.

매출총이익 = 매출액 − 매출원가

영업이익 = 매출총이익 − 일반관리비·판매비

경상이익 = 영업이익 + (영업외수익 − 영업외비용)

당기순이익 = 경상이익 + (특별이익 − 특별손실) − 법인세

감가상각비는 둘째 산식에서 일반관리비·판매비에 포함된다. 일반관리비·판매비는 제조비용과 구분해 영업비라고도 불린다. 일반관리비에는 감가상각비, 임직원 급여와 복리후생비 등이 포함되고, 판매비에는 판매원 급여와 광고선전비 등이 포함된다. 한편 공장에서 일하는 임직원의 인건비는 일반관리비가 아니라 제조원가에 들어간다. 그런데 감가상각비는 현금이 나가지 않는 비용이다(이에 대해서는 잠시 후에 설명한다). 따라서 감가상각비가 포함된 일반관리비·판매비를 매출총이익에서 제한 영업이익은 영업현금흐름보다 적게 된다.

그러나 영업이익과 영업현금흐름의 격차가 큰 상황이 지속된다면 회계상의 문제를 의심해보아야 한다. 특히 영업이익이 계속 플러스인 반면

영업현금흐름은 계속 마이너스라면 영업이익이 분식되었는지 뜯어보아야 한다.

이를 대우조선해양 사례를 놓고 살펴보자. 다음 표는 분식 사태가 터지기 전 3년 동안 대우조선해양이 발표한 영업이익과 영업현금흐름이다. 즉, 분식한 부분이 포함된 금액이다.

대우조선해양 영업이익과 영업현금흐름의 괴리

(단위: 억 원)

	2012년	2013년	2014년	합계
영업이익	+ 4,863	+ 4,242	+ 4,543	+ 13,648
영업현금흐름	− 9,961	− 11,979	− 5,602	− 27,542

* 2016년 정정공시 이전의 수치임

영업이익과 영업현금흐름 사이의 괴리가 클 뿐 아니라, 영업이익은 계속 플러스인 반면 영업현금흐름은 대폭 마이너스를 벗어나지 못한다.

영업이익 전액이 회사에 남는 것은 아니다. 앞의 산식에서 본 것처럼 영업이익에 영업외수익을 더하고 영업외비용을 빼면 경상이익이 되고, 경상이익에서 법인세 등을 제해야 순이익이 된다. 영업외비용에는 이자비용, 단기투자자산처분손실 등이 포함된다. 이자는 물론이고 부채까지 갚는 데 이익을 지출할 수도 있다. 또는 설비 투자에 투입할 수도 있다. 그러나 회사가 발표한 것처럼 3년 동안 영업이익 약 1조 4,000억 원을 올렸는데 영업현금흐름은 2조 8,000억 원 정도 빠져나갔다는 것은 상식에서 크게 벗어난다. 결론은 대우조선해양의 영업이익이 분식되었다는 것이다.

대우조선해양은 결국 2013년과 2014년에 각각 7,000억 원 넘는 영업손실을 냈다고 실적을 수정해 발표했다. 2016년 3월 정정공시를 통해 2013년에 7,784억 원, 2014년에 7,429억 원의 영업손실을 냈으나 비용 누락 등을 통해 각각 4,000억 원대 영업이익을 올렸다고 밝혔다고 인정한 것이다. 어떤 비용을 어떻게 누락했을까? 검찰과 감사원의 조사 결과에 따르면, 대우조선해양은 해외에서 수주한 사업을 진행하는 과정에서 비용이 예상보다 증가했는데도 이를 그때그때 반영하지 않았다. 또 해양 플랜트 사업의 공사 진행률을 높게 산정하는 방법으로 이익을 앞당기고 부풀렸다.

재무제표에는 재무상태표, 손익계산서, 현금흐름표, 자본변동표가 있다. 이들 재무제표의 비슷한 항목은 금액이 일치해야 할 듯하다. 그러나 앞서 말한 것처럼 손익계산서의 영업이익과 현금흐름표의 영업현금흐름은 일치하지 않는다. 왜 그런지 감가상각비를 실마리로 잡아 더 구체적으로 살펴본다.

기업 회계도 처음엔 가계부처럼 현금흐름을 기록했다. 가상 김밥집을 예로 들어 생각해보자. 김창업 씨는 2016년 연초에 '소풍김밥'이라는 1인 김밥집을 열면서 인건비 부담을 덜고 고용으로 신경 쓰는 일도 줄이기 위해 최신형 자동 김밥말이 기계를 구입했다. 단가는 2,000만 원이었다. 연 임차료는 1,000만 원이고 자신의 연 급여는 3,000만 원으로 잡았다. 단순화해서 비용은 이들 항목만 있다고 하자. 1년이 지난 후 결산해보니 매출 7,000만 원에 재료비로는 2,000만 원이 들었다. 영업손실이 1,000만 원 발생했다.

소풍김밥의 2016년 경영 수지

매출	7,000만 원
− 기계설비 구매비	2,000만 원
− 임차료	1,000만 원
− 재료비	2,000만 원
− 인건비	3,000만 원
영업손익	−1,000만 원

둘째 해에도 매출이 같았고 임차료, 재료비, 급여도 똑같이 지출되었다. 그런데 자동 김밥말이 기계 구입 비용이 들어가지 않았다. 그래서 1,000만 원 흑자로 돌아섰다.

소풍김밥의 2017년 경영 수지

매출	7,000만 원
− 임차료	1,000만 원
− 재료비	2,000만 원
− 인건비	3,000만 원
영업손익	1,000만 원

이처럼 가계부 쓰듯이 작성한 손익계산서는 여러모로 합리적이지 않다. 사람들은 점차 가계부식 손익계산서의 문제를 깨닫고 개선점을 모색하게 되었다.

첫째, 경영 실적이 동일한데 영업손익이 크게 차이가 난다. 첫해에는

가계부식 수지 기록(기계 구입비 전액 반영)

(단위: 만 원)

	2016년	2017년
매출	7,000	7,000
기계설비 구매비	2,000	0
임차료	1,000	1,000
재료비	2,000	2,000
인건비	3,000	3,000
영업손익	−1,000	1,000

1,000만 원 영업손실을 기록하더니 둘째 해엔 1,000만 원 영업이익을 냈다. 둘째, 자동 김밥말이 기계는 한 해만 쓰고 버리는 설비가 아니다. 예를 들어 10년 동안 사용할 수 있다고 하자. 그렇다면 기계 구매에 들어간 비용 2,000만 원을 10년에 걸쳐 처리하면 어떨까. 그렇게 하면 기계를 구매한 해의 손익만 크게 영향받아 왜곡되는 결과를 피할 수 있다.

감가상각의 구조

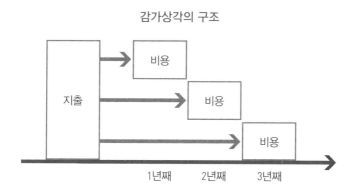

기계설비 구매에 쓴 2,000만 원을 10년에 걸쳐 처리할 때 비용 항목은 감가상각비가 된다. 이 용어는 설비의 가치가 매년 감소하는 것을 반영한다는 의미를 담고 있다. 그렇게 할 경우 손익계산서는 다음과 같이 된다.

손익계산서(감가상각 적용)

(단위: 만 원)

	2016년	2017년
매출	7,000	7,000
기계설비 감가상각비	200	200
임차료	1,000	1,000
재료비	2,000	2,000
인건비	3,000	3,000
영업손익	800	800

두 해의 경영 실적이 동일했고, 영업손익도 800만 원으로 동일하게 기록되었다. 이로써 가계부식 회계가 아니라 감가상각비를 도입한 기업 회계가 되었다.

우리가 이 대목에서 더 주목할 것은 영업손익과 영업현금흐름의 차이다. 첫해에는 영업손익이 800만 원 흑자였는데 영업현금흐름은 1,000만 원 적자였고, 둘째 해에는 영업손익이 800만 원 흑자였는데 영업현금흐름은 1,000만 원 흑자였다.

앞에서 영업이익은 대개 영업현금흐름보다 적다고 일반화했다. 둘째 해가 그런 경우다. 왜 둘째 해 같은 회계연도가 일반적인지 생각해보자.

대규모 설비투자 같은 지출은 한목에 이루어지고, 그래서 설비투자가 반영된 이후의 회계연도에는 현금이 나가지 않는다. 다만 몇 년에 걸쳐 감가상각이 이루어진다. 감가상각비의 규모는 설비투자 금액의 일부다. 현금이 나가지 않는 가운데 손익계산서에는 기계설비 감가상각비가 계상되기 때문에 영업이익이 그만큼 줄어든다.

반대로 영업이익이 영업현금흐름보다 좋은 회계연도도 있다. 기업 매출을 고려할 때, 대대적으로 설비를 갖출 경우 당해 연도에는 영업현금흐름이 악화된다. 그에 비해 손익계산서에는 설비투자 비용의 일부만 반영하기 때문에 영업이익이 영업현금흐름보다 좋게 집계된다.

감가상각이 끝나면 어떻게 될까? 앞에서 예로 든 소풍김밥을 놓고 검토하면, 경영 여건과 실적이 동일할 때 이전 9년 동안 현금이 지출되지 않는 가운데 손익계산서에 계상된 기계설비 감가상각비 200만 원이 2026년에는 반영되지 않는다. 따라서 영업이익이 1,000만 원으로 전년에 비해 200만 원 증가하고 영업현금흐름과 동일하게 된다.

손익계산서(감가상각 종료)

(단위: 만 원)

	2025년	2026년
매출	7,000	7,000
기계설비 감가상각비	200	0
임차료	1,000	1,000
재료비	2,000	2,000
인건비	3,000	3,000
영업손익	800	1,000

이를 일반화하면, 감가상각이 끝나면 그 금액만큼 영업이익과 영업현금흐름의 괴리가 줄어든다. 그러나 두 항목이 일치하지는 않는다.

영업이익과 영업현금흐름이 차이 나게 하는 항복은 감가상각 외에도 여럿이다. 우선 충당금은 미래에 실행할 지출을 앞당겨서 몇 기에 걸쳐 비용으로 배분할 수 있다. 퇴직급여충당금이 대표적이다. 퇴직급여는 손익계산서의 일반관리비에 속한다. 충당금은 감가상각비와 대조되는 항목이다. 즉, 감가상각비는 이미 지출된 금액을 이후 여러 기에 걸쳐 비용으로 올리는 반면, 충당금은 나중에 실행할 지출을 미리 비용으로 처리한다. 감가상각비와 충당금은 현금흐름 측면에서는 동일한 역할을 한다. 즉, 모두 현금이 실제로 회사 밖으로 나가지는 않기 때문에 손익계산서상의 영업이익보다 영업현금흐름이 많게 한다.

영업현금흐름과 영업이익을 다르게 만드는 항목에는 선수수익도 있다. 선수수익은 '대가의 수입은 이루어졌으나 수익의 귀속 시기가 차기 이후인 것'이라고 정의된다. 예를 들어 학원에서 6월에 1년 치 수강료 120만 원을 받았을 때, 올해에는 60만 원만 매출로 올리고 나머지 60만 원은 내년에 매출로 기록한다. 이렇게 처리하면 올해 영업현금흐름이 영업이익보다 많아지는 요인이 된다. 올해 말 재무상태표에는 선수수익 60만 원을 부채로 보고한다. 선수수익은 돈으로 갚는 부채가 아니라 용역을 제공해서 갚는 부채라고 보면 된다. 내년 말에는 재무상태표에서 선수수익 부채 60만 원을 지우면 된다. 그리고 앞서 말한 것처럼 내년 손익계산서에 매출로 올린다.

선수수익을 통해 회계에서 현금주의와 발생주의의 차이를 쉽게 이해할 수 있다. 현금주의는 가계부를 쓰듯이 돈이 들어오면 그 금액 그대로 기록한다. 수강료 매출 120만 원을 올해 전부 반영한다. 이에 비해 발생주의는 재화나 용역을 제공하는 시점이 속한 결산기에 매출을 기록한다. 발생주의에서는 학원이 받은 수강료 120만 원에 대한 강의 용역이 올해 절반, 내년에 절반 제공되므로 올해 수익을 60만 원, 내년 수익을 60만 원으로 인식한다. 이렇게 하면 결산기별로 매출과 그 매출에 대한 비용이 짝지워진다. 예로 든 학원에서 용역 제공에 따르는 강사료를 비롯한 비용도 올해 절반, 내년에 절반 지출된다.

발생주의에서는 외상으로 상품을 판매해 돈이 회사에 들어오지 않았더라도 매출로 기록한다. 이 경우 상품을 매입한 경비가 매출에 대응한다. 앞에서 현금 지출 여부의 사례로 든 소풍김밥의 감가상각비도 이런 측면에서 생각해볼 수 있다. 김밥 매출이 발생할 때마다 해당 비용, 즉 자동 김밥말이 기계 관련 비용도 계산하는 편이 합리적이다.

발생주의는 수익과 관련 비용을 같은 기간에 인식한다. 그러면 보험료는 어떻게 처리해야 할까? 자동차보험을 놓고 생각해보자. 자동차보험 가입자는 매년 보험료를 납부한다. 보험사는 사고가 발생하면 약정한 보험금을 지급한다. 보험사는 개별 가입자에게 보험금을 지급할 때 그동안 받은 보험료를 수익으로 인식하는 식으로 회계 처리를 하면 될까? 보험 기간에 사고를 내지 않은 가입자의 보험료는 계약 기간이 끝난 다음 해에 수익으로 반영하면 될까? 수십만, 수백만 가입자에 대해 수익과 비용을 일일이 그렇게 처리하기란 여간 번거로운 일이 아니다.

보험사는 이 문제를 '대수(大數)의 법칙'을 활용해 해결했다. 대수의 법칙은 특정한 대상에게 어떤 일이 발생할 확률은 예측할 수 없지만, 숫자가 많을수록 발생 비율을 더 정확하게 맞힐 수 있다는 뜻이다. 보험사는 특정 가입자 한 명의 사고 확률은 예측하지 못하지만, 전체 가입자에 대해서는 사고 비율(사고율)을 비교적 정확하게 맞힐 수 있다. 이에 따라 보험사는 당기에 받은 보험료를 당기의 수익으로 인식하고 보험금은 사고율을 적용해 처리한다.

발생주의는 상품이나 서비스를 제공할 때 수익을 인식한다. 여러 회계 기간에 걸쳐 진행되는 선박 건조, 교량 건설, 도로 시공 같은 프로젝트는 수익을 어떻게 인식할까? 선박과 교량, 도로가 프로젝트 완료 후 고객에게 인도되는 상황에서 해당 기업은 회계 기간마다 재무제표를 작성해야 한다.

기업은 두 가지 방법 중에서 선택할 수 있다. 하나는 공사 완성 기준 수익 인식 방법이고, 다른 하나는 공사 진행 기준 수익 인식 방법이다. 전자는 프로젝트가 완료된 시점에 총수익과 총비용을 인식한다. 프로젝트가 진행되는 기간에는 수익과 비용을 전혀 반영하지 않는다. 후자는 프로젝트가 진행된 정도에 따라 수익과 비용을 여러 회계 기간에 걸쳐 배분한다. 앞에서 사례로 다룬 대우조선해양은 공사 진행 기준 수익 인식 방법으로 해외 프로젝트의 수익과 비용을 처리한 것이다. 그러면서 특정 회계 기간의 공사 진행률을 높게 잡아 그 기간의 수익을 많이 기록했다. 그리고 다른 편에서는 비용을 누락했다.

지금까지 손익계산서의 이익과 현금 유입은 다르다는 점과 그렇게 되는 요인을 알아봤다. 이를 계산식으로 나타내면 다음과 같다.

영업현금흐름 = 당기순이익

    + 현금 유출이 없는 비용(감가상각비, 대손상각비 등)

– 현금 유입이 없는 수익(지분법 이익 등)

– 영업자산 증가(재고자산, 매출채권 등의 증가분)

+ 영업부채 증가(매입채무 등의 증가분)

영업현금흐름을 설명하면서 빼놓을 수 없는 개념이 EBITDA다. EBITDA는 법인세·이자·감가상각비 차감 전 영업이익(earnings before interest, tax, depreciation, and amortization)을 가리킨다. 기업 인수 대금을 산정하는 과정에서 이 수치를 거론하고 활용한다. 인수 대상 기업의 몸값을 가늠하는 지표가 기업 가치, 즉 '기업 인수 대금 + 순차입금'을 EBITDA로 나눈 것이다. 예를 들어 이 값이 10이면, 해당 기업을 인수하고 10년이 지났을 때 벌어들인 이익으로 순부채를 갚고 인수 대금을 회수한다는 뜻이다.

영엽현금흐름 대신 EBITDA를 활용해온 까닭이 무엇일까? 영업현금흐름을 간단히 파악할 수 있는 현금흐름표는 작성이 의무화된 지 얼마 되지 않았다. 미국에서도 1988년에야 의무화되었고, 한국은 1994년에 의무화되었다. 현금흐름표 전에는 재무상태변동표가 쓰였다. 재무상태변동표는 회사의 유동성이 얼마나 풍부한지를 순운전자본의 변화로 나타냈다. 순운전자본은 '유동자산 – 유동부채'로 계산했다.

EBITDA는 현금흐름표가 작성되기 전에 영업현금흐름과 비슷한 금액을 간단히 산출하기 위해 고안되었다. 현금흐름표가 작성된 후에는 영업현금흐름으로 EBITDA를 대체하는 것이 합리적이지만 여전히 EBITDA가 쓰이고 있다. 관성의 법칙이 작용한 현상이라고 풀이할 수 있다.

현금흐름표는 이렇게 작성한 영업활동현금흐름에 투자활동현금흐름,

재무활동현금흐름을 함께 나타낸다. 투자활동현금흐름에는 단기금융상품 처분(취득), 금융자산 처분(취득), 유형자산 처분(취득), 부동산 처분(취득)이 반영된다. 재무활동현금흐름에는 차입금, 차입금 상환, 배당금 지급 등이 들어간다.

재무상태표, 손익계산서, 자본변동표, 현금흐름표는 서로 연결되어 있다. 손익계산서의 당기순이익은 재무상태표의 이익잉여금에 반영된다. 현금흐름표의 기초 현금과 기말 현금은 재무상태표의 현금 및 현금성자산과 연결된다. 자본변동표의 자본변동액은 재무상태표의 자본과 연결된다. 따라서 현금흐름표는 다른 재무제표로부터 작성할 수 있다.

이제 흑자도산이라는 상황을 더 구체적으로 그려볼 수 있다. 흑자도산은 말 그대로 손익계산서상으로는 흑자인데 부도가 난 상황을 가리킨다. 대규모 매출을 일으켜서 손익계산서에 수익으로 잡았지만 외상 매출이었다면 실제로 회사에 유입된 현금은 전혀 없다. 흑자도산은 이 상황에서 예를 들어 원자재 대금 결제와 차입금 상환 시기가 겹치면서 발생한다.

발생주의 회계에서는 매출과 비용을 여러 기간에 배분한다. 그 과정에서 자의적인 결정이 들어간다. '자의적'이 '의도적'으로 바뀔 수 있다. '악의적인 배분'이 될 수도 있다는 말이다. 발생주의 회계와 함께 회계장부 조작과 분식회계가 '발달'하게 되었다.

철도혁명, 회계혁명, 그리고 분식

증기기관은 산업혁명의 기관차였고, 철도사업은 자본주의 회계의 출발역이었다. 1800년대 중반에 영국과 미국에서 붐을 이룬 철도사업은 막대한 자본을 요구했다. 기관차와 객차를 제조하는 것 외에 토지도 매입해야 했다. 철로를 깔고 역사를 지어야 했다. 철도사업에 필요한 자본은 개인과 가문이 감당할 수 없는 규모였다.

철도회사들은 주식 공모를 통해 자금을 조달했다. 주식 공모는 전에도 있었지만 이번에는 규모가 달랐다. 철도회사는 16~17세기 원격지 무역회사보다 수십 배 많은 투자자들을 끌어들였고, 주식 공모가 본격화되었다.

당시에는 주식회사가 일반적이지 않았고 게다가 철도는 본 적이 없는 사업이어서 철도회사 출자는 용기가 필요했다. 그런 여건에서 철도회사가 사람들로 하여금 주주가 되도록 유도한 수단은 배당이었다. 철도회사들은 철도를 개통하자마자 배당금을 지급했다. 어떤 회사는 철로를 부설하는 동안에도 배당금을 주었다. 당시 철도회사들은 이자율의 3배에 가까운 10%의 배당금을 지급했다. 철도왕으로 불린 조지 허드슨(1800~1871)은 자본금에서 돈을 빼내 배당금을 주기도 했다. 배당금이 주가를 끌어올리고 주가가 투자자를 끌어들이는 순환이 진행되었다. 이 순환은 투기를 향해 가속되었다. 철도사업은 투기의 요소를 모두 지니고 있었다. 새로웠고, 파급되는 영향이 광범위했고, 환상을 불러일으켰다.

철도회사가 주주를 유치하고 관리하는 데 난관이 하나 있었다. 고정자산에 대한 투자 금액이 매우 커서, 그 지출을 당시 회계 방식에 따라 가계부처럼 처리하면 투자한 시기는 적자가 되고 투자하지 않은 시기에는 흑자가 되는 것이었다. 《부의 지도를 바꾼 회계의 세계사》는 "어느 시기에 주주인지에 따라 배당금이 달라지는 불공평함이 생겼다"라고 설명한다.

철도회사 경영진은 이익을 평준화해 배당을 안정적으로 할 방안을 궁리했다. 그들은 투자 금액을 지출했을 때 계산하지 않고 몇 기로 나누어 계산하는 방식을 생각해냈다. 참신한 발상이었다. 그렇게 하면 비용이 평준화되고 고정자산 투자 지출이 발생해도 이익을 창출할 수 있게 된다. 그 결과 설비 투자를 해도 주주에게 배당할 수 있게 된다. 《부의 지도를 바꾼 회계의 세계사》는 "감가상각과 같은 회계 절차는 이전에도 시행되었지만, 이론을 세우고 정식으로 채택한 것은 철도회사가 처음"이라고 설명한다. 철도회사를 통해 고정자산 감가상각이라는 절차가 시작되었다는 것이다.

철도산업은 감가상각과 회계혁명의 토대가 되었다. 그뿐만 아니라 분식회계의 온상이 되었다. 호레이스 그릴리(1811~1872) 〈뉴욕트리뷴〉 편집장은 "이리철도 회계장부를 보면 알래스카에 열대 과일이 주렁주렁 열려 있는 듯하다"라고 비유했다. 철도회사들의 분식회계에 대응해 증권사와 투자은행들은 '외부 회계사'의 감사를 받지 않은 철도회사 증권은 인수하지 않기로 했다. 이런 대응이 체계가 잡히면서 1890년대 미국에서 공인회계사(CPA)가 탄생했다. 인베스토피아(investopia) 사이트에 따르면 미국 최초의 CPA 자격증은 1896년 발급되었다.

철도는 주식 공모, 발생주의 회계, 분식회계, 회계감사 제도가 발생하고 자리 잡는 길을 닦은 셈이다.

참고문헌

다나카 야스히로, 《부의 지도를 바꾼 회계의 세계사》, 위즈덤하우스, 2019.
중앙SUNDAY, 19세기판 인터넷, 산업혁명과 첨단 경영 · 금융을 낳다, 2010.06.06.
에드워드 챈슬러, 《금융투기의 역사》, 국일증권경제연구소, 2001.

투자의 필요조건,
회계 신뢰도와 현금흐름

    회계장부를 믿을 수 없다면, 즉 어느 기업이 정량적으로 이익과 자산을 속이고 있다면 무조건 투자 대상에서 제외해야 한다. 또 수익성과 성장성이 양호하다고 하더라도 숫자를 속이는 중대한 이상 신호를 보이기 시작한다면 그 수익성과 성장성 지표는 의미가 없다.

    금융위기나 불황이 발생하면 회계장부를 속인 기업부터 큰 타격을 받는다. 워런 버핏이 비유한 "썰물이 되어야 누가 벌거벗고 수영하는지 드러난다"가 현실이 된다. 경기가 어려워지면 현금흐름이 악화되고, 현금흐름이 악화되면 실적을 분식한 회사가 견디기 어려워진다. 그런 회사는 경기가 좋을 때는 규범을 벗어나지 않은 것처럼 보일 수 있지만, 경기가 나빠지면 실태가 적나라하게 노출된다.

    현금흐름이 좋지 않아서 파산하거나 상장 폐지되는 기업은 사태가 불거지기 한참 전부터 뚜렷하게 나쁜 신호를 보인다. 미국, 한국, 중국, 일본의 사례에서 이를 확인할 수 있다. 이익과 자산의 정량적 신뢰성이 10년 전부터 훼손되기도 한다. 기업에 따라서는 악화 신호가 5년 전에 나타나기도 하고 3년 전에 보이기도 한다. 그런 신호는 현명한 투자자라면 충분히 읽어내고, 그럼으로써 원금의 영원한 상실 확률을 낮출 수 있다. 원금 보전이 없으면 투자수익도 없다. 생존하지 못하면 행복할 수도 없는 것이나 마찬가지다. 수익에만 집중하는 투자자는 이 평범한 순서를 망각하는 우를 범하기 쉽다.

미국 상장기업은 전 세계 다른 국가 상장기업에 비해 평균적으로 신뢰성, 재무안정성, 수익성 모두 양호하다. 투자의 필요조건과 충분조건을 갖춘 것이다. 따라서 미국 주식시장의 종합주가지수에 해당하는 S&P 500 지수를 바탕으로 만든 인덱스 상품이 지속적으로 좋은 투자수익률을 내고 있다.

그럼 미국 상장기업의 회계 및 재무 자료 신뢰도가 항상 높았을까? 아

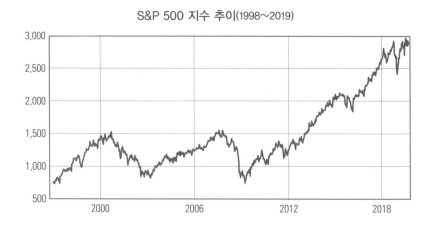

S&P 500 지수 추이(1998~2019)

니다. 1929년 이전에는 매우 낮았다. 재무제표는 외부의 '독립적' 감사 없이 작성되었고, 이익은 기업 경영자의 생각대로 가공되었다. 지금은 전혀 이해할 수 없는 상황이지만 당시 미국에서는 이익을 만들어내는 것이 고도의 금융 기술이라고 칭찬하기까지 했다. 이런 실태에 비추어 볼 때 주식시장 붕괴와 대공황은 당연한 귀결이었다. 미국 기업의 회계 신뢰도가 좋아진 것은 1970년대 중반 이후다. 정부의 규제, 기업과 투자자의 회계·재무지능 업그레이드가 어우러지면서 대외 공표 회계 자료의 신뢰도가 빠르게 개선되었다.

중국, 인도, 러시아, 브라질, 베트남 같은 개발도상국은 미국 기업이 밟은 전철에서 벗어나지 못한 상태다. 개도국은 선진국이 겪은 시행착오를 결코 건너뛸 수 없다. 이것이 투자 역사의 교훈이다. 기술의 비약은 있어도 자본주의 핵심 구성원인 기업의 신뢰성과 투자 문화의 비약은 없다.

한국의 회계장부 신뢰도는 어느 수준일까? 이를 가늠할 대체 지표가 있다. 스위스 국제경영개발대학원(IMD)이 발표하는 국가경쟁력 평가 중 '기업이사회의 경영감독 효과성과 회계감사의 적절성' 항목이다. '회계감사의 적절성'만 있었다면 회계장부 신뢰도 대체 지표로 더 적절했겠지만, '기업이사회의 경영감독 효과성'이 추가되었다고 해서 대체 지표로서의 신뢰도를 훼손하지는 않는다고 본다.

한국은 2019년 이 항목에서 조사 대상 63개국 중 61위에 랭크되었다. 최하위 수준으로 평가된 것이다. 2016년과 2017년에는 63개국 중 가장 낮은 63위를 기록했다. 이전 3년도 비슷해서 2013년에는 60개국 중에서 58위, 2014년에는 60개국 중에서 59위였고, 2015년에는 61개국 중 60위였다.

물론 IMD 조사는 객관적인 평가를 취합한 결과가 아니다. 63개국을 대상으로 조사할 경우 국가별로 구성된 평가위원들의 주관적인 평가를 받는다. A라는 항목에서 한국 평가위원들이 1점을 매긴 반면 다른 나라 평가위원들은 모두 2점 이상을 줬다면 한국이 꼴찌가 된다. 한국의 평가위원들이 한국을 보는 인식이 다른 나라의 평가위원들이 자국을 보는 인식에 비해 부정적일 경우, 객관적인 근거와 무관하게 한국의 점수는 낮게 나온다. 이런 조사 방법을 고려하더라도 한국의 회계 신뢰도가 경제 규모와 수준에 비해 매우 낮다는 사실을 부인하기는 어렵다.

한국, 미국과 중국 기업의 신뢰도는 미국이 가장 높고 한국, 중국 순으로 낮아진다고 볼 수 있다. 한국 투자자들이 큰 관심을 기울이고 많이 투자하는 중국의 회계 신뢰도가 가장 낮다. 신뢰도 수준은 자본주의 역사와 궤를 같이한다. 중국 기업의 낮은 신뢰도는 수익성을 잠식할 정도이고, 그 결과 최종 투자자 수익률이 매우 낮았다. 즉, 손익계산서 기준 중국 기업의 수익성은 투자수익률과 상관관계가 낮다. 오히려 신뢰도와 투자수익률의 상관관계가 높다. 다른 측면에서 설명하면 중국 기업은 현금흐름표 기준 내재가치인 현금흐름 기준 수익성이 낮고, 이로 인해 주가도 낮게 수렴하고 있다.

'중국의 경제 성장 = 인덱스펀드 수익률 = 개별 기업 실제 투자 실적'의 등식이 성립하지 않는 결정적 이유다. 1978년 이후 중국 국내총생산(GDP)은 50배 이상 성장하고 중국 주식시장의 시가총액은 2000년대 초에 비해 10배 가까이 증가했지만 상하이종합주가지수는 여전히 3,300 전후에 머무르고 있다. 옥석 구별 없이 무분별하게 대량 기업공개(IPO)가 이루어지면서 주식시장 전체 시가총액은 매우 커졌지만 종합

상하이종합주가지수 추이(1996~2019)

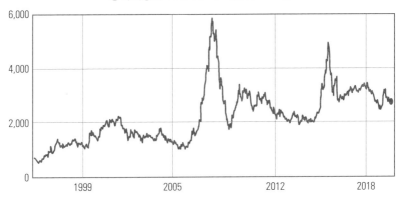

지수는 횡보 내지 하락한 것이다. 따라서 많은 중국 주식 투자자는 투자 손실을 기록하고 있고, 과거 10년간 중국 주가종합지수에 연동하는 상장지수펀드(ETF) 등에 계속 투자했다면 어느 시기에 진입했든 손실 확률이 높았다.

다시 강조하면 S&P 500 같은 지수에 투자할 수 있는 국가는 현재는 미국뿐이다. 개도국에서는 평균에 투자하는 종합주가지수 상품보다 개별 우량 기업에 집중하는 편이 낫다. 개별 우량 기업에 집중해야 원금을 보전하면서 큰 확률로 투자수익률을 높일 수 있다. 중국 기업에 투자하지 말라는 것이 아니다. 더 까다롭게 걸러내는 과정을 거치라는 말이다.

중국 기업 중에서 투자 범위에 넣을 수 있는 기업은 40% 정도다. 이들은 필요조건과 충분조건 충족 여부에 따라 다음과 같이 나뉜다.

첫째, 공표된 이익과 자산의 신뢰도가 높고 재무안정성도 있으며 수익성과 성장성이 있는 경우다. 이때는 투자에 성공할 확률이 80% 이상이다.

투자 성공 확률 = 40% + 25% + 15% = 80%

중국 기업과 필터링 확률

전체 기업의 40%	25%	15%
투자 대상 기업	이익·자산의 신뢰성, 재무안정성 있음	수익성·성장성 있음
	필요 조건	충분 조건

둘째, 이익과 자산의 신뢰도가 높고 재무안정성도 있지만 수익성과 성장성이 불투명한 경우다. 그러면 투자 성공 확률이 60%대로 낮아진다.

투자 성공 확률 = 40% + 25% = 65%

셋째, 이익과 자산에 신뢰성이 없고 재무안정성도 없는 경우다. 투자 성공 확률이 10%대로 하락하고, 필요조건에 위배되므로 투자하지 않는 것이 현명하다.

투자 성공 확률 = 40% − 25% = 15%

워런 버핏의 버크셔 해서웨이와 중국의 상장기업인 중국중철, 복성제약, 화우코발트 등의 장기 투자수익률을 비교해보면 신뢰성이 얼마나 직접적으로 영향을 미치는지 바로 알 수 있다.

한국 투자자들이 가장 중요하게 보는 PBR 관점에서 분석해보자. 버크셔 해서웨이의 PBR은 2020년 3월 초 현재 1.2다. 자회사의 기업 가치와 플로트를 정량화하면 실질 PBR은 0.45로 낮아진다. 자기자본순이익률(ROE)은 12% 이상이 된다.

이 두 지표의 수치는 무엇을 의미하나? 버크셔 해서웨이는 삼성전자나 한국의 시중은행 예금 이상의 신뢰도를 지닌다. 그런 회사가 채권(예금) 개념으로 보면 복리 채권 이자율(예금 복리 이자율) 연 12%를 주는데,

플로트란 무엇인가?

플로트(float)란 기업이 이자를 지급하지 않고 반영구적으로 사용할 수 있는 유동자금을 말한다. 보험회사가 받은 보험료, 이연법인세 부채, 현금전환일수 마이너스 기업의 마이너스 일수만큼의 자본 등이 이에 해당된다.

플로트는 회계상으로 부채다. 그러나 경제적으로 현금을 창출하는 자산이다. 투자 분석에서 회계상(형식상) 부채인지 자산인지보다 중요한 것은, 실질적으로 현금을 창출하면 자산이고 현금을 지출하게 만들면 부채라는 점이다.

보험료는 보험 가입자가 제공한 자금으로 부채지만, 이를 운용해서 지급비용 이상의 현금을 계속 창출하면 자산이다. 이연법인세 부채는 국가가 기업에 제공하는 무이자 대출금과 같다. 상장주식을 보유한 기업이 이를 매각하지 않고 평가이익에 대한 이연법인세 부채에 해당하는 자금을 운용해서 현금을 창출하면 역시 자산이다. 현금전환일수가 마이너스인 기업은 마이너스 일수에 해당하는 만큼 플로트를 소유하고 있는 것으로, 현금을 창출하면 역시 자산이다.

워런 버핏은 투자자에게 보낸 주주서한에서 버크셔 해서웨이의 가장 큰 자산은 플로트라고 설명한다.

그 채권(예금)의 액면가액이 원금의 50%라는 할인된 수준에 거래되는 것이다.

중국 기업과 한국 상장기업의 회계장부 신뢰성을 감안해 실질 재무상태표를 만들어보면 PBR이 어느 수준으로 나올까? 중국 기업 대부분과 한국 상장기업 일부는 회계상 PBR이 1이고 ROE는 7% 전후이나 실질 경제적 PBR은 2~3 정도다. 채권(예금) 개념으로 설명하면 이자율 7%인 채권(예금)을 원금의 2~3배에 매입하는 것과 마찬가지다. 즉, 투자 원금

100을 지불하고 이자율 2.3~3.5%인 채권(예금)을 사는 것으로 안전마진이 없다(2.3~3.5%는 ROE 7%를 PBR 2~3으로 나눈 것이다). 나는 버핏을 벤치마킹해 3~5년 이후 주당 당기순이익/매수 가격이 AAA 채권 이자율의 2배를 초과해야 투자한다.

요약하면 성공 투자의 필요조건은 회계장부의 신뢰성과 재무안정성이다. 성공 투자의 충분조건은 회계장부의 신뢰성과 재무안정성에 수익성·성장성이 추가된 것이다. 미국 기업들의 신뢰도가 세계에서 가장 높다. 신뢰도가 낮은 중국 같은 국가에 투자할 때는 종목 선정에 더욱 신중을 기해야 한다.

이런 실정을 고려할 때 투자자가 내릴 바람직한 투자 의사 결정의 첫 단계는 투자 대상을 넓히는 것이다. 전 세계를 대상으로 투자 범위를 확장해야 한다. 한국에서 회계 신뢰도가 높고 수익성과 성장성을 갖춘 기업을 찾기보다 글로벌 주식시장에서 명품 기업을 찾는 일이 훨씬 쉽다. 투자수익률 측면에서 후자가 유리함은 물론이다. 모집단이 클수록 더욱 출중한 개체가 있을 확률이 높아지기 때문이다.

현금전환비율과
현금전환일수가 핵심 지표

현금흐름 본위로 투자 대상을 선정하는 단계 중 정량적 지표 분석이 있다. 나는 정량적 지표로 현금전환비율(cash conversion ratio, CCR) 1 이상, 현금자산비율 10% 이상, 무형자산총자산비율 15% 미만, 부채비율 50% 미만 여부를 살펴본다. 이들 지표의 관문을 통과하는 상장기업은 10%가 안 된다.

CCR 1 이상은 이익의 신뢰성을 보기 위한 기준이다. 현금자산비율로는 자산의 신뢰성을 판단할 수 있다. 무형자산총자산비율이 높으면 위험 신호다. 무분별하게 인수합병을 하면 영업권 등 무형자산이 차지하는 비중이 올라간다. 부채비율이 높으면 재무안정성이 저하된다. 이들 지표 중 CCR이 현금흐름 기준 지표로서 가장 중요하다.

CCR과 밀접한 연관이 있는 지표가 현금전환일수(cash conversion

cycle, CCC)다. CCC는 간단히 말해 회전율의 반대 개념이다. 식당의 테이블 회전율이 높아질수록 매출이 현금으로 전환되는 기간이 단축된다. 예를 들어 재고자산회전이 빨리 될수록 CCC가 줄어든다. CCC는 주가의 출발점이다. CCC가 기업의 현금흐름을 결정한다. 주가는 선행적이나 후행적으로 이 현금흐름에 수렴할 뿐이다. CCR, 현금자산비율, 무형자산총자산비율, CCC를 살펴보자.

현금전환비율(CCR)

회계 신뢰도를 점검할 수 있는 방법이 있다. 손익계산서의 당기순이익(또는 영업이익)과 현금흐름표의 현금흐름(영업현금흐름 또는 잉여현금흐름)이 동반하는지 체크하는 것이다.

손익계산서의 이익과 현금흐름표의 현금은 왜 동반할까? 즉, 두 금액은 왜 나란히 움직이고, 기간을 길게 잡으면 수렴해야 할까? 이치는 간단하다. 음식점을 예로 들어 생각해보자. 음식점의 하루, 한 달, 1년 동안 기록한 회계장부와 현금흐름의 합은 크게 차이 나지 않을 것이다. 대기업도 마찬가지다. 큰 조직을 이룬 사업이나 작은 음식점이나 본질은 동일하기 때문이다.

다르게 설명하면, 발생주의 회계에 따른 이익은 현금주의 회계에 따른 현금이익과 일치해야 한다. 발생주의 회계는 현금의 수취, 지불과 관계없이 거래가 발생한 시점을 기준으로 이익을 계산하고, 현금주의 회계는 현금의 수취와 지불을 기준으로 계산한다. 거래가 발생하는 시점에서 수익과 비용을 인식해 이익을 계산하는 발생주의 기준 이익과, 거래 발생 후 현금이 회수 내지 지급되는 시점에 수익과 비용을 인식하는 현금주의 기준 현금이익은 시차만 있을 뿐, 일치하는 것이 당연하다.

이제 현금흐름에 대해 알아보자. 현금흐름에는 영업현금흐름(operating cash flow, OCF)과 잉여현금흐름(free cash flow, FCF)이 있다. 영업현금흐름은 사업에서 창출하는 현금흐름이고, 잉여현금흐름은 영업현금흐름에서 자본적 지출을 뺀 금액이다.

영업현금흐름과 잉여현금흐름은 각각 다음과 같이 계산한다.

영업현금흐름 = 당기순이익

      + 현금 유출이 없는 비용(감가상각비, 대손상각비 등)

      - 현금 유입이 없는 수익(지분법 이익 등)

      - 영업자산의 증가(재고자산, 매출채권 등의 증가분)

      + 영업부채의 증가(매입채무 등의 증가분)

잉여현금흐름 = 영업현금흐름 - 자본적 지출

잉여현금흐름은 기업이 제약 없이 사용할 수 있는 현금흐름으로 주가에 직접 영향을 미친다. 잉여현금흐름의 정의는 투자자마다 조금 다를 수 있다. 워런 버핏의 주주이익(owner's earning)이 잉여현금흐름과 거의 같다. 잉여현금흐름 개념을 투자에서 처음으로 사용한 사람이 버핏이다.

잉여현금흐름 개념을 정확히 활용하는 사업자가 개인택시 기사다. 개인택시 기사의 월 수입이 300만 원이라고 하면, 차량 감가상각비(5년 폐차 기준, 차값/60개월)에 기름값 등을 더한 금액을 제하고 남은 돈을 제약

없이 사용할 수 있는 소득, 즉 잉여현금흐름으로 인식한다. 상당수 기업은 이런 개념이 부족하다. 당기순이익에 감가상각비를 더한 금액을 기업의 현금흐름(내재가치)으로 인식하는 기업과 인수합병 투자자가 많다. 개인택시 기사보다 재무지능이 좋지 않은 것이다. 잉여현금흐름을 계산할 때는 운전자본도 따져봐야 한다. 재고자산이나 외상매출금에 잠긴 현금이 늘어 운전자본이 증가하면 잉여현금흐름이 감소하기 때문이다.

손익계산서상 이익의 신뢰도를 가늠하는 데 쓸 매우 중요한 분석 도구가 있다. 현금전환비율(cash conversion ratio, CCR)이다. 이는 현금흐름을 당기순이익으로 나눈 값이다. 분자가 영업현금흐름이면 CCR 1, 잉여현금흐름이면 CCR 2라고 한다. 회계 신뢰도가 높은 기업은 CCR이 1 이상이다. 순이익을 산출하는 과정에서 빼는 금액인 감가상각비가 실제 현금으로 나가지는 않는다는 사실 등을 고려하면 그 이유를 이해할 수 있다. 참고로 내 사무실 부근 분식점은 항상 CCR이 1이다. 월말, 연간 장부상 금액과 현금이 일치한다. 분식점 관리 수준에 못 미치는 기업이 의외로 많다.

정상적인 CCR은 업종에 따라 특정 기간에 당기순이익과 영업현금흐름의 차이가 크게 벌어질 수 있다. 대규모 투자 및 연구개발을 하는 제조업, 건설업, 제약업에서 그런 경우가 발생한다. 그러나 이들 업종도 2년 단위로 기간을 넓히면 CCR이 1 이상 되어야 하고, 도소매업과 유통 업종은 1년 단위로 1 이상 되어야 한다. 이 기준을 통과하지 못하는 기업은 기본적으로 이익의 신뢰도가 없고 관리 능력도 없다고 보면 된다. 현실에는 그런 기업이 훨씬 더 많다. 손익계산서의 이익과 현금흐름표상 현금흐름이 동반하는 것이 당연하지만 이익의 분식과 기업 관리 문제 때문에 기업 대부분은 이익과 현금흐름이 일치하지 않는다.

'CCR 1 이상'은 매우 유용한 투자 대상 필터링 기준이다. 이 기준을 적용하면 투자 대상의 90% 이상을 걸러낼 수 있다. 세계 상장기업 중 CCR이 10년 이상 지속적으로 1 이상인 곳은 삼성전자, 구글, 애플, 마오타이, 마이크로소프트 등 전체의 0.1% 미만이다. 일부 글로벌 명품 기업은 연차보고서에 CCR 관리 방법을 명시한다.

투자 대상을 분석할 때 경쟁 기업과 5년 이상 비교하면 정량적으로 신뢰할 수 있는지 명확히 드러난다. 주가 상승률도 이 신뢰도 정도에 수렴한다. 그래프를 그려서 보면 시각적으로도 쉽게 차이를 알 수 있다.

여러 기업의 연도별 CCR(2012~2019)

	2012	2013	2014	2015	2016	2017	2018	2019
버크셔 해서웨이	1.4	1.4	1.6	1.3	1.4	1.0	9.3	0.5
GE	2.3	2.2	1.8	−3.2	0.2	−0.8	−0.2	−1.8
삼성전자	1.6	1.6	1.6	2.1	2.1	1.5	1.5	2.1
도시바	4.8	1.7	4.7	−8.7	0.0	−0.1	0.0	0.1
애플	1.2	1.4	1.5	1.5	1.4	1.3	1.3	1.3
항서제약	0.9	1.1	1.0	1.0	1.0	0.8	0.7	0.7
복성제약	0.4	0.6	0.6	0.7	0.8	0.8	1.1	1.0

현금자산비율

자산에 비해 현금을 얼마나 보유하고 있는지를 나타내는 현금자산비율은 자산의 현금 창출 능력을 보여주며, 자산의 질과 신뢰성을 검증하는 핵심 지표다. 명품 기업은 어느 섹터에 속하든 현금자산비율을 최소 10% 유지한다. 최상급 기업은 50% 이상 유지한다. 반면 위험한 기업은 이 비율이 5% 미만이다.

장부상 기록된 회계적 이익이 아니라 현실인 현금은 언제 어디서나 기업의 실제 상황을 가장 잘 보여주는 신호다. 특히 경쟁 기업과 장기간 비교 분석하면 경쟁우위와 경쟁열위 상태를 명확히 보여준다. 투자자에게 매우 유용한 자본배분 기준을 제공하는 것이다.

무형자산총자산비율

무형자산총자산비율도 살펴봐야 한다. 이는 '무형자산(재무상태표에 계상된 것)/자산'으로 계산한다. 이 비율이 20%보다 높아지면 위험 신호다. 월드컴, 엔론, 밸리언트 제약 등은 모두 도산하기 수년 전부터 이 지표가 상승해서 도산 당시 각각 60%, 80%, 86%에 달했다. 무분별하게 인수합병을 하면 영업권 등 무형자산이 재무상태표에서 차지하는 비중이 급격히 올라가는 특징이 있다. 투자자에게 의미 있는 무형자산은 이미 장부에 계상된 회계적 무형자산이 아니라 경제적 무형자산이다. 경제적 무형자산은 강력한 현금 창출 능력이 있지만 재무상태표에 계상되지 않은 것이다. 더 깊이 들어가면, CCR 1과 CCR 2의 차이가 적을수록 투자하기에 좋은 기업이다. 유형자산 투자가 적을수록 두 수치가 가까워지는데, 그럴수록 주주에게 돌아가는 몫이 커지기 때문이다.

영업현금흐름과 잉여현금흐름의 차이가 지속적으로 작다면 해당 기업이 장부에 기록되지 않은 무형자산(비법)이 존재하고 상대적으로 고정비용이 적다는 방증이다. 따라서 이런 기업이 최우선 투자 대상이 된다. 워런 버핏도 이런 기업을 자본배분 1순위 대상으로 삼는다.

문제는 실제 그렇지 않은 경우가 대부분이라는 사실이다. 투자에서는 현금이 본(本)이고 이익은 말(末)이다. 본말이 전도된 투자를 하지 않도록 주의해야 한다. 특히 중국 상장기업 상당수가 현금흐름표상 영업현금흐름과 손익계산서상 당기순이익이 많이 다른 것을 쉽게 알 수 있다.

현금전환일수(CCC)

당신은 은퇴 후에 마카롱을 비롯한 각종 과자를 만들어 판매하는 제과점을 운영하기로 했다. 제과제빵사 자격증을 따고 동종 업체에서 경험을 쌓은 뒤 가게를 냈다. 품질과 맛에는 자신이 있었다. 자영업자 태반이 망하고 먹는 장사가 특히 어렵다고 하지만 당신이 만든 과자는 잘 팔리는 편이었다.

문제는 재고였다. 만들어놓은 과자에 비해 재고가 많은 것이다. 월 제조원가가 1,000만 원인데, 평균 재고가 400만 원어치였다. 논의를 간단히 하기 위해 매월 말 재고는 400만 원어치로 일정하다고 하자. 이 경우 제조원가는 매출원가가 된다. 매출원가는 '당기 제품 제조원가 + (기초 재고액 − 기말재고액)'으로 계산한다. 밀가루값 등 매입 비용은 현금으로 치러서 제조원가는 그대로 유출되는 반면, 월 600만 원어치만 팔리고 400만 원어치는 팔리지 않았다. 600만 원어치는 1,000만 원에 판매된다고 하자.

재고가 늘어나지 않게 하는 간단한 대응은 생산 물량을 줄이는 것이다. 그러면 예상하지 못한 주문 증가에 대응하지 못할 위험을 안아야 한다. 생산 물량을 줄일 경우 월별 매출 흐름은 다음과 같다.

(단위: 만 원)

	생산	판매	판매 대금	재고자산
1개월 차	1,000	600	1,000	400
2개월 차	600	600	1,000	400
3개월 차	600	600	1,000	400

제조원가 1,000만 원 중 600만 원은 그달 회수되었다. 재고 400만 원어치는 언제 현금으로 들어온다고 봐야 할까? 1개월 차 재고와 2개월 차 생산 물량이 같은 비율로 판매된다고 할 때, 2개월 차 판매 금액 600만 원은 2개월 차 생산 물량 중 360만 원과 1개월 차 재고 240만 원으로 나뉠 것이다. 그러면 2개월 차 생산 물량 240만 원어치와 1개월 차 재고 중에서 160만 원어치, 도합 400만 원어치가 재고로 남는다. 2개월 차에는 1개월 차 재고 중에서 240만 원이 현금으로 회수된 셈이다.

이런 계산은 복잡할 뿐, 별 의미는 없다. 더 간단한 셈법이 있다. 물량 대신 현금을 보는 것이다. 재고자산 금액 400만 원을 월 판매되는 금액과 비교해보자. 외상이 없다고 하면 월 판매 금액 1,000만 원이 바로 수익이 된다. 400만 원은 월 수익의 40%에 해당한다. 즉, 월 제조에 들어간 비용 중 40%가 판매를 기다리고, 이 재고자산이 팔리는 기간은 4/10개월, 한 달을 30일로 쳤을 때 12일이다. 이를 재고자산회전일수라고 부른다.

연간으로 환산해도 결과는 동일하다. 당신의 제과점은 연간 매출이 1억 2,000만 원이다. 지난해 말 재고와 올해 초 재고 모두 400만 원 어치여서 평균 재고자산 금액은 400만 원이다. 1년을 360일이라고 치자. 400만 원 재고자산을 연간 매출과 비교하면 다음과 같이 된다. 재고자산회전일수는 12일로 동일하다(설명 편의상 재고자산 금액을 매출과 비교했다. 실제로 재고자산회전일수를 계산할 때는 매출 대신 제조원가로 나눈다).

$$(400/12000) \times 360 = 12$$

재고자산 금액을 줄이면 돈이 빨리 돈다. 당신이 매달 지불해야 하는 돈이 제조원가뿐이라고 하자. 월 1,000만 원을 치러야 한다. 월 판매 금액이 1,000만 원이므로 현금 유동성이 부족하지는 않다. 그러나 경영자는 예상하지 못한 변수에 대비해야 한다. 돌발 변수가 발생해 월 판매 금액이 900만 원으로 감소했다고 하자. 현금이 바닥나고 월 100만 원이 부족하다. 그 이후 재고 판매 대금 400만 원이 들어오기까지 평균 12일이 걸린다. 약 2주일 동안 과자를 만들고 가게를 운영하려면 그 기간에 해당하는 여유 자금이 있어야 한다. 여유 자금이 없다면 경비를 융통해야 한다.

재고자산 금액을 200만 원으로 줄이면 어떻게 될까? 이 재고자산이 팔리는 기간은 2/10개월, 즉 6일로 단축된다. 앞의 상황에 처할 경우 요구

되는 여유 자금 금액이 줄어들고, 돈을 융통해야 하는 기간도 줄어든다.

가상 제과점 사례를 통해 현금흐름의 핵심 개념인 '현금전환일수(CCC)'를 부분적으로 생각해봤다. 현금전환일수는 현금잠김일수라고도 불린다. 생산과 판매에 투입된 비용이 어느 정도 기간을 거쳐 회수되는지 따지기 위해 고안된 개념이다. 한마디로 원자재를 매입해 제품을 생산하고 매출을 일으켜 현금을 회수하기까지 걸리는 일수다. 또 현금잠김일수라는 다른 이름에서도 짐작할 수 있듯이, 기업의 현금이 외상매출금이나 재고에 잠겨 있는 일수를 뜻한다.

CCC는 재고자산회전일수 외에도 다른 변수들로 결정되며, 다음과 같이 계산한다.

CCC = 재고자산회전일수 + 매출채권회전일수 − 매입채무회전일수

매출채권회전일수는 쉽게 말해 외상매출금을 얼마 만에 받는지 가늠하는 지표다. 발생주의 회계에 따라 매출액으로 잡히지만 돈은 들어오지 않는 외상매출이 현금으로 연결되는 기간을 비교하는 데 쓰인다. 전체 매출에서 외상매출금이 차지하는 비율이 높을수록 이 기간이 길어진다. 당신의 제과점이 외상 판매는 전혀 하지 않는다면 매출채권회전일수는 0이다.

매입채무회전일수는 매출채권회전일수와 반대로 길수록 경영에 유리하다. 외상매입금을 늦게 결제할 수 있는 기업은 그렇지 않은 기업에 비해 현금흐름이 더 양호하다. 당신의 제과점이 장사가 잘되고 매입하는 물량이 많아지면 당신은 구매에서 협상력이 강해지고 매입 대금 결제 시

기를 늦출 수도 있을 것이다. 그렇게 되면 당연히 현금이 더 오래 머문다.

재고자산회전일수와 매출채권일수가 작고 매입채무회전일수가 재고자산회전일수와 매출채권회전일수의 합보다 크면 크면 CCC가 마이너스가 된다. 경쟁우위가 확실한 기업은 재고자산을 바로 매출로 전환하고 외상매출금을 빨리 회수하며 외상매입금은 천천히 지급할 수 있다. 현금흐름 측면에서 그런 우위를 보여주는 기업이 바로 애플이다.

CCC에서 적정보유현금을 산출할 수 있다. 적정보유현금은 기업이 연간 지출해야 하는 총소요현금 중에서 현금 회수 기간을 감안해 상시 보유해야 하는 필수운영자본(현금)을 말한다.

적정보유현금 = 매출 × (1 − 당기순이익률) × (현금전환일수/365)

재료 구입부터 현금 회수까지 CCC가 1인 분식점은 1일분 비용만 현금으로 보유하면 된다. 글로벌 상장기업 중 1%만이 5년 이상 적정보유현금의 130% 이상을 보유하고 있다. 현금 보유량이 적정보유현금에 못 미치는 기업은 무조건 투자 대상에서 제외해야 원금 손실 확률을 낮출 수 있다. 글로벌 상장기업의 80%가 현금을 적정보유현금 이하로 보유하고 있다.

CCC는 주가의 최초 출발점이다. 즉, 재고자산회전일수가 CCC를 주로 결정하고, CCC가 다시 기업의 현금흐름(내재가치)을 결정한다. 주가는 선행적이나 후행적으로 이 현금흐름(내재가치)에 수렴할 뿐이다. 기업의 경쟁력이 뛰어날수록 재고자산이 빨리빨리 팔리고 매출 가운데 외상의 비중이 얼마 안 되고 외상매입금은 늘어난다. 즉, 재고자산회전일수가 작고 매출채권회전일수도 작고 매입채무회전일수는 크다. 반대로 기업의 경쟁력이 떨어질수록 재고자산회전일수는 추세적으로 커지고 외상매출금 회수는 늦어지며 외상매입금은 조기에 결제해야 한다. 즉, 재고자산과 외상매출금에 묶여 있는 돈이 많아져 현금흐름이 악화되고 결국 주가도 하락하게 된다.

따라서 CCC 분석이 주가의 원인에 대한 분석이 된다. 경쟁 기업의 CCC를 5년 이상 비교하면 기업의 현금흐름 상황과 경쟁우위 유무를 명확히 파악할 수 있다. 나아가 회계분식 여부와 도산 확률도 알 수 있다.

각 섹터에서 압도적 1위인 기업만이 CCC가 마이너스이거나 경쟁 기업보다 작은 수준을 유지한다. 대표적인 명품 기업이 애플, 아마존, 텐센트 등이다. 반대로 경쟁열위에 있는 GE, 도시바, 샤오미, 소니 등은 모두 1위 기업보다 CCC가 최소 60을 초과한다.

CCC가 마이너스인 기업은 타인자본을 자기자본처럼 사용 가능한 플로트를 가지고 사업하는 것이다. 삼성전자는 10년 평균 65 전후를 유지하고 있다. 2017년 77인 CCC를 10만큼 단축하면 210조 원(연간 소요현금) × (10일/365일) = 6.3조 원의 현금을 더 보유하는 재무적 효과를 갖는다. 삼성전자는 최근 5년간 CCC가 조금 상승했다.

GE는 2005년부터 2013년까지 CCC가 평균 796으로, 300조 원이 넘는 현금이 외상매출금과 재고에 잠겨 있었다. 현금 부족과 매우 낮은 수익성을 고려할 때 주가 하락은 당연한 결과였다.

애플 같은 기업은 CCC를 계속 마이너스로 유지해 플로트를 가진 상태에서 사업한다. 애플은 스티브 잡스의 요청에 따라 팀 쿡이 재고 관리 책임자로 부임한 이후 엄격한 관리를 통해 CCC를 마이너스로 전환했

삼성전자, GE, 애플의 CCC 비교(2005~2019)

	삼성전자	GE	애플
2005	44.4	779.2	−37.3
2006	49.2	806.0	−60.8
2007	48.0	828.7	−79.3
2008	49.0	771.3	−52.9
2009	38.0	790.0	−44.2
2010	34.5	797.3	−73.1
2011	35.5	777.8	−59.6
2012	42.9	717.3	−59.2
2013	66.4	902.4	−44.2
2014	73.1	157.9	−57.0
2015	80.9	172.9	−60.4
2016	80.6	161.1	−70.7
2017	77.7	176.7	−77.0
2018	101.7	124.4	−82.9
2019	103.1	93.8	−63.1

다. 세계 최고 수준의 현금과 새무안정성은 이렇게 만들어진 것이다.

주목할 관계가 있다. CCC가 작을수록 CCR이 좋다. CCC가 작다는 것은 현금흐름이 좋다는 의미이며, 이것은 다시 발생주의 이익과 현금주의 현금이익의 차이가 적다는 것을 말하기 때문이다. CCC와 CCR만으로 회계 신뢰도와 현금주의 기준 수익성을 정확하게 판별할 수 있다.

재고자산회전일수, 매출채권회전일수, 매입채무회전일수 계산법

재고자산회전일수, 매출채권회전일수, 매입채무회전일수는 다음과 같이 계산한다.

$$재고자산회전일수 = \frac{(전기말\ 재고자산 + 당기말\ 재고자산)/2}{매출원가} \times 365$$

$$매출채권회전일수 = \frac{(전기말\ 매출채권 + 당기말\ 매출채권)/2}{매출액} \times 365$$

$$매입채무회전일수 = \frac{(전기말\ 매입채무 + 당기말\ 매입채무)/2}{매출액} \times 365$$

각 일수에서 재고자산회전율, 매출채권회전율, 매입채무회전율을 구할 수 있으며, 각각의 관계는 다음과 같다.

$$재고자산회전율 = \frac{365}{재고자산회전일수}$$

$$매출채권회전율 = \frac{365}{매출채권회전일수}$$

$$매입채무회전율 = \frac{365}{매입채무회전일수}$$

$$재고자산회전일수 \times 재고자산회전율 = 365$$

$$매출채권회전일수 \times 매출채권회전율 = 365$$

$$매입채무회전일수 \times 매입채무회전율 = 365$$

재고자산회전일수가 작을수록 재고자산회전율이 높아진다. 매출채권회전일수가 줄어들수록 매출채권회전율이 좋아진다. 매입채무회전일수가 클수록 매입채무회전율이 낮아진다.

즉, 재고자산회전율이 높아질수록 기업의 현금흐름이 좋아진다. 매출채권회전율이 높아질수록 외상으로 판매한 대금이 빨리 돌아온다. 매입채무회전율이 낮아졌다는 것은 매입채무를 더 천천히 갚는다는 것이다.

사람들은 현금흐름을 말할 때 대개 회전율을 거론한다. 음식점 테이블 회전율이라는 개념이 친숙하기 때문이라고 짐작한다. 현금흐름 측면에서는 회전일수와 CCC를 더 적절한 지표로 활용할 수 있다.

2장

현금주의 투자에 따른 실제 종목 분석

투자 종목을
선정하는 5단계

나는 투자 종목을 선정할 때 5단계를 거친다. 1단계는 투자 대상을 이해하는 과정이다. 2단계는 이익과 자산의 신뢰성, 재무안정성, 관리성을 검증하는 과정이다. 1단계에서 정성적 기준을 적용한다면, 2단계에서는 정량적 기준을 적용하는 것이다. 2단계는 내 투자 종목 선정 과정의 핵심이다. 3단계에서는 가치 평가를 한다. 4단계에서는 가치에 상응하는 매수 가격을 산정하고, 마지막 5단계에서 현재 주가와 비교해서 매수 여부를 결정한다.

1단계: 투자 대상 이해

첫 단계는 대상 기업과 경쟁 기업, 그리고 이 기업들이 속한 산업을 이해하는 것이다. 이 작업은 결국 대상 기업의 경제적 해자(垓子), 즉 해당

산업에서 얼마나 경쟁우위에 있는지를 파악하는 일이다. 경쟁우위가 크고 확고할수록 그 기업은 높은 자본수익률을 오랫동안 누릴 수 있다.

> (투자자에게) 가장 중요한 일은 해자가 넓고 오래 지속되는 회사를 찾으려고 노력하는 것이다. 해자는 정직한 성주가 지키는 경제적 성을 강고하게 보호한다.
>
> – 워런 버핏

경제적 해자의 개념을 더 살펴보자. 이는 워런 버핏이 1980년대에 버크셔 해서웨이의 주주들에게 보낸 연례보고서에서 처음 쓴 것으로 알려졌다. 버핏은 투자 종목을 선정하는 데 가장 중요한 변수로 해자를 들었다. 해자는 성곽의 방어력을 강화하기 위해 성 둘레를 따라 파놓은 못을 뜻하며, 버핏은 경쟁 업체의 추격과 시장 잠식을 허용하지 않는 장벽을 가리키는 데 썼다.

경제적 해자를 구성하는 요소는 무형자산, 비용 절감의 우위, 규모의 경제, 신규 진입이 제한된 시장의 선점 등이다. 대표적인 무형자산에는 브랜드가 있다. 특허도 무형자산이다. 비용 절감의 우위는 같은 품질의 제품을 경쟁사에 비해 낮은 원가로 생산해내는 것이다. 그렇게 하면 경쟁사보다 더 큰 마진을 확보할 수 있다. 규모의 경제는 생산량을 이를테면 두 배로 늘릴 때 비용은 두 배보다 덜 증가하는 경우를 가리킨다. 이때도 비용 절감의 우위와 마찬가지로 이익이 커진다. 규모의 경제는 원자재를 대규모로 구입하면서 비용이 감소함에 따라 실현된다.

2단계: 이익과 자산의 신뢰성, 재무안정성, 관리성 필터링

1단계가 정성적 기준이라면 2단계는 정량적 기준이다. 2단계의 통과 기준은 다음과 같다.

- 이익신뢰성: 영업현금흐름/이익 1 이상
- 자산신뢰성: 현금/자산 10% 이상
- 무형자산: 자산의 15% 미만
- 재무안정성: 부채비율 50% 미만

현금에는 단기매매증권을 포함한다.

1단계와 2단계에서 기업의 90% 이상이 여과된다. 시간생산성 측면에서 1단계보다 2단계를 먼저 적용해도 된다.

3단계: 가치 평가(Valuation) = 미래 ROE(가치) 계산 ⇒ 미래 채권 이자율 결정

3단계에서는 최소 5년 이상 자기자본이익률(ROE)이 10% 이상인 기업만 선정한다. 이를 위해 과거 5~10년 회계 재무 자료와 현재 경쟁우위(해자)를 감안해 향후 5~10년의 ROE를 계산한다. ROE는 채권 이자율에 해당한다.

미래 ROE의 범위를 합리적으로 계산할 수 있는 채권성(예금성) 기업은 전 세계 상장기업 중 1% 미만이다.

4단계: 매수 가격 책정(Pricing) = ROE에 상응하는 PER 부여

투자 대상 기업의 적정 주가수익배수(PER)는 다음 공식으로 계산한다.

투자 대상 기업의 적정 PER = 주식시장 PER × (투자 기업 ROE 또는 ROIC / S&P 500 평균 ROE 또는 ROIC)

이 공식은 버핏의 통찰에 근거를 두고 있다. 버핏은 투자 대상 기업의 주가가 적정한지 가늠할 PER에 대해 다음과 같이 말한 바 있다.

"투자 대상 기업의 적정 가격을 산정하기 위한 주가배수(PER)는 S&P 500 기업의 ROE, ROIC 같은 자본생산성을 기준으로 부여한다."

해당 기업의 ROE가 세계 최고 기업의 집합인 S&P 500의 평균 ROE를 초과하는 정도에 비례해 PER을 부여하는 것이다. 기업의 수익성이 시장의 기업 평균 수익성을 초과하는 정도에 비례해서 매도 가격이나 영업권 규모를 결정하는 것과 같은 원리다. 주식시장의 PER은 금리와 인플레이션(화폐가치 하락) 등에 따라 매년 조정해야 한다.

예를 들어 활용해보자. 현재 주식시장의 기대수익률을 6%로 설정한다고 하자. PER은 기대수익률의 역수이므로 기대수익률 6%는 PER 16으로 환산된다(1/0.06 = 16). 보수적으로 계산하기 위해 모든 계산에서 소수점 이하는 버린다. 투자 대상 기업의 ROE가 25%이고 S&P 500 지수 편입 종목의 평균 ROE가 15%라면 이 기업의 적정 PER은 다음과 같이 계산한다.

16 × (25/15) = 26

투자 대상 기업의 ROE가 30%라면 적정 PER은 32가 된다.

16 × (30/15) = 32

매수 가격 범위는 적정 PER의 10% 전후로 잡는다.

매수 가격 범위 PER = 26(적정 PER) ± 10% = 24~28

5단계: 매수 여부 판단

투자 대상 기업의 PER이 매수 가격 범위 PER 내에 있다면 매수한다. 매수 가격 PER의 범위가 24~28인데 현재 투자 대상 기업의 PER이 30이라면 안전마진이 없는 것이다. 이 경우 주가가 하락해 PER이 범위에 들어올 때까지 기다린다.

매수한 기업은 사업 동반자이므로 단기적인 변동에 일희일비하지 않고, 자신의 투자 원칙을 위반하지 않는 한 끝까지 함께해 복리 혜택을 누린다.

원금 손실 확률을 90% 제거하는 필터링

1. 자산과 이익의 정량적 신뢰성 부족: 필터링 통과 안 됨
2. 낮은 재무건전성: 필터링 통과 안 됨
3. 관리 개념 없음: 필터링 통과 안 됨
* 관리성은 핵심 재무지표의 체계적 · 의도적 · 지속적인 경영 피드백 및 개선 여부로 측정한다.

5단계 중 2단계는 내 투자 과정 중 핵심이다. 투자 원금을 절대 잃지 않기 위해 섬세한 필터링을 통해 검토 대상의 90%를 버리는 단계다. 이 단계를 통해 나는 불확실한 큰 수익이 아니라 5~10년 합리적으로 예측 가능하고 확실한 중간 수익을 추구한다.

5단계를 통과한 기업은 전 세계에서 0.1%도 안 된다. 이런 기준을 적용해서 내가 선정한 상위 20 종목을 공개한다.

1위 버크셔 해서웨이	11위 인디텍스
2위 마오타이	12위 마이크로소프트
3위 구글	13위 아마존
4위 노보노디스크	14위 알리바바
5위 삼성전자	15위 텐센트
6위 월트디즈니	16위 레이셔널
7위 항서제약	17위 평안보험
8위 에르메스	18위 화낙
9위 나이키	19위 길리어드
10위 애플	20위 KT&G

제품, 서비스, 경영자, 회계, 재무, 경영 관리 등 모든 면에서 명품인 기업에 투자하라. 이것이 확률적으로 이기는 투자다. 한 번으로 끝나는 투자가 아니라면 장기적으로 확실한 투자수익을 보장하는 가장 좋은 투자 방법이다. 이어서 위의 명품 기업 일부를 다각도로 분석하겠다.

글로벌 명품 기업 분석

여기서는 사례를 통해 글로벌 명품 기업을 단계별로 분석하고 투자 여부를 판단하는 방법을 제시한다.

앞에서 투자 대상을 정량적으로 걸러내는 핵심 지표와 기준을 살펴봤다. 현금전환비율(CCR) 1 이상, 현금자산비율 10% 이상, 무형자산총자산비율 15% 미만, 부채비율 50% 미만이다. 글로벌 기업 중 이들 기준을 충족하는 상장기업은 10% 미만이다. 이들이 모두 투자 대상이 되는 것은 아니다. 모든 지표가 탁월하다고 해도 현재 주가가 기준보다 높은 수준이라면 매수할 시점이 아니다. 현재 주가의 수준을 판단하려면 해당 기업의 가치를 평가하고(3단계) 매수 가격을 산정하는(4단계) 작업을 거쳐야 한다. 글로벌 명품 기업들을 통해 종목 분석과 선정 방법을 설명하겠다.

버크셔 해서웨이

BERKSHIRE HATHAWAY INC.

기업 개요

기업명	버크셔 해서웨이
사업 분야	지주회사로 보험사와 비보험사 85개를 자회사 형태로 직접 소유하고 상장사 주식에 투자함
창립 연도	1965년(지주회사 설립)
경영자	워런 버핏
시장 정보	미국 NYSE, BRK.A
본사 소재지	미국 네브래스카주 오마하
연간 매출액(2019년)	3272억 달러
연간 순이익(2019년)	814억 달러
종업원(2019년)	391,500명

버크셔 해서웨이는 미국 네브래스카주 오마하에 본사가 있는 지주회사로, 워런 버핏이 55년째 경영하고 있다. 세계적인 대기업이 된 이 회사는 아이러니하게도 워런 버핏의 대표적인 투자 실패 사례다. 직물회사였던 버크셔 해서웨이는 주식시장에서 장부가치 이하에 거래되고 있었다. 벤저민 그레이엄의 투자 전략을 사용하던 버핏은 이 담배꽁초 주식을 매입하게 된다. 처음에는 적정 가격을 받고 경영진에게 매각할 계획이었지만, 경영진이 구두로 약속한 매입 가격을 지키지 않는 것에 화가 나서 평소 꺼리던 행위인 적대적 인수합병을 하기에 이른다.

누구도 코트 안의 옷감이 어떤 브랜드냐고 묻지 않듯 버크셔는 산업 특성상 브랜드 파워를 갖추기 힘들었다. 경쟁사와의 가격 경쟁에서 이기기 위해 대규모 설비 투자를 진행하면 곧바로 경쟁사도 설비 투자를 통해 대규모 생산 능력을 갖추고 가격을 내렸다. 저렴한 인건비로 제조된 외국산 직물과도 경쟁해야 했다. 결국 경쟁사와 버크셔 모두 대규모 현금을 투하해도 재투자 수익률이 형편없는 결과를 불러왔다. 버핏은 뛰어난 경영자 켄 체이스를 통해 회사의 잉여 설비와 운전자본을 정리하고 거기서 나온 현금을 생산성 있는 다른 기업들에 배분하기 시작했다. 이후 블루칩스탬프, 가이코 등을 인수하고 이들에서 나오는 막대한 플로트를 토대로 다른 기업들을 차례로 인수합병하며 성장했다.

그렇게 완성된 오늘날의 버크셔는 자회사와 지분 투자 기업으로 구분되며 금융, 소비재, IT, 미디어, 제조업 등에 분산되어 있다. 완전 자회사로는 가이코, 제너럴리, 시즈캔디, 데어리 퀸, 네브래스카 퍼니처 마트, 벌링턴 노던 산타페, 버크셔 해서웨이 에너지 등이 있고 지분 투자 기업으로 웰스파고, 아메리칸 익스프레스, 애플, 아마존, 코카콜라, 크래프트

하인즈 등이 있다.

세계 최고의 투자자 워런 버핏이 55년 동안 수집해온 명품 기업들의 집합체인 버크셔 해서웨이는 소규모의 미국 경제이자 우량 기업들을 선별해서 모은 인덱스펀드와 같다. 그동안 경영자, 회계 재무의 신뢰성, 수익성 및 재무안정성을 세계 최고 수준으로 입증했으며, 각종 변수에 안티프래질한 세계 최고 기업이다.

1965년부터 2018년까지 버크셔 해서웨이의 주가 상승률은 S&P 500 지수 상승률의 2배에 이른다. 연복리 수익률은 20.5%에 달해서, S&P 500 지수의 9.7%를 압도한다.

경제적 해자

98점으로 매우 깊고 넓다.

핵심 지표(A주)

주가(달러)	340,224	주당 지표	10년	5년	12개월
시가총액(백만 달러)	554,554	매출액 성장률(%)	8.2	5.2	1.5
발행주식 수(백만)	1.5	EBITDA 성장률(%)	7.4	-10.7	-15.4
PER	20.7	잉여현금흐름 성장률(%)	13.4	11.9	2.2
PBR	1.4	장부가치 성장률(%)	11.6	10.5	6.5
PSR	2.2				

* 2020/02/15 기준

핵심 재무지표(A주)

회계연도	2006	2007	2008	2009	2010	2011	2012
주당 매출액(달러)	63,903	76,484	69,584	72,529	83,243	87,084	98,403
주당 EBITDA(달러)	13,339	15,833	7,971	10,749	15,824	14,224	18,858
주당 EBIT(달러)	11,999	14,276	6,157	8,732	13,208	10,896	15,130
주당 순이익(희석, 달러)	7,144	8,548	3,224	5,193	7,928	6,215	8,977
주당 잉여현금흐름(달러)	3,647	4,642	3,301	7,034	7,283	7,445	6,769
주당 영업현금흐름(달러)	6,612	8,118	7,264	10,217	10,938	12,410	12,689
주당 배당금(달러)							
주당 장부가치(달러)	70,281	78,009	70,530	84,487	95,453	99,860	114,214
주당 순유형자산(달러)	49,383	56,776	48,725	59,530	65,719	67,626	74,946
회계연도 말 주식 가격(달러)	109,990	141,600	96,600	99,200	120,450	114,755	134,060
ROE(%)	11.0	11.5	4.3	6.7	9.0	6.4	8.4
ROA(%)	4.9	5.1	1.9	2.9	3.9	2.7	3.6
ROTE(%)	15.3	16.1	6.1	9.6	12.9	9.3	12.6
ROTA(%)	5.6	5.8	2.1	3.3	4.5	3.1	4.2
ROIC(%)	15.4	14.0	5.9	8.1	10.5	7.3	10.4
WACC(%)	7.2	5.1	5.1	7.0	5.5	4.5	3.3
순이자마진(%)							
영업이익률(%)							
순이익률(%)	11.2	11.2	4.6	7.2	9.5	7.1	9.1
잉여현금흐름 이익률(%)	5.7	6.1	4.7	9.7	8.8	8.6	6.9
부채비율(%)	30.1	28.0	33.8	28.9	37.2	36.6	33.4
자기자본비율(%)	43.6	44.2	40.9	44.1	42.3	42.0	43.9
자산부채비율(%)	13.1	12.4	13.8	12.8	15.7	15.4	14.7
자산회전율	0.44	0.45	0.40	0.40	0.41	0.38	0.40
배당성향(%)							

회계연도	2013	2014	2015	2016	2017	2018	2019
주당 매출액(달러)	110,797	118,502	128,389	135,899	147,150	137,094	200,259
주당 EBITDA(달러)	23,178	23,572	28,144	28,168	22,743	10,726	71,433
주당 EBIT(달러)	19,220	19,086	23,409	22,754	17,157	4,777	65,274
주당 순이익(희석, 달러)	11,850	12,092	14,656	14,645	27,326	2,446	49,828
주당 잉여현금흐름(달러)	10,108	10,240	9,379	11,979	20,681	13,907	13,897
주당 영업현금흐름(달러)	16,852	19,483	19,167	19,858	27,798	22,749	23,676
주당 배당금(달러)							
주당 장부가치(달러)	134,974	146,186	155,502	171,542	211,749	212,503	261,416
주당 순유형자산(달러)	94,708	103,201	111,383	102,473	142,175	143,534	191,551
회계연도 말 주식 가격(달러)	177,900	226,000	197,800	244,121	297,600	306,000	339,590
ROE(%)	9.5	8.6	9.7	9.0	14.3	1.2	21.1
ROA(%)	4.3	3.9	4.5	4.1	6.8	0.6	10.7
ROTE(%)	14.0	12.2	13.7	13.7	22.3	1.7	29.8
ROTA(%)	5.0	4.6	5.2	4.9	8.2	0.7	12.5
ROIC(%)	11.2	10.0	11.3	9.9	16.8	2.5	22.9
WACC(%)	6.8	6.2	6.9	6.6	6.9	7.3	6.6
순이자마진(%)							
영업이익률(%)							
순이익률(%)	10.7	10.2	11.4	10.8	18.6	1.8	24.9
잉여현금흐름 이익률(%)	9.1	8.6	7.3	8.8	14.1	10.1	6.9
부채비율(%)	32.5	33.3	33.0	36.0	29.5	28.0	24.3
자기자본비율(%)	45.8	45.7	46.3	45.4	49.6	49.3	51.9
자산부채비율(%)	14.9	15.2	15.3	16.4	14.6	13.8	12.6
자산회전율	0.40	0.39	0.39	0.38	0.37	0.32	0.43
배당성향(%)							

현재 포컴에셋 포트폴리오 비중의 15%를 차지하는데 25%까지 늘릴 예정이다. 버크셔 해서웨이는 세계 1위에 해당하는 이익과 자산의 정량적 신뢰성, 현금과 현금성 유가증권 보유를 비롯한 재무안정성, 최고경영자의 정성적 신뢰성과 검증된 경영 및 투자 능력이 있고 그런 지적 자산과 문화가 조직 내 DNA로 심어져 있어 지속 가능성도 크다. 참고로 워런 버핏 투자 방법을 충실히 따르는 한국의 한 상장기업은 버크셔 해서웨이에 장기간 투자해 상당히 큰 금액의 주식을 보유하고 있다. 경영자의 뛰어난 투자 안목을 볼 수 있다.

투자 과정 5단계

1단계: 버크셔 해서웨이와 경쟁사 비교 분석

버크셔 해서웨이는 이전 30년 대부분을 영업현금흐름/이익을 1 이상으로 유지해서 이익의 신뢰성이 매우 양호하다. 주가도 현금흐름에 수렴한다. 다만 2017년 12월 회계처리 규정이 변경되어 보유 주식의 평가손익을 반영하면서 당기순이익이 왜곡되었다. 이런 이익과 현금흐름 그래프 패턴은 전 세계 상장기업의 0.1%만이 갖는 특징이다.

이 그래프는 이익과 영업 및 잉여현금흐름과 가치가 동반하고 가격이 가치에 수렴하는 것을 보여주는 교과서와 같다. 단기적으로는 이익과 영업 및 잉여현금흐름이 변동해서 위험하게 보일 수도 있지만 3, 5, 10년 단위로 보면 완전히 동반해서 성장한다. 기업을 일 단위, 월 단위, 분기 단위로 보는 투자자는 3, 5, 10년 단위로 길게 보는 투자자와의 투자 게임에서 이길 수 없다는 것을 명확하게 보여준다.

버크셔 해서웨이의 이익, 현금흐름, 주가(A주)

이익과 자산의 정량적·정성적 신뢰성은 투자 원금의 안전성을 보장한다. 버크셔는 현금과 시장성 유가증권이 자산의 20% 이상으로 재무상태표상 자산의 신뢰성도 매우 좋다. 2013년부터 구조조정 중인 GE와 비교해보면 어디에 투자해야 하는지 명확하게 알 수 있을 것이다.

GE는 당기순이익과 현금흐름(영업, 잉여)이 장기간 동반하지 않아서 이익의 신뢰성이 없다. 장부상 이익의 신뢰성이 낮고 변동성이 큰 기업은 경쟁우위가 없다고 판단하고 투자 대상에서 제외하는 것이 좋다. 숫자를 무시한 GE 투자자가 장기간 주가 하락으로 인한 투자 손실을 입는 것은 당연하다. 주가는 현금흐름(내재가치)에 수렴하는 것을 볼 수 있다.

GE의 이익, 현금흐름, 주가

(달러)

- 주가(왼쪽 축)
- 당기순이익(오른쪽 축)
- 영업현금흐름(오른쪽 축)
- 잉여현금흐름(오른쪽 축)

버크셔 해서웨이와 GE의 CCR 비교

회계 연도	2012	2013	2014	2015	2016	2017	2018	2019
버크셔 해서웨이	1.4	1.4	1.6	1.3	1.4	1.0	9.3	0.5
GE	2.3	2.2	1.8	−3.2	0.2	−0.8	−0.2	−1.8

2단계: 영업현금흐름/이익(CCR) 1 이상, 현금/자산(CAR) 10% 이상, 무형자산/자산(IAR) 15% 미만, 부채비율 30% 미만

주당 영업현금흐름과 주당 잉여현금흐름, 주당 순이익이 핵심 가치지표다. 버크셔 해서웨이는 ROE의 분모(순자산)와 분자(현금이익)의 액수가 계속 성장해 이전 30년 대부분에서 비율(CCR)이 1 이상을 유지하고 있다. 즉, 매출과 영업이익, 당기순이익이 계속 성장하면서 '이익=현금'으로 신뢰할 수 있다는 뜻이다. 이는 버크셔 해서웨이에 강력한 무형자산(비법, 경제적 해자)이 분명히 존재한다는 근거가 된다. 이 무형자산은 버핏과 멍거, 아지트 자인 등 경영진의 축적된 지적 자산일 수도 있고, 기업 DNA, 기업 시스템, 기업 문화일 수도 있다.

나는 버크셔 해서웨이의 경쟁우위가 정량적·정성적으로 분명히 존재한다고 분석한다. 이 부분은 투자자 각자가 공부하면서 판단해야 하는 몫이다. 이 기업은 정량적으로 분석하거나 정성적으로 관찰하거나 동일한 결과를 보이는 세계 최고의 명품 기업이다.

부채비율도 30% 미만으로 지속적, 체계적, 의도적으로 관리되고 있다. 이 비율은 회계상 부채비율이다. 플로트(보험료)와 이연법인세 부채는 회계상으로는 부채지만 경제적으로는 현금흐름을 창출하는 자산이기 때문에 경제상 부채비율은 10% 미만이다. 투자 분석을 할 때 이 둘을 명확히 구별해야 한다. 회계는 불특정 다수를 위한 획일적 기준일 수밖에 없으니, 투자자 각자가 실질적(경제적) 의미에서 이를 보완해 분석해야 한다.

버크셔 해서웨이는 자산의 신뢰성 및 재무안정성 필터링을 10년 이상 통과했고 경제적 해자가 매우 깊고 넓다. 따라서 미래 이익의 지속 가능성이 크다.

3단계: 가치 평가 = 미래 ROE 10~15%

회계상 ROE는 최근 10년간 평균 9% 전후를 유지하고 있다. 2017년 14%, 2018년 1%, 2019년 21%로 크게 변동한 것은 미국 회계기준이

개정되면서 버크셔 해서웨이 보유 주식의 시가 변동액이 당기손익에 반영되었기 때문이다. 그러나 2~3년 단위로 보면 결국 9% 전후로 평균에 수렴할 것이다.

버핏의 말대로 버크셔 해서웨이의 내재가치는 회계상 당기순이익이 아니다. 내재가치의 정의인 현금흐름(할인된) 관점에서 보면 10~15% 범위에서 꾸준히 성장하고 있다. 투자자가 분석할 것은 현금흐름과 그 원천인 재무상태표에 계상된, 또는 계상되지 않았지만 실재하는 자산의 질과 양이다. 주가는 결국 현금흐름(내재가치)에 수렴하기 때문이다.

실제로 일시적인 변동성을 제거한 투입자본 대비 영업이익(ROIC) 10% 전후가 버크셔 해서웨이의 주된 사업의 자본생산성이다. 이는 회계상 수치이며, 분자에 영업현금흐름을 대입하면 현금 기준 주된 사업의 자본생산성 ROIC는 연 12~15%다. 사용자본조달비용(WACC)을 평균 연 6%로 보면 수십 년간 연 6~9%의 초과수익(경제적 부가가치)을 창출하는 매우 우량한 기업이다. 글로벌 상장기업의 50% 이상은 ROIC가 WACC를 밑돈다. 버크셔 해서웨이는 핵심 지표에서도 보듯이 53년간 배당 없이 연복리 20%로 주주의 자산을 늘려주고 있다. 53년 전 1,000만 원을 투자했다면 2018년에는 1,500억 원이 되었다. 복리의 힘이다.

1965년부터 현재까지 일관성 있게 축적되고 있는 강력한 경제적 해자를 기반으로 분석할 때, 버크셔 해서웨이는 향후 5~10년 ROE가 10~15%로 예상되는 복리 채권 기업이다. 배당이 없으므로 ROE 10~15%는 복리 채권 이자율에 해당한다.

4단계: 가격 책정 = PER 16

버크셔 해서웨이 적정 PER = 주식시장 PER 16 × (버크셔 해서웨이 ROE 15%

/ S&P 500 평균 ROE 15%) = 16

합리적 매수 PER = 16(적정 PER) ± 10% = 15~17

가격 책정 기준은 회계상 이익이 아니라 현금흐름이다. 버크셔 해서웨이의 회계상 ROE는 10%지만 현금흐름과 플로트를 반영하면 미래 경제적 ROE는 15%다. 투자에서 회계적 의미와 경제적 의미를 명확히 구별할 수 있으면 실익이 크다.

5단계: 매수 여부 판단

적정 PER: 16

현재(2020년 2월) PER: 20.67

안전마진이 없으므로 매수하지 않고 기다린다.

버크셔 해서웨이처럼 정량적 및 정성적으로 확실히 신뢰할 수 있으면 배당이 없어도 장기 투자가 가능하다. 단, 중국과 베트남 등 개발도상국은 확실한 배당이 있는 기업을 최우선 투자 대상으로 선정하고, 차선으로 배당이 없는 기업은 재무 자료의 정량적인 신뢰성, 재무안정성과 ROE 20% 이상의 수익성이 5년 이상 입증된 경우에만 투자한다는 원칙이 바람직하다.

마오타이

기업명	구이저우마오타이
사업 분야	장향형(간장형) 백주 제조·판매
창립 연도	1704년
경영자	가오웨이둥, 중국구이저우성국유자산관리위원회
시장 정보	중국 SHSE, 600519
본사 소재지	중국 구이저우성 런화이
연간 매출액(2019년)	854억 위안
연간 순이익(2019년)	412억 위안
종업원(2018년)	26,568명

마오타이(茅臺)는 중국을 대표하는 백주(白酒)다. 맛이 뛰어나고 가격이 비싸 백주 중에서도 최고의 선물로 통한다. 중국의 자존심이 투영된 술로 수이징팡(水井坊), 우량예(五糧液)도 있지만 마오타이에는 미치지 못한다.

중국 정부가 정상회담 때 내놓는 술로, 1972년 마오쩌둥 주석이 리처드 닉슨 미국 대통령에게 대접하면서 유명해졌다. 또 김정은 북한 국무위원장이 방중했을 때 시진핑 주석이 만찬에서 대접했다. 이때 나온 마오타이는 한 병에 128만 위안(약 2억 1,700만 원)짜리 장핑(醬瓶) 브랜드여서 더 눈길을 끌었다.

마오타이는 세계에서도 높이 평가받고 있어서 위스키, 코냑과 함께 세계 3대 증류주로 꼽힌다. 영국 브랜드파이낸스가 발표한 '2016년 증류주 브랜드가치' 순위에서는 세계 1위를 차지했다.

알리바바 창업자 마윈도 이 술을 즐긴다. 그는 언론 인터뷰에서 "나는 술은 잘 마시지 않지만 인생처럼 단맛, 쓴맛, 매운맛, 짠맛 등이 모두 나는 마오타이만큼은 술술 넘어간다"라고 말했다.

시장에서는 유리 구슬이 들어 있는 53도 페이톈(飛天) 마오타이 빈 병이 200위안(약 32,000원)에 거래된다. 문화는 물과 비슷하게 위에서 아래로 전파되는 속성이 있다. 술 문화도 마찬가지다. 마오타이의 현재 독점력은 이런 과정을 300년 이상 거쳐 축적된 것이다.

경제적 해자

98점으로 매우 깊고 넓다.

핵심 재무지표

회계연도	2006	2007	2008	2009	2010	2011	2012
주당 매출액(위안)	3.91	5.76	6.57	7.70	9.27	14.65	21.06
주당 EBITDA(위안)	2.08	3.73	4.50	5.11	6.07	10.37	15.57
주당 EBIT(위안)	2.01	3.64	4.37	4.95	5.85	10.10	15.22
주당 순이익(희석, 위안)	1.23	2.25	3.03	3.43	4.03	6.98	10.60
주당 잉여현금흐름(위안)	1.10	0.77	3.38	2.28	3.56	6.34	6.14
주당 영업현금흐름(위안)	1.69	1.39	4.18	3.36	4.94	8.08	9.49
주당 배당금(위안)	0.11	0.53	0.63	0.87	0.89	1.73	3.30
주당 장부가치(위안)	4.83	6.56	8.95	11.52	14.65	19.89	27.19
주당 순유형자산(위안)	4.62	6.36	8.60	11.15	14.29	19.25	26.50
회계연도 말 주식 가격(위안)	65.99	166.80	81.67	127.59	138.18	159.75	172.74
ROE(%)	27.7	39.6	39.0	33.6	30.7	40.4	45.0
ROA(%)	17.5	28.2	29.0	24.3	22.3	29.0	33.3
ROTE(%)	28.5	41.1	40.5	34.8	31.6	41.6	46.3
ROTA(%)	17.8	29.0	29.8	24.9	22.7	29.6	34.0
ROIC(%)	107.9	110.0	111.3	107.0	98.5	140.3	134.3
WACC(%)	10.4	8.3	7.4	7.5	6.5	3.3	3.5
매출총이익률(%)	84.0	88.0	90.3	90.2	91.0	91.6	92.3
영업이익률(%)	50.2	61.9	64.2	61.4	60.0	65.1	69.6
순이익률(%)	31.5	39.1	46.1	44.6	43.4	47.6	50.3
잉여현금흐름 이익률(%)	28.1	13.4	51.4	29.7	38.4	43.3	29.1
부채비율(%)							
자기자본비율(%)	63.4	78.6	71.4	73.2	71.9	71.6	75.9
자산부채비율(%)							
GP/A(%)	46.7	63.5	56.7	49.1	46.7	55.7	61.1
자산회전율	0.56	0.72	0.63	0.54	0.51	0.61	0.66
배당성향(%)	9.1	23.3	20.7	25.3	22.1	24.8	31.2
매출채권회전일수	5.1	2.3	1.5	0.8			0.3
매입채무회전일수	19.1	25.0	55.4	53.4	80.4	40.6	61.7
재고자산회전일수	891.3	897.3	1236.7	1402.7	1692.8	1501.3	1504.5
현금전환일수	877.3	874.7	1182.9	1350.1	1612.4	1460.8	1443.1
재고자산회전율	0.41	0.41	0.30	0.26	0.22	0.24	0.24
매출총비용률(%)	16.0	12.0	10.0	10.0	9.0	8.0	8.0
매출총재고량(%)	39.2	29.6	32.9	37.8	42.0	34.7	31.9

회계연도	2013	2014	2015	2016	2017	2018	2019
주당 매출액(위안)	24.61	25.14	26.00	30.94	46.35	58.61	68.00
주당 EBITDA(위안)	17.52	18.07	18.24	19.91	31.84	41.49	47.89
주당 EBIT(위안)	17.08	17.47	17.57	19.17	30.95	40.56	46.91
주당 순이익(희석, 위안)	12.05	12.22	12.34	13.31	21.56	28.02	32.80
주당 잉여현금흐름(위안)	5.77	6.53	12.24	29.01	16.74	31.66	33.48
주당 영업현금흐름(위안)	10.07	10.06	13.88	29.82	17.64	32.94	35.99
주당 배당금(위안)	5.31	3.62	3.98	6.17	6.79	11.00	14.54
주당 장부가치(위안)	33.93	42.53	50.89	58.03	72.80	89.83	108.26
주당 순유형자산(위안)	31.09	39.68	48.04	55.22	70.05	87.04	104.50
회계연도 말 주식 가격(위안)	106.10	172.38	218.19	334.15	697.49	590.01	1183.00
ROE(%)	39.4	32.0	26.4	24.4	33.0	34.5	33.1
ROA(%)	30.1	25.3	20.4	16.8	21.9	23.9	24.0
ROTE(%)	41.9	34.5	28.1	25.8	34.4	35.7	33.8
ROTA(%)	31.5	26.9	21.4	17.4	22.5	24.5	24.4
ROIC(%)	97.9	68.3	56.0	89.8	315.0	529.0	62.3
WACC(%)	4.2	5.0	6.5	6.7	6.7	7.9	9.2
매출총이익률(%)	92.9	92.6	92.2	91.2	89.8	91.1	91.3
영업이익률(%)	68.7	67.8	65.5	59.4	62.1	65.1	65.3
순이익률(%)	49.0	48.6	47.5	43.0	46.5	47.8	48.2
잉여현금흐름 이익률(%)	23.4	26.0	47.1	93.8	36.1	54.0	49.2
부채비율(%)							
자기자본비율(%)	76.9	81.1	74.1	64.5	67.9	70.6	74.3
자산부채비율(%)		0.1					
GP/A(%)	57.2	48.2	39.6	35.6	42.2	45.6	45.5
자산회전율	0.62	0.52	0.43	0.39	0.47	0.50	0.50
배당성향(%)	44.0	29.6	32.2	46.4	31.5	39.3	44.3
매출채권회전일수		0.1					6.3
매입채무회전일수	47.4	110.4	126.7	111.4	61.0	65.9	74.4
재고자산회전일수	1788.7	2093.0	2372.3	2067.7	1311.2	1274.8	1198.5
현금전환일수	1741.3	1982.6	2245.6	1956.3	1250.2	1208.9	1130.3
재고자산회전율	0.20	0.17	0.15	0.18	0.28	0.29	0.30
매출총비용률(%)	7.0	7.0	8.0	9.0	10.0	9.0	9.0
매출총재고량(%)	34.8	42.5	50.5	49.7	36.7	30.9	28.6

마오타이 재무상태표

(금액 단위: 백만 위안)

회계연도	2006	2007	2008	2009	2010	2011	2012
현금 및 현금등가물	4,474	4,723	8,094	9,743	12,888	18,255	22,062
현금 및 현금등가물/총자산(%)	46.7	45.1	51.4	49.3	50.4	52.3	49.0
매출채권	68	46	35	21	1	2	18
재고자산	1,981	2,305	3,115	4,192	5,574	7,187	9,666
기타 유동자산	245	831	998	1,699	1,837	2,386	4,480
유형자산	2,259	2,200	2,835	3,388	4,474	5,682	7,203
무형자산	257	249	445	466	452	808	863
기타 장기자산	286	127	233	261	361	580	708
총자산	9,571	10,481	15,754	19,770	25,588	34,901	44,998
매입채무	41	60	121	139	232	172	345
미지급법인세	811	408	256	141	420	788	2,430
미지급금	409	520	937	1,312	1,638	1,494	1,660
단기차입금							
기타 유동부채	2,141	1,125	2,936	3,516	4,739	7,027	5,091
장기차입금							
기타 장기부채				10	10	17	18
총부채	3,403	2,113	4,251	5,118	7,038	9,497	9,544
자본금	944	944	944	944	944	1,038	1,038
이익잉여금	3,124	5,077	7,925	10,562	13,903	19,937	28,700
주식불입잉여금	1,374	1,375	1,375	1,375	1,375	1,375	1,375
기타 자본항목	621	838	1,001	1,586	2,177	2,641	3,036
비지배지분	104	135	259	186	151	412	1,304
총자본	6,168	8,369	11,503	14,652	18,549	25,403	35,454

회계연도	2013	2014	2015	2016	2017	2018	2019
현금 및 현금등가물	25,185	27,711	36,801	66,855	87,869	112,075	129,959
현금 및 현금등가물/총자산(%)	45.4	42.1	42.6	59.2	65.3	70.1	71.0
매출채권	1	4	0				1,463
재고자산	11,837	14,982	18,013	20,622	22,057	23,507	25,285
기타 유동자산	4,909	4,874	10,190	2,703	2,323	2,280	2,318
유형자산	8,981	13,798	16,312	17,199	17,261	17,203	17,663
무형자산	3,563	3,583	3,582	3,532	3,459	3,499	4,728
기타 장기자산	978	922	1,402	2,023	1,642	1,282	1,627
총자산	55,454	65,873	86,301	112,935	134,610	159,846	183,042
매입채무	285	708	881	1,041	992	1,178	1,514
미지급법인세	3,312	2,105	2,516	4,272	7,726	10,771	8,756
미지급금	1,892	2,236	2,426	3,388	4,965	5,439	6,035
단기차입금		63					
기타 유동부채	5,818	5,433	14,229	28,320	24,892	25,050	24,789
장기차입금							
기타 장기부채	18	18	16	16	16		73
총부채	11,325	10,562	20,067	37,036	38,590	42,438	41,166
자본금	1,038	1,142	1,256	1,256	1,256	1,256	1,256
이익잉여금	35,975	45,566	54,879	62,718	80,011	95,982	115,892
주식불입잉여금	1,375	1,375	1,375	1,375	1,375	1,375	
기타 자본항목	4,234	5,347	6,416	7,545	8,809	14,225	18,862
비지배지분	1,507	1,881	2,308	3,004	4,568	4,570	5,866
총자본	44,129	55,312	66,234	75,899	96,020	117,408	141,876

주가(위안)	1,088
시가총액(백만 위안)	1,366,743
발행주식 수(백만)	1,256
PER	33.4
PBR	10.9
PSR	16.6

주당 지표	10년	5년	12개월
매출액 성장률(%)	23.3	19.9	21.0
EBITDA 성장률(%)	23.6	19.0	27.5
잉여현금흐름 성장률(%)	27.6	41.7	44.4
장부가치 성장률(%)	25.9	20.8	22.4

* 2020/02/15 기준

투자 현황

정음에셋은 2016년 4월부터 매도 없이 매수를 지속해서 현재 150억 원 이상 보유하고 있으며, 관계자 투자를 포함하면 230억 원 정도 보유했다. 2018년 기준 한국 투자자가 보유한 마오타이 주식의 25%를 차지한다.

투자 과정 5단계

1단계: 마오타이와 경쟁사 비교 분석

마오타이는 세계 최고 수준의 술로 300년 이상의 전통 제조법과 장인 정신을 계승하고 있다. 세계 술 중에서 발효, 증류, 취주에 가장 오랜 기간이 소요되고 블렌딩 가능 원액이 200종으로 가장 많다. 마오타이가 보유한 제조 공정(9번 원료 찌기, 8번 발효, 7번 취주)과 제조법은 중국 국가 기밀보호자산으로 보호되고 있다. 단일 술공장에서 블렌딩 가능 원액이 200종이라는 말은 거의 무한하게 조합해서 제품을 만들어낼 수 있다는

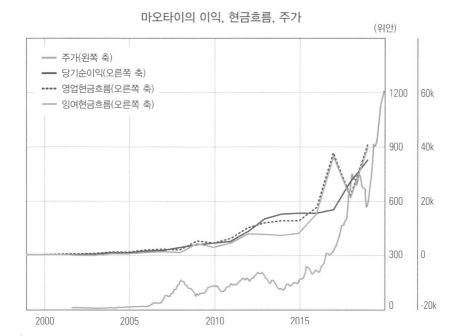

마오타이의 이익, 현금흐름, 주가

(위안)

주가(왼쪽 축)
당기순이익(오른쪽 축)
영업현금흐름(오른쪽 축)
잉여현금흐름(오른쪽 축)

뜻이다. 최고급 양주의 블렌딩 가능 원액이 수십 종 미만이라는 점에서 마오타이가 대단하다는 사실을 알 수 있다. 최고급 술의 3대 특징은 개성, 숙성력(시간의 가치), 스토리다. 이 모두를 갖춘 것이 마오타이다.

마오타이는 이익, 현금흐름과 주가가 명확한 인과관계가 있고, 이익이 현금흐름과 일치해서 이익의 신뢰성이 좋다. 현금을 자산의 50% 이상으로 장기간 유지해서 자산의 신뢰성과 재무안정성도 매우 좋다. 마오타이의 재무적 수준은 글로벌 상장기업 중 0.01%만 달성했다. 우량예, 디아지오와 비교하면 마오타이의 경쟁우위를 명확히 알 수 있다.

중국 백주 제조사 2위인 우량예는 마오타이에 비해 이익 가치의 신뢰성이 낮고 변동성이 크다. 자본생산성도 마오타이보다 낮은데 PER은

우량예의 이익, 현금흐름, 주가

(위안)

- 주가(왼쪽 축)
- 당기순이익(오른쪽 축)
- 영업현금흐름(오른쪽 축)
- 잉여현금흐름(오른쪽 축)

30으로 마오타이와 비슷해서 상대적으로 고평가되었다. 우량예의 평균
ROE 20%도 좋은 수치지만 마오타이에 비해 수익성이 낮고 가격이 고
평가되었다는 뜻이다.

마오타이와 우량예의 CCR 비교

회계연도	2012	2013	2014	2015	2016	2017	2018	2019
마오타이	0.9	0.8	0.8	1.1	2.2	0.8	1.2	1.1
우량예	0.9	0.2	0.1	1.1	1.7	1.0	0.9	1.3

마오타이와 우량예의 정성적 비교

	마오타이	우량예	비고
정량적 신뢰성	좋음	보통	필터링 요소
CEO 리스크	예측 가능함	예측 어려움	필터링 요소
수익성	매우 좋음	좋음	
가격결정력	제일 강함	마오타이 다음으로 강함	마오타이가 먼저 가격을 올리면 우량예가 따라감
재무안정성	매우 좋음	좋음	
주주의 질	주주회전율 낮음	주주회전율 높음	
정보 투명성	투명함	보통	
노사 관계	좋음	좋음	
가치 평가와 가격 책정	합리적 범위	합리적 범위	
주주친화성	높음	보통	
지배구조	좋음	좋음	

디아지오는 조니워커 같은 프리미엄 주류를 생산하는 기업으로서 이익과 현금흐름이 동반하지 않아 신뢰성이 약하고 변동성도 크다. 따라서 미래 확실성이 떨어지고 미래 주가 역시 계산하기 어렵다. 재무지표의 ROE 30% 수준은 재무 레버리지 3.3배의 영향이다. 과도한 부채를 통해 ROE를 올리고 있기 때문에 향후 지속 가능성이 낮다. 부채 없이 10년 평균 ROE 30% 이상인 마오타이에 비해 수익성, 재무안정성, 지속 가능성이 많이 처진다.

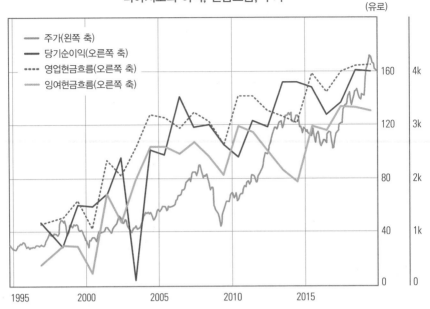

디아지오의 이익, 현금흐름, 주가

(유로)

- 주가(왼쪽 축)
- 당기순이익(오른쪽 축)
- 영업현금흐름(오른쪽 축)
- 잉여현금흐름(오른쪽 축)

2단계: 영업현금흐름/이익(CCR) 1 이상, 현금/자산(CAR) 50% 이상, 무형자산/자산(IAR) 2% 미만, 부채비율 0%

10년간 지속적으로 자산의 50% 전후가 현금이고 최근에는 70% 정도로 더 높아졌다. 2019년 44.3%의 배당성향을 보이면서 이만한 현금을 보유한다는 것은 제품의 강력한 독점력이 아니면 설명하기 힘들다. 2003년 이후 부채와 외상매출금이 자산 대비 거의 없는 수준이며, 10년 평균 ROE가 34%다. 심지어 투하자본 대비 영업이익률(ROIC)은 2017년부터 300%가 넘는다. 자본 1,000원을 투입해 영업이익 3,000원을 내는 것은 희소한 현상이다. 매출총이익률 90%, 영업이익률 60%, 당기순이익률 45% 수준을 10년 이상 유지하고 있다.

이렇게 장기간 최고의 수익성 및 재무건전성을 갖는 상장기업을 찾기란 정말 쉽지 않다. 한국과 일본 상장기업 중에는 한 곳도 없다. 글로벌 0.01% 이내의 기업이다. 마오타이는 일종의 표준 기업으로, 투자 분석의 기준으로 놓고 다른 기업을 비교하면 투자 대상을 명확하게 선별할 수 있다.

재무지표를 보면 영업현금흐름과 잉여현금흐름의 차이가 우량예나 다른 제조사보다 매우 적어서 최종적으로 주주에게 돌아가는 내재가치 몫이 크고 주가도 더 장기간 상승 수렴하고 있다. 장기간 이런 재무지표를 보인다는 것은 마오타이에 강력한 경쟁우위(해자)가 존재하고 있음을 말해준다. 실제 제품을 연구해보면 그 강력한 경쟁우위가 무엇인지 알 수 있다. 학생이 10년 이상 꾸준하게 최상위 성적을 받는다면 좋은 대학에 들어갈 확률이 높다고 보는 것처럼, 이런 기업에 장기 투자하면 좋은 수익률을 기대할 수 있다.

마오타이의 특징은 보통 재화와 달리 보관 기간이 길수록 가치가 상승하기 때문에(5년 주기로 가치 2배 상승) 재고를 오래 보관한다는 점이다. 효용 체감 법칙이 아니라 효용 체증 법칙이 적용되는 매우 희소한 제품이다. 그래서 원재료를 매입하고부터 현금으로 회수하기까지의 현금전환일수가 2007~2016년 평균 1,500이 넘었다. 그러다 2017~2019년에 1,200대로 감소했다. 주력 제품인 페이텐 마오타이는 5년 숙성 후 출하하지만, 이때 자회사의 저가 마오타이 판매량이 급증하면서 현금전환일수가 감소한 것이다.

이와 같이 마오타이는 이익, 자산의 신뢰성 및 재무안정성 필터링을 10년 이상 통과했고, 경제적 해자가 깊고 넓다. 따라서 미래 이익이 지속될 확률이 높다.

3단계: 가치 평가 = 미래 ROE 25%

20년 전부터 현재까지 일관되고 강력한 경제적 해자(독점력)를 가졌으니 미래 10년 ROE는 25%로 평가했다. 향후 배당성향을 50% 내외로 가정하면 5~10년간 15% 복리 채권 기업이다.

4단계: 가격 책정 = PER 26

마오타이 적정 PER = 주식시장 PER 16 × (마오타이 ROE 25% / S&P 500 평균 ROE 15%) = 26

합리적 매수 PER = 26(적정 PER) ± 10% = 24~28

가격 책정 기준은 언제나 현금흐름이다. 마오타이는 이익과 현금흐름이 계속 동반하므로 이익을 사용하나 현금흐름을 사용하나 동일하다. 명품 기업만이 갖는 특징이다.

5단계: 매수 여부 판단

적정 PER: 26

현재(2020년 2월) PER: 33.4

현재 가격에는 안전마진이 없으므로 매수하지 않고 기다린다.

마오타이처럼 회계 자료가 정량적으로 신뢰할 수 있고 배당의 지속성이 있다면 10년 이상 장기 투자가 가능하다. 중국과 베트남 등 개도국은 대리인 비용이 매우 크기 때문에 확실한 배당을 지속하는 기업이 최우선 투자 대상이다.

중국 술 중 가짜가 만들어지는 제품은 고가인 마오타이, 우량예 등 소수에 불과하다. 그중 가짜 마오타이가 대부분을 차지해서 마오타이 정품 판매액의 10배 정도 규모로 유통되고 있고, 중국 공무원은 유통 중인 마오타이가 진품인지 검사한다. 이는 마오타이가 향후 10배 성장할 수 있다는 간접적 근거다. 1988년 빌 게이츠와 워런 버핏이 중국에 출장을 와서 마이크로소프트의 워드, 엑셀 등이 무단 복제되어 광범위하게 사용되는 것을 보고 매우 기뻐했다는 일화가 있다. 미래에 정품 수요로 전환되리라는 것을 알았기 때문이다. 어떤 부문이든 명품 기업은 가짜 제품을 생산하는 기업을 수반하는 경향이 있다. 또 중국 중산층에서는 부부가 결혼한 해, 아이가 태어난 해에 마오타이를 상자 단위로 구입해서 10주년, 20주년 기념으로 소비하는 문화가 있다. 마오타이의 브랜드 가치를 알 수 있는 정성적 지표다.

주주 구성을 보면 중국 구이저우성 지방정부가 62%를 보유하고 있으며, 싱가포르 투자청도 10대 주주에 들어간다. 구이저우성은 중국에서 가장 가난한 성으로, 마오타이가 납부하는 세금과 배당액이 전체 수입의 20% 이상을 차지할 정도로 의존도가 높다.

마오타이는 2019년 배당성향이 45%로 매우 양호해서, 대리인 비용이 매우 큰 중국 시장에서 좋은 배당주 투자 대상이다. 일반 투자자는 기업의 회계와 재무를 분석할 시간과 능력이 부족하지만, 주주에게 배당을 통해 확실히 이익을 돌려주는 기업에 투자하는 간단하고 쉬운 방법으로 전문 기관투자가 대부분을 이길 수 있다.

구글

Alphabet
Google*

기업 개요

기업명	알파벳
사업 분야	IT 검색엔진, 광고, 동영상 스트리밍 서비스
창립 연도	1998년
경영자	순다르 피차이
시장 정보	미국 NAS, GOOGL
본사 소재지	미국 캘리포니아주 마운틴뷰
연간 매출액(2019년)	1619억 달러
연간 순이익(2019년)	343억 달러
종업원(2019년)	118,899명

구글은 세계 최대의 인터넷 검색 서비스회사로, 130여 개 언어로 검색 인터페이스를 제공하고 있다. 구글은 10의 100제곱을 뜻하는 단어 구골(googol)에서 따왔다.

구글은 스탠퍼드대학 박사 과정에 재학 중이던 래리 페이지와 세르게이 브린이 1996년 개발한 검색 기술인 페이지랭크가 바탕이 되었다. 페이지랭크는 웹사이트로 연결되는 백링크를 따져 그 사이트의 중요도를 결정하는 기술이다. 페이지와 브린은 1998년 구글을 설립했다. 2000년 10월 검색 키워드 광고 판매를 시작했고 2002년 9월 구글 뉴스 서비스를, 2004년 4월 G메일 서비스를 개시했다. 창립 후 10년이 채 되지 않아 세계 최대의 사이트가 되었으며 2004년 8월 나스닥에 상장했다. 기업공개(IPO) 방식은 주간사를 통한 공모가 아니라 인터넷 경매를 통한 주식 배정이었다.

2004년 디지털 지도회사 키홀을 인수하고 2005년 구글맵과 위성영상 지도 서비스 구글어스를 시작했다. 2006년 저작권이 만료된 도서의 무료 PDF 다운로드 서비스를 제공하기 시작했고 온라인 동영상 공유 사이트 유튜브를 인수했다. 2007년 휴대기기용 개방형 운영 체제인 안드로이드 플랫폼을 발표했다. 2008년 오픈 소스 브라우저 크롬을 출시했다. 2010년 안드로이드를 탑재한 핸드폰 넥서스원을 출시했다. 안드로이드와 크롬 기반의 구글 TV도 선보였다. 또 인공지능 기술로 자동 운행되는 무인자동차 실험에 성공했다. 2012년 구글의 무인자동차는 미국 네바다주 교통부에서 면허를 획득했다.

2013년 구글 글래스를 발표하면서 웨어러블 컴퓨터 시대를 열었고, 2014년 스마트워치 전용 플랫폼인 안드로이드웨어를 내놓았다. 2015

년 8월 모기업 알파벳을 출범하고 래리 페이지가 CEO, 세르게이 브린이 사장직에 올랐다. 구글의 CEO에는 순다르 피차이가 선임되었다. 2017년부터 구글은 AI를 활용해 127개국에 뉴스 서비스를 제공하는 등 AI에서 성과를 보였다.

2019년 12월 래리 페이지와 세르게이 브린은 알파벳의 자회사들이 독립적으로 잘 운영되는 상황에서 경영 구조를 단순화할 시기라며 사임했고, 순다르 피차이 구글 CEO가 알파벳 CEO를 겸하고 있다.

경제적 해자

매우 넓고 깊다. 독점기업은 독점을 강하게 부인하는 경향이 있다. 이는 독점기업의 독점력을 파악할 수 있는 방증이다. 기자가 독점이 아니냐고 묻자 구글 최고경영자는 이렇게 대답했다.

"우리는 현재 심한 경쟁에서 어려운 싸움을 하고 있다."

핵심 지표

주가(달러)	1,439	주당 지표	10년	5년	12개월
시가총액(백만 달러)	992,602	매출액 성장률(%)	19.4	19.9	19.1
발행주식 수(백만)	690	EBITDA 성장률(%)	15.9	18.3	17.7
PER	27.2	잉여현금흐름 성장률(%)	17.5	24.0	34.2
PBR	4.6	장부가치 성장률(%)	17.2	13.7	14.6
PSR	5.8				

* 2020/02/15 기준

1단계: 구글과 경쟁사 비교 분석

구글은 10년 이상 이익과 현금흐름이 일치해 이익의 신뢰성이 매우 양호하다. 명품 기업만의 특징이다. 주가 역시 내재가치인 현금흐름에 수렴하고 있다. 이처럼 명확한 그래프 패턴을 보이는 기업은 세계적으로 0.1% 이내다. 이익과 현금흐름이 계산되지 않고 관리되지 않아서 이런 그래프 패턴이 존재하지 않는 기업은 반드시 피해야 한다.

경쟁사로 중국 검색엔진회사인 바이두와 비교하면 구글의 우수성을 알 수 있다. 구글은 검색엔진 외에 빅데이터, AI 등 각종 IT 부문에서 글로벌 IT 공룡들과 경쟁하고 있지만 검색 플랫폼의 광고시장에서는 독점 기업으로 활동하고 있다.

구글의 이익, 현금흐름, 주가

핵심 재무지표

회계연도	2006	2007	2008	2009	2010	2011	2012
주당 매출액(달러)	17.1	26.3	34.4	37.1	45.4	58.0	69.3
주당 EBITDA(달러)	6.7	9.6	12.8	15.5	18.9	21.8	26.4
주당 EBIT(달러)	5.7	8.0	10.5	13.1	16.7	18.9	21.9
주당 순이익(희석, 달러)	5.0	6.7	6.7	10.2	13.2	14.9	16.2
주당 잉여현금흐름(달러)	2.7	5.3	8.7	13.3	9.3	14.1	4.2
주당 영업현금흐름(달러)	5.8	9.1	12.4	14.6	17.2	22.3	25.0
주당 배당금(달러)							
주당 장부가치(달러)	28.0	36.3	44.8	56.9	72.6	90.1	109.2
주당 순유형자산(달러)	24.9	31.9	35.6	47.9	61.2	76.3	81.8
회계연도 말 주식 가격(달러)	232.5	346.1	154.0	310.3	297.3	323.3	354.0
ROE(%)	23.3	21.2	16.6	20.3	20.7	18.7	16.5
ROA(%)	21.4	19.2	14.8	18.0	17.3	14.9	12.9
ROTE(%)	25.3	24.0	20.0	24.7	24.6	22.1	20.9
ROTA(%)	23.2	21.5	17.4	21.5	19.9	17.1	15.4
ROIC(%)	75.9	52.8	45.9	54.1	62.3	59.6	47.1
WACC(%)	11.0	11.7	12.1	10.3	10.1	6.9	9.0
순이자마진(%)	60.2	59.9	60.4	62.6	64.5	65.2	62.7
영업이익률(%)	33.5	30.6	30.4	35.1	35.4	32.3	30.1
순이익률(%)	29.0	25.3	19.4	27.6	29.0	25.7	23.3
잉여현금흐름 이익률(%)	15.8	20.3	25.2	36.0	20.5	24.3	6.0
부채비율(%)					7.5	7.2	7.7
자기자본비율(%)	92.2	89.6	88.9	88.9	79.9	80.1	76.5
자산부채비율(%)					6.0	5.8	5.9
GP/A(%)	44.4	45.4	46.1	41.0	38.4	37.9	34.7
자산회전율	0.74	0.76	0.76	0.66	0.60	0.58	0.55
배당성향(%)							
매출채권회전일수	45.5	47.6	44.3	49.1	52.9	52.3	62.5
매입채무회전일수	18.2	15.5	7.5	8.9	16.9	16.3	42.8
재고자산회전일수						0.5	5.7
현금전환일수	27.3	32.1	36.7	40.1	36.0	36.5	25.5
재고자산회전율						753.60	63.61
매출총비용률(%)	40.0	40.0	40.0	37.0	36.0	35.0	37.0
매출총재고량(%)							0.6

회계연도	2013	2014	2015	2016	2017	2018	2019
주당 매출액(달러)	81.9	96.1	108.2	129.2	157.6	194.5	231.7
주당 EBITDA(달러)	29.4	32.5	35.8	43.5	48.6	62.7	73.7
주당 EBIT(달러)	23.6	25.3	28.5	34.7	38.8	49.8	56.9
주당 순이익(희석, 달러)	18.8	20.6	22.8	27.9	18.0	43.7	49.2
주당 잉여현금흐름(달러)	14.5	10.4	23.6	35.5	33.6	30.3	40.7
주당 영업현금흐름(달러)	27.5	33.5	38.3	51.6	52.7	68.2	78.0
주당 배당금(달러)							
주당 장부가치(달러)	131.2	151.5	175.2	200.7	219.1	255.3	292.7
주당 순유형자산(달러)	104.8	122.0	146.5	172.1	191.2	226.4	259.8
회계연도 말 주식 가격(달러)	560.9	530.7	778.0	792.5	1,053.4	1,045.0	1,339.4
ROE(%)	16.0	14.8	14.1	15.0	8.7	18.6	18.1
ROA(%)	12.4	11.8	11.8	12.4	6.9	14.3	13.5
ROTE(%)	20.6	18.4	17.2	17.7	10.0	21.2	20.4
ROTA(%)	15.1	14.0	13.8	14.1	7.8	15.7	14.7
ROIC(%)	40.5	33.2	33.1	35.1	24.2	43.5	36.6
WACC(%)	8.8	6.8	7.5	7.2	8.4	9.7	8.0
순이자마진(%)	60.4	61.1	62.4	61.1	58.9	56.5	55.6
영업이익률(%)	27.7	25.0	25.8	26.3	26.1	22.9	22.2
순이익률(%)	22.9	21.4	21.8	21.6	11.4	22.5	21.2
잉여현금흐름 이익률(%)	17.8	10.8	21.9	27.5	21.3	15.6	17.6
부채비율(%)	6.0	5.0	4.3	2.8	2.6	2.3	7.9
자기자본비율(%)	78.7	80.4	81.6	83.0	77.3	76.3	73.0
자산부채비율(%)	4.7	4.1	3.5	2.3	2.0	1.7	5.8
GP/A(%)	32.8	33.6	33.9	35.0	35.8	35.9	35.4
자산회전율	0.54	0.55	0.54	0.57	0.61	0.64	0.64
배당성향(%)							
매출채권회전일수	58.4	51.9	56.3	57.2	60.4	55.6	57.1
매입채무회전일수	40.7	24.4	25.0	21.2	25.1	26.8	28.2
재고자산회전일수	4 ?		3.2	3.9	4.1	5.7	5.4
현금전환일수	21.9	27.5	34.4	39.9	39.3	34.5	34.2
재고자산회전율	87.10		114.72	92.59	89.64	64.17	68.28
매출총비용률(%)	40.0	39.0	38.0	39.0	41.0	44.0	44.0
매출총재고량(%)	0.5		0.3	0.4	0.5	0.7	0.7

중국 1위 검색엔진회사인 바이두는 당기순이익과 영업현금흐름 및 잉여현금흐름이 동반하지 않고 현금이 자산의 5% 미만이어서 이익신뢰성과 자산신뢰성 모두 구글에 비해 매우 낮다. 영업현금흐름과 잉여현금흐름의 차이가 갈수록 커지면서 내재가치도 계속 감소했다. 재무지표에서 영업현금흐름과 잉여현금흐름의 차이가 커지는 것은 투자 금액 증가가 주요인이지만 격차가 계속 벌어진다면 관리상 문제가 있는 것이며 내재가치가 하락함에 따라 주가도 결국 하향 수렴한다. 따라서 투자자는 기업 자본이 현명하게 배분되는지 꾸준히 관찰해야 한다.

특정 기업의 미래를 예측하고 투자하기는 쉽지 않지만 이처럼 구글과 바이두를 비교해보면 어떤 기업에 자본을 배분할지 상대적으로 쉽게 알

바이두의 이익, 현금흐름, 주가

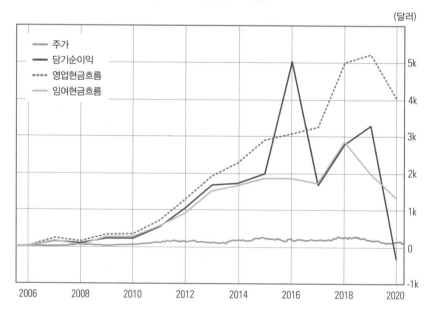

수 있다. ROE, ROIC가 경쟁 기업 대비 5년 이상 장기간 지속적으로 초과하는 기업이 있다면 경쟁우위가 있다고 판단할 수 있다.

2단계: 현금흐름/이익(CCR) 1 이상, 현금/자산(CAR) 10% 이상, 재무상태표상 무형자산/자산(IAR) 15% 미만, 부채비율 10% 미만

영업현금흐름/이익(CCR)이 지속적으로 1 이상으로 이익의 질이 매우 좋다. 가치지표는 10년 평균 ROE 16%, ROIC 43%, 매출총이익률 60%, 영업이익률 27%를 유지하고 있다. 상위 0.1% 이내 지표다.

구글과 바이두의 CCR 비교

회계연도	2012	2013	2014	2015	2016	2017	2018	2019
구글	1.5	1.5	1.6	1.6	1.9	2.9	1.6	1.6
바이두	1.1	1.3	1.4	0.6	1.9	1.8	1.3	13.8

2012년부터 2019년까지 현금전환일수가 32 전후로 지속적으로 관리되고 있어서 성장과 함께 현금흐름과 주가가 계산된다(관리가 안 되면 주가를 계산할 수 없다).

이처럼 현금전환일수를 장기간 일정하게 유지할 수 있는 것은 구글이 지닌 무형자산(독점력)의 힘이다. 현금이익(분자)/자산(분모) 산식에서 보듯이 현금을 창출하는 것은 분모인 자산이다. 한자는 뜻글자로서 재미있다. 재무 비율 산식에 모(어머니)와 자(아들) 개념이 적용된다는 것이다. 아들(현금)을 낳는 어머니(자산), 현금을 창출하는 독점력 자산이 있다.

부채비율은 10년 평균 5%, ROE는 16%로 관리되고 있다. 구글은 배당이 없으므로 'ROE = 복리 이자율'이 성립된다. 지금 PER 27(매수 시점 3.6% 채권)에서 매수하면 5년 후 8% 복리 채권이다. 5년 이상 보유하는 경우에만 8%의 이자율이 확보되므로 안전마진이 조금 부족하다. ROIC 는 10년 평균 43%다. 사용자본조달비용 7%를 감안하면 주 사업의 수익성이 엄청나다. 글로벌 상장기업의 50%는 사용자본조달비용만큼의 수익도 달성하지 못한다.

구글은 이익, 자산의 신뢰성 및 재무안정성 필터링을 통과했으며 경제적 해자가 깊고 넓다. 따라서 미래 이익의 지속 가능성이 크다.

3단계: 가치 평가 = 미래 ROE 15%

과거부터 현재까지 일관성 있게 축적되는 자산의 양과 질에 의거해서 향후 5~10년 ROE는 15%이며, 배당이 없기에 15% 복리 채권 기업이다.

4단계: 가격 책정 = PER 16

구글 적정 PER = 주식시장 PER 16 × (구글 ROE 15% / S&P 500 평균 ROE 15%) = 16

합리적 매수 PER = 16(적정 PER) ± 10% = 15~17

가격은 현금흐름 기준으로 책정한다. 과거와 현재 추세를 보면 이후에도 평균 ROE 15% 전후가 예상되어 합리적 매수 범위는 PER 15~17이다. 구글은 이익과 현금흐름이 일치하므로 이익을 사용하든 현금흐름을 사용하든 동일하다.

5단계: 매수 여부 결정

적정 PER: 16

현재(2020년 2월) PER: 27

현재 PER은 가치지표인 (변동성을 제외한) ROE 15%로 계산한 적정 PER보다 68% 이상 높아서 안전마진이 없다.

노보노디스크

novo nordisk®

기업 개요

기업명	노보노디스크
사업 분야	제약(당뇨, 비만, 혈우병 관리약, 성장호르몬)
창립 연도	1923년
경영자	라나 아즈파르 자파르
시장 정보	덴마크 OCSE, NOVO B, 미국 NYSE, NVO
본사 소재지	덴마크 코펜하겐
연간 매출액(2019년)	1220억 크로네
연간 순이익(2019년)	390억 크로네
종업원(2019년)	43,258명

노보노디스크(Novonordisk)는 90년 이상 당뇨병 치료제의 세계를 바꾸어왔다.

이 회사의 역사는 1923년 덴마크에서 창업한 노디스크(Nordisk)와 1925년 설립된 노보(Novo)로 거슬러 올라간다. 노디스크와 노보는 각각 당뇨병 신약 인슐린을 생산했다. 당뇨병 치료제로 인슐린이 추출되어 임상 적용된 직후였다. 인슐린은 캐나다 의학자 프레더릭 밴팅이 연구해 1921년 미국생물학회에 논문을 제출함으로써 세상에 알려졌다. 밴팅은 1922년 당뇨병 환자 수백 명의 생명을 구했고 그 공로로 1923년 노벨 생리의학상을 수상했다.

노보와 노디스크는 치열하게 경쟁하면서 업계 최고로 발전해왔다. 그러다 1989년 합병을 결정하고 기업명을 노보노디스크로 지었다. 이후 당뇨병 치료제 분야를 비롯해 혈우병 치료제, 성장호르몬 요법 및 호르몬 대체 요법 분야에서 앞서나가면서 빠르게 성장해왔다.

경제적 해자

95점으로 매우 깊고 넓다. 100년 가까이 당뇨병 치료에 집중한 세계 최고 기술력의 기업이고, 당뇨병 환자에게서 주사의 고통을 덜어준 환자 최우선 기업이며, 제품뿐 아니라 투자에서도 최고의 투명성, 수익성을 일관성 있게 보여준, 세계 최고 수준의 주주 친화적 기업이다.

회계연도	2006	2007	2008	2009	2010	2011	2012
주당 매출액(크로네)	12.0	13.2	14.7	16.9	20.8	23.3	28.3
주당 EBITDA(크로네)	3.5	3.8	4.8	5.9	7.3	8.7	11.1
주당 EBIT(크로네)	2.8	2.8	4.0	5.0	6.4	7.8	10.1
순이익(희석, 크로네)	2.0	2.7	3.1	3.6	4.9	6.0	7.8
주당 잉여현금흐름(크로네)	1.4	2.4	3.5	4.1	5.4	6.3	6.7
주당 영업현금흐름(크로네)	2.4	3.1	4.1	5.1	6.7	7.5	8.1
주당 배당금(크로네)	0.6	0.7	0.9	1.2	1.5	2.0	2.8
주당 장부가치(크로네)	9.5	10.2	10.4	11.9	12.7	12.9	14.5
주당 순유형자산(크로네)	9.3	10.0	10.2	11.6	12.2	12.4	14.0
회계연도 말 주식 가격(크로네)	47.1	67.0	54.2	66.4	125.8	132.0	183.3
ROE(%)	22.4	27.4	29.6	31.3	39.6	46.0	54.9
ROA(%)	14.9	18.5	19.6	20.4	24.8	27.1	32.9
ROTE(%)	22.8	28.0	30.3	32.2	41.0	47.9	57.1
ROTA(%)	15.1	18.7	19.9	20.8	25.4	27.8	33.7
ROIC(%)	24.8	26.4	36.7	47.5	62.7	79.4	99.1
WACC(%)	8.9	8.2	5.0	5.0	5.1	5.5	6.8
매출총이익률(%)	75.3	76.6	77.8	79.6	80.8	81.0	82.7
영업이익률(%)	23.5	21.4	27.2	29.9	31.1	33.7	37.8
순이익률(%)	16.7	20.4	21.2	21.1	23.7	25.8	27.5
잉여현금흐름 이익률(%)	11.4	18.1	23.8	24.1	26.0	27.2	23.8
부채비율(%)	5.0	4.2	7.0	3.9	6.0	2.3	1.2
자기자본비율(%)	67.4	67.4	65.2	65.3	60.2	57.9	61.9
자산부채비율(%)	3.4	2.9	4.6	2.5	3.6	1.3	0.8
GP/A(%)	67.4	69.4	72.1	77.1	84.5	85.3	99.1
자산회전율	0.90	0.91	0.93	0.97	1.05	1.05	1.20
배당성향(%)	30.0	26.1	29.0	33.7	30.5	33.3	36.0
매출채권회전일수	48.7	53.2	52.7	50.5	51.1	51.4	45.1
매입채무회전일수	65.2	72.5	82.3	78.4	90.8	95.4	104.6
재고자산회전일수	307.7	324.4	336.2	343.6	307.9	277.2	257.2
현금전환일수	291.2	305.1	306.7	315.6	268.1	233.2	197.7
재고자산회전율	1.19	1.13	1.09	1.06	1.19	1.32	1.42
매출총비용률(%)	25.0	23.0	22.0	20.0	19.0	19.0	17.0
매출총재고량(%)	20.9	20.8	20.4	19.2	16.2	14.4	12.2

회계연도	2013	2014	2015	2016	2017	2018	2019
주당 매출액(크로네)	31.0	33.8	41.9	44.1	45.1	46.1	51.3
주당 EBITDA(크로네)	13.1	14.3	18.0	20.1	21.0	21.3	22.9
주당 EBIT(크로네)	12.1	13.0	16.9	18.9	19.7	19.7	20.5
순이익(희석, 크로네)	9.4	10.1	13.5	15.0	15.4	15.9	16.4
주당 잉여현금흐름(크로네)	8.3	10.4	12.4	15.8	13.1	13.3	14.9
주당 영업현금흐름(크로네)	9.6	12.0	14.9	19.1	16.6	18.4	19.7
주당 배당금(크로네)	3.6	4.5	5.0	9.4	7.6	7.9	8.2
주당 장부가치(크로네)	15.5	15.2	18.1	17.8	19.9	21.4	24.5
주당 순유형자산(크로네)	14.9	14.7	17.2	16.7	18.6	19.3	22.0
회계연도 말 주식 가격(크로네)	198.8	260.3	399.9	254.7	334.5	297.9	386.7
ROE(%)	60.5	63.9	79.9	82.2	80.2	76.0	71.2
ROA(%)	37.0	35.9	41.3	40.1	38.2	36.3	33.0
ROTE(%)	62.9	66.3	83.3	86.8	85.6	82.9	79.1
ROTA(%)	37.9	36.7	42.2	41.1	39.3	37.8	34.6
ROIC(%)	91.4	100.3	150.5	146.7	133.5	110.5	101.1
WACC(%)	8.0	8.8	9.0	9.5	9.1	8.8	6.8
매출총이익률(%)	83.1	83.6	85.0	84.6	84.2	84.3	83.5
영업이익률(%)	37.7	38.8	45.8	43.3	43.8	42.3	43.0
순이익률(%)	30.1	29.8	32.3	33.9	34.1	34.5	31.9
잉여현금흐름 이익률(%)	26.7	30.8	29.5	35.8	29.1	28.8	29.1
부채비율(%)	0.5	1.8	2.3	0.5	3.4	1.0	7.8
자기자본비율(%)	60.5	52.3	51.2	46.4	48.7	46.8	45.8
자산부채비율(%)	0.3	0.9	1.2	0.2	1.7	0.5	3.6
GP/A(%)	102.1	100.7	108.7	99.9	94.1	88.4	86.2
자산회전율	1.23	1.21	1.28	1.18	1.12	1.05	1.03
배당성향(%)	38.5	44.7	37.0	62.8	49.4	49.3	49.8
매출채권회전일수	47.6	53.6	52.4	66.1	65.9	74.4	74.5
매입채무회전일수	105.6	124.1	111.1	127.7	116.1	140.0	115.5
재고자산회전일수	246.5	262.0	271.9	287.8	307.6	328.5	308.7
현금전환일수	188.5	191.6	213.2	226.2	257.3	262.9	267.7
재고자산회전율	1.48	1.39	1.34	1.27	1.19	1.11	1.18
매출총비용률(%)	17.0	16.0	15.0	15.0	16.0	16.0	16.0
매출총재고량(%)	11.4	11.8	11.2	12.1	13.3	14.2	13.9

주가(크로네)	436
시가총액(백만 크로네)	1,024,578
발행주식 수(백만)	2,350
PER	26.6
PBR	17.8
PSR	8.5

주당 지표	10년	5년	12개월
매출액 성장률(%)	11.4	8.6	11.2
EBITDA 성장률(%)	14.8	8.6	7.5
잉여현금흐름 성장률(%)	14.0	5.4	12.5
장부가치 성장률(%)	7.2	8.9	15.8

* 2020/02/15 기준

투자 과정 5단계

1단계: 노보노디스크와 경쟁사 비교 분석

노보노디스크는 20년 이상 매출이 성장하면서 이익과 현금흐름의 비율(2년 단위 CCR)이 일치해 이익의 신뢰성(질)이 좋다. 주가도 지속적으로 성장하는 이익과 현금흐름에 수렴해 우상향 중이다.

2017년 도널드 트럼프 미국 대통령이 취임한 후 강력한 약값 인하 조치와 자국 기업 우선 조치를 실행함에 따라 노보노디스크의 재고자산회전율이 하락해 현금흐름이 악화했고 주가도 하향 조정되었다. 그러나 단기적인 위기 상황은 지나가고 상향세를 회복했다.

반면 경쟁사인 일라이릴리는 이익과 현금흐름의 비율은 좋지만 매출과 이익의 성장이 매우 더디다. 기업은 재무와 경영을 관리하는 동시에 성장도 해야 한다.

노보노디스크의 이익, 현금흐름, 주가

(크로네)

- 주가(왼쪽 축)
- 당기순이익(오른쪽 축)
- 영업현금흐름(오른쪽 축)
- 잉여현금흐름(오른쪽 축)

일라이릴리의 이익, 현금흐름, 주가

(달러)

- 주가(왼쪽 축)
- 당기순이익(오른쪽 축)
- 영업현금흐름(오른쪽 축)
- 잉여현금흐름(오른쪽 축)

노보노디스크와 일라이릴리의 CCR 비교

회계연도	2013	2014	2015	2016	2017	2018	2019
노보노디스크	1.0	1.2	1.1	1.3	1.1	1.2	1.2
일라이릴리	1.2	1.9	1.2	1.8	-27.5	1.7	0.6

노보노디스크를 제약사 기준으로 놓고 잠재 투자 대상 제약사를 비교하면 선택이 비교적 쉽다. 언제나 각 섹터의 최고 기업을 기준으로 놓고 비교 분석하면 된다. 일라이릴리는 이익의 신뢰성은 있지만 숫자가 한 번 무너졌고, 최근 수년간 거의 성장하지 못한 것을 확인할 수 있다.

2단계: 현금흐름/이익(CCR) 1 이상, 현금/자산(CAR) 10% 이상, 무형자산/자산(IAR) 15% 미만, 부채비율 10% 미만

노보노디스크의 CCR이 관리되고 있는 것은 1단계의 그래프에서 확인할 수 있다. 이 회사는 제약사로서 대규모 연구개발이 진행되기 때문에 CCR을 2~3년 단위로 관리하겠다고 연차보고서에 명시하고 있다. 배당성향도 지속적으로 상향해서 현재 50% 전후를 유지하고 있다. 주주에게 확실히 돌려주는 정책을 일관성 있게 유지해서, 2016년과 2018년을 제외하고 주가도 계속 우상향하고 있다. 이처럼 지속적으로 이익과 자산의 신뢰성이 있으면서 장기간 배당과 자사주 매입을 통해 주주에게 환원하는 기업에 투자하면 기관투자가 대부분을 이길 수 있다.

부채비율은 해마다 변동이 심하지만 10년 평균 2%로 유지하면서 매우 건전하고 유기적으로 성장하고 있다. 정상 ROIC가 100%를 장기간 초과하는 것은 기업 내 강력한 무형자산(독점력)이 있을 때만 가능한 현상이다. 세계적으로 매우 희소한 경우다.

단기적인 위기 상황은 2017년과 2018년 증가한 재고자산회전일수, 현금전환일수와 재고자산/매출 비율에서 볼 수 있다. 1923년 이래 세계 최고의 당뇨병 치료제 제조사로 경제적 해자가 강력하기 때문에, 이런 일시적 위기는 회사를 잘 아는 투자자에게는 좋은 매수 기회였다. 정음에셋은 이때 매수해서 시가 기준 30% 이상 평가이익을 내면서 계속 보유하고 있다.

ROE가 60% 이상인 것은 50% 전후한 배당성향과 자사주 대량 매입 등 과다한 자본 반환 때문이다. 향후 경쟁 심화와 약값 인하 조치로 현금전환일수가 커지고 현금흐름이 조금 약화된다고 분석할 때 자사주 매입 금액 또는 배당성향이 감소할 것으로 보인다. 이 경우 ROE는 25~30%로 하락할 것이다. 지나친 자본 반환은 IBM에서도 볼 수 있듯이 기업의 경쟁력 약화를 가져온다. 투자 분석 시 지나친 주주 친화적 정책에 주의해야 한다.

이와 같이 노보노디스크는 이익, 자산의 신뢰성 및 재무안정성 필터링을 매우 여유 있게 통과하고, 경제적 해자가 깊고 넓다. 따라서 미래 이익의 지속 확률이 높다.

3단계: 가치 평가 = 미래 ROE 25%

20년 전부터 현재까지 일관성과 자산의 질이 좋지만 강력한 시장 경쟁과 약값 인하 압력을 고려해서 향후 5~10년 ROE를 25%로 평가했다. 배당성향을 감안하면 15% 복리 채권 기업이다.

4단계: 가격 책정 = PER 26

노보노디스크 적정 PER = 주식시장 PER 16 × (노보노디스크 ROE 25% / S&P

500 평균 ROE 15%) = 26

합리적 매수 PER = 26(적정 PER) ± 10% = 24~28

가격 책정 기준은 회계상 이익이 아니라 현금흐름이다. 노보노디스크는 이익과 현금흐름이 일치하므로 이익을 사용하든 현금흐름을 사용하든 동일하다.

5단계: 매수 여부 결정

적정 PER: 26

현재(2020년 2월) PER: 26.62

현재 매수하면 안전마진이 없지만 합리적 매수 범위에 들어가므로 지켜볼 필요가 있다.

삼성전자

삼성전자

기업 개요

기업명	삼성전자
사업 분야	반도체, 가전제품, 휴대전화 제조·판매
창립 연도	1969년
경영자	이재용
시장 정보	한국 XKRX, 005930
본사 소재지	한국 서울
연간 매출액(2019년)	230조 원
연간 순이익(2019년)	22조 원
종업원(2019년)	105,767명

삼성전자는 3개 사업 부문, 즉 CE(Consumer Electronics), IM(Information technology & Mobile communication), DS(Device Solutions) 가 독립 경영하고 있다. CE 사업 부문은 TV, 에어컨, 냉장고, 세탁기 등 백색 가전제품을 제조, 판매한다. IM 사업 부문은 휴대폰, PC, 카메라 등 정보·모바일 분야 제품에서 사업을 영위한다. DS 사업 부문은 반도체와 디스플레이로 구성되며, 반도체 사업은 D램, 낸드플래시, SSD 등 메모리 반도체와 모바일AP, 주문형 반도체 등을 제조하고, 디스플레이 사업은 LCD패널과 OLED패널 등을 만든다.

삼성전자는 이병철 회장이 1969년에 삼성전자공업주식회사로 창업했다. 삼성전자공업은 1970년부터 가전제품과 AV 기기를 생산했고, 1977년에 삼성전기(삼성·산요전기)를 흡수·합병했다. 삼성·산요전기는 1969년에 설립되어 흑백TV를 생산했고 1975년 삼성전기로 사명을 변경했다. 삼성전자공업은 1971년부터 흑백 TV를 수출했고 1977년에 컬러 TV를 양산해 수출하기 시작했다. 1983년부터 PC를 생산했고, 1984년에 사명을 현재와 같은 삼성전자주식회사로 변경했다.

삼성전자의 반도체 사업은 1974년 한국반도체 인수에서 시작되었다. 이후 1980년에 한국반도체를 합병하면서 반도체 사업을 적극적으로 벌여나갔다. 1988년에 삼성반도체통신을 합병하고 가전제품, 통신, 반도체를 3대 핵심 비즈니스 분야로 선정했다. 1991년에 휴대전화를 개발했고, 1992년에 세계 최초로 64M D램 반도체를 개발한 데 이어 1994년에 또다시 세계 최초로 256M D램을 개발하는 데 성공했다. 2004년 LCD 공장을 설립했다.

2005년 50나노급 16Gb 낸드플래시 메모리, 2006년 40나노급 32Gb

낸드플래시 메모리, 50나노급 1Gb D램 메모리, 2009년 40나노급 D램을 세계 최초로 개발했다. 2010년 20나노급 64Gb 3bit 낸드플래시 메모리를 양산하고 안드로이드 OS를 탑재한 갤럭시 스마트폰 시리즈를 최초 출시했다. 2012년 브랜드 가치 329억 달러로 세계 100대 브랜드 중 9위를 차지했다. 2013년 갤럭시 S4를 글로벌 출시하고 세계 최초 20나노급 4Gb 초고속 모바일 D램, 3D V낸드플래시 메모리를 양산했다.

2014년 인터브랜드가 발표한 '글로벌100대 브랜드' 평가에서 7위를 기록했다. 2015년 10년 연속 세계 TV시장 1위를 달성하고 모바일 결제 서비스 '삼성페이'를 출시했다. 2017년 세계 브랜드 가치 6위에 오르고 미국 전자회사인 하만을 인수했다. 2018년 갤럭시 S9/S9+를 출시하고 미국과 한국에 5G네트워크 상용 장비를 공급했다. 2019년 창립 50주년을 달성하고 세계 최초로 12Gb LPDDR5 D램을 양산했다.

경제적 해자

95점으로 매우 깊고 넓다. 50년간 축적된 무형자산, 즉 제조, 마케팅, 경영 관리 시스템과 조직에 각인되어 유전되는 DNA가 탁월하고 세계적인 규모를 지닌 1위 제조회사다.

핵심 재무지표

회계연도	2006	2007	2008	2009	2010	2011	2012
주당 매출액(원)	13,066	15,383	18,958	21,247	23,850	21,979	26,703
주당 EBITDA(원)	2,587	2,923	2,711	3,720	4,828	4,186	6,126
주당 EBIT(원)	1,541	1,596	1,133	1,984	3,071	2,376	4,052
주당 순이익(희석, 원)	1,042	978	747	1,292	2,113	1,783	3,079
주당 잉여현금흐름(원)	599	462	13	1,537	68	38	1,906
주당 영업현금흐름(원)	2,386	2,375	2,215	2,881	3,597	3,053	5,042
주당 배당금(원)	110	160	110	160	200	110	160
주당 장부가치(원)	7,141	8,142	9,115	10,678	13,147	14,898	17,888
주당 순유형자산(원)	7,037	8,030	8,991	10,485	12,719	14,382	17,318
회계연도 말 주식 가격(원)	12,260	11,520	9,020	15,980	18,980	21,160	30,440
ROE(%)	18.7	15.4	10.1	15.0	20.4	14.7	21.7
ROA(%)	10.2	8.5	5.6	8.8	12.8	9.2	13.8
ROTE(%)	19.0	15.6	10.2	15.3	20.9	15.2	22.4
ROTA(%)	10.3	8.6	5.6	8.9	13.0	9.4	14.1
ROIC(%)	13.8	12.3	9.9	13.1	18.7	14.1	24.6
WACC(%)	0.0	0.0	0.0	0.0	0.0	9.2	8.2
매출총이익률(%)	30.0	28.1	26.0	30.6	33.6	32.0	37.0
영업이익률(%)	10.4	9.1	6.1	8.5	11.5	9.5	14.4
순이익률(%)	9.2	7.5	4.6	7.0	10.2	8.1	11.5
잉여현금흐름 이익률(%)	4.6	3.0	0.1	7.2	0.3	0.2	7.1
부채비율(%)	32.1	28.2	30.1	13.5	12.6	15.1	12.7
자기자본비율(%)	55.5	55.2	55.1	61.9	63.6	62.3	64.7
자산부채비율(%)	17.8	15.5	16.6	8.4	8.0	9.4	8.2
GP/A(%)	33.1	31.6	31.7	38.4	42.2	36.4	44.2
자산회전율	1.10	1.13	1.22	1.25	1.26	1.14	1.19
배당성향(%)	10.6	16.4	14.7	12.4	9.5	6.2	5.2
매출채권회전일수	38.7	41.2	36.2	53.0	50.3	48.4	43.3
매입채무회전일수	27.8	31.1	22.7	52.3	57.1	60.2	48.7
재고자산회전일수	38.4	37.9	35.5	37.3	41.3	47.3	48.2
현금전환일수	49.2	48.0	49.0	38.0	34.5	35.5	42.9
재고자산회전율	9.52	9.63	10.28	9.79	8.85	7.71	7.57
매출총비용률(%)	70.0	72.0	74.0	69.0	66.0	68.0	63.0
매출총재고량(%)	7.4	7.5	7.2	7.1	7.5	8.8	8.3

회계연도	2013	2014	2015	2016	2017	2018	2019
주당 매출액(원)	30,338	27,352	26,986	28,419	39,556	40,830	38,595
주당 EBITDA(원)	7,338	6,171	6,411	7,323	13,038	14,792	10,171
주당 EBIT(원)	5,157	3,776	3,596	4,407	9,387	10,357	5,213
주당 순이익(희석, 원)	3,956	3,062	2,526	3,159	5,997	6,461	3,166
주당 잉여현금흐름(원)	3,000	1,805	1,705	3,125	3,036	6,106	2,808
주당 영업현금흐름(원)	6,196	4,904	5,388	6,671	10,263	11,227	7,602
주당 배당금(원)	286	400	420	570	850	1,416	1,416
주당 장부가치(원)	22,053	21,491	23,202	26,270	26,084	35,325	42,681
주당 순유형자산(원)	21,445	20,857	22,477	25,517	24,224	33,132	39,213
회계연도 말 주식 가격(원)	27,440	26,540	25,200	36,040	50,960	38,700	55,800
ROE(%)	22.8	15.1	11.2	12.5	18.5	17.3	7.6
ROA(%)	15.1	10.4	7.9	8.9	14.7	13.7	6.2
ROTE(%)	23.5	15.5	11.5	12.9	19.5	18.5	8.2
ROTA(%)	15.4	10.6	8.1	9.1	15.2	14.4	6.6
ROIC(%)	28.4	18.7	16.3	18.0	29.8	27.4	11.9
WACC(%)	8.6	9.7	10.4	11.1	12.0	8.0	8.8
매출총이익률(%)	39.8	37.8	38.5	40.4	46.0	45.7	36.1
영업이익률(%)	16.1	12.1	13.2	14.5	22.4	24.2	12.1
순이익률(%)	13.0	11.2	9.3	11.1	17.3	18.0	9.3
잉여현금흐름 이익률(%)	9.9	6.6	6.3	11.0	7.7	15.0	7.3
부채비율(%)	7.7	6.9	7.4	8.2	9.1	6.1	7.2
자기자본비율(%)	67.5	70.4	71.4	71.1	68.7	70.7	72.3
자산부채비율(%)	5.2	4.9	5.3	5.8	6.2	4.3	5.2
GP/A(%)	46.1	35.1	32.7	32.4	39.1	34.8	24.0
자산회전율	1.16	0.93	0.85	0.80	0.85	0.76	0.67
배당성향(%)	7.2	13.1	16.6	18.0	14.2	21.9	44.7
매출채권회전일수	39.9	43.7	45.8	43.9	42.2	50.7	55.7
매입채무회전일수	22.4	22.5	18.3	19.7	25.6	23.4	21.6
재고자산회전일수	48.9	51.9	53.4	56.4	61.2	74.4	69.1
현금전환일수	66.4	73.1	80.9	80.6	77.7	101.7	103.1
재고자산회전율	7.47	7.04	6.84	6.47	5.97	4.91	5.28
매출총비용률(%)	60.0	62.0	62.0	60.0	54.0	54.0	64.0
매출총재고량(%)	8.1	8.8	9.0	9.2	9.0	11.1	12.1

주가(원)	61,800
시가총액(백만 원)	412,298,691
발행주식 수(백만)	6,793
PER	17.1
PBR	1.6
PSR	1.6

주당 지표	10년	5년	12개월
매출액 성장률(%)	6.8	7.9	-8.1
EBITDA 성장률(%)	15.3	18.3	-32.1
잉여현금흐름 성장률(%)	61.0	17.8	-23.9
장부가치 성장률(%)	13.9	10.5	8.9

* 2020/02/15 기준

투자 과정 5단계

1단계: 삼성전자와 경쟁사 비교 분석

삼성전자는 이익과 현금흐름(내재가치)과 주가가 완벽하게 동반하는 아름다운 그래프 패턴을 보여준다. 신뢰성 있고 지속적인 이익 증가만이 주가 상승으로 투자자에게 보답한다. 이런 패턴을 보여주는 기업은 글로벌 상장기업 중 0.1% 미만이다. 경쟁사와 비교하면 삼성전자의 우위를 확인할 수 있다. 삼성전자의 메모리 반도체는 세계 최고의 집적도를 가지고 있다. 이 집적도는 생산 원가와 성능에 직결된다. 기술을 발전시켜 집적도를 높일수록 비용도 줄일 수 있다.

재무 부분에서도 압도적이다. 반도체의 업황이 꺾인 가운데 SK하이닉스는 잉여현금흐름이 마이너스로 돌아서면서 2019년 말 주당 배당금을 1,000원으로 결정했다. 2018년 1,500원에 비해 삭감된 액수다. 삼성전자가 100조 원에 가까운 현금 쿠션과 플러스의 잉여현금흐름으로 전년과 같은 1,416원의 배당금을 지불한 것과는 반대다. 기업의 현금 유동성

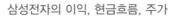

삼성전자의 이익, 현금흐름, 주가

SK하이닉스의 이익, 현금흐름, 주가

과 재무 구조, CCR, CCC는 주주환원이익에 그대로 영향을 준다.

삼성전자는 당기순이익과 현금흐름이 일치해 이익의 장기 신뢰성이 매우 좋고 주가가 현금흐름에 수렴한다. 그래프상 영업현금흐름과 잉여현금흐름의 차이는 자본적 지출(투자)에 기인해서 대단위 투자가 지속적으로 이루어지고 있음을 보여준다. 엄밀하게 보면 잉여현금흐름(워런 버핏의 주주이익과 같은 개념)에 주가가 수렴한다. 이렇게 신뢰성 있는 패턴을 지닌 기업에 투자하면 투자 원금 손실 확률을 낮출 수 있다.

도시바의 불규칙한 그래프와 CCR을 보면 삼성전자의 뛰어난 이익신뢰성이 분명해진다. 도시바는 2007년 이후 이익과 영업현금흐름이 주기적으로(2007, 2013, 2014, 2017) 동반하지 않아서 이익의 신뢰성이 매우

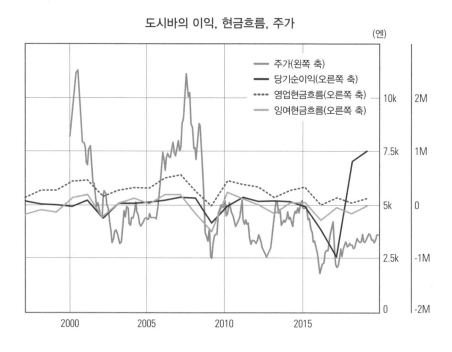

도시바의 이익, 현금흐름, 주가

낮다. 2015년에 회계분식 숫자를 조정한 것인데도 그렇다. 투자자에게 큰 손실을 입히는 전형적인 행태로 손실을 일시에 계상하는 빅배스(big bath)도 주기적으로 하고 있다.

주가를 결정하는 중요한 항목은 역시 내재가치인 현금흐름이다. 도시바는 2007년부터 이익, 내재가치(현금흐름)의 신뢰성과 예측 가능성이 전혀 없기에 투자 대상 자체가 될 수가 없다. 삼성전자와 비교하면 우량기업과 불량 기업을 구별할 수 있다.

삼성전자, 도시바, SK하이닉스, LG전자의 CCR 비교

회계연도	2012	2013	2014	2015	2016	2017	2018	2019
삼성전자	1.6	1.6	1.6	2.1	2.1	1.5	1.5	2.1
도시바	4.8	1.7	4.7	-8.7	0.0	-0.1	0.0	0.1
SK하이닉스	-13.9	2.2	1.4	2.2	1.9	1.4	1.4	3.2
LG전자	22.7	12.5	5.1	21.1	41.1	1.3	3.7	117.9

LG전자는 삼성전자보다 상대적으로 낮은 이익, 현금흐름의 양과 질, 관리로 주가 역시 여기에 수렴하고 있다. 근본 원인은 각종 유무형 자산의 질과 양 차이다. 자본(현금과 현금흐류)의 질과 양 차이가 축적되는 자산의 질과 양 차이를 만들고, 이런 자산의 차이가 다시 이익(현금흐름)의 차이를 만들어내는 인과론적 현상이 계속 발생한다. 이 현상을 깨기 위해서는 한정된 자본의 생산성을 올리기 위한 선택과 집중, 연결이 필요하다. 비록 삼성전자에 비해 수익성은 낮지만 뛰어난 재고 관리(재고자산 회전일수 43 전후)와 현금전환일수 관리(30 전후)로 재무안정성과 일정한

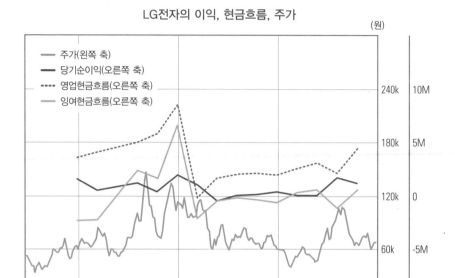

LG전자의 이익, 현금흐름, 주가

(원)

- 주가(왼쪽 축)
- 당기순이익(오른쪽 축)
- 영업현금흐름(오른쪽 축)
- 잉여현금흐름(오른쪽 축)

수익성을 유지하고 있다.

2단계: 현금흐름/이익(CCR) 1 이상, 현금/자산(CAR) 10% 이상, 무형 자산/자산(IAR) 15% 미만, 부채비율 10% 미만

'관리의 삼성'이라는 말이 숫자로 나타난다. 2017년까지 재고자산회전일수(50~60)와 현금전환일수(73~80)를 지속적, 체계적, 의도적으로 관리한 것을 알 수 있다. 이런 관리 수준은 글로벌 다국적 기업에서도 소수에만 존재한다. 하지만 2018년과 2019년 매출채권회전일수와 재고자산회전일수가 늘어나는 추세를 보이면서 현금전환일수가 100을 초과했다. 재무지표는 3~5년 지켜보아야 한다. 그 기간이 지나면 조직의

DNA에 심어져 다시 관리하기 어렵기 때문이다. 주가는 현금흐름에 수렴하므로 계속해서 재고자산회전율과 현금전환일수를 주시해야 한다.

경제적 부가가치(초과수익력)을 보여주는 ROE와 ROIC도 도시바, 소니, 샤오미와 비교해 월등히 앞서고 최근 10년 평균 15% 이상 기록하고 있다. 경쟁사 대비 지속적인 초과수익력은 삼성전자 내부에 강력한 무형자산이 존재할 때만 가능하다. 경쟁사들은 ROIC가 10% 미만으로 수익성이 자본조달비용에 못 미쳐 결국 투자 손실로 이어지게 된다. 삼성전자는 또한 경쟁사와는 달리 부채비율도 2019년 현재 7% 수준으로 안정적인 관리를 하고 있다.

오랜 기간 많은 시간과 자본의 투자가 이루어져야 '관리 체계'라는 지적 자산이 축적되고 기업에 DNA로 심어진다. 재고자산회전일수, 현금전환일수, 현금흐름과 현금/자산 등을 샤오미, 도시바, 소니, 파나소닉, GE 등과 비교해보면 어디에 투자해야 하는지 바로 답이 나온다. 핵심 지표인 재고자산회전일수, 현금전환일수가 기업의 현금흐름을 결정한다. 결국 주가가 내재가치(현금흐름)에 수렴하기에, 원인을 찾아가면 현금전환일수가 경쟁사 대비 좋은 삼성전자에 투자하는 것이 맞다.

참고로 삼성전자와 비슷한 수준으로 관리되는 기업은 애플이다. 스티브 잡스의 제품 혁명, 팀 쿡의 관리 혁명을 통해 애플은 현금이 있고 양호한 현금흐름을 지속적으로 만들어내는 내실 있는 회사가 되었다.

삼성전자는 세계 최고의 기업이지만 최근 들어 아쉬운 것은 규모의 성장과 더불어 재고 관리가 약해져서 현금전환일수(잠김일수)가 2013년 66에서 2019년 103까지 길어지고 있다는 점이다. 애플 생태계와 비교해도 길다. 지금은 개별 기업 간 경쟁보다 생태계 간 경쟁이라는 측면에서 생태계의 재고 관리, 현금전환일수도 반드시 관리해야 한다.

삼성전자는 위와 같이 이익, 자산의 신뢰성 및 재무안정성 3단계 필터링을 여유 있게 통과했고 경제적 해자가 깊고 넓다. 따라서 미래 이익의 지속 확률이 높다.

3단계: 가치 평가 = 미래 ROE 10%

20년 전부터 현재까지 일관성 있게 축적된 경쟁우위에 기반해서 향후 10년 ROE는 10%다. 배당성향 20%를 감안하면 5~10년간 연 9% 복리 채권 기업이다.

4단계: 가격 책정 = PER 10

삼성전자 적정 PER = 주식시장 PER 16 × (삼성전자 ROE 10% / S&P 500 평균 ROE 15%) = 10

합리적 매수 PER = 10(적정 PER) ± 10% = 9~11

가격 책정 기준은 회계상 이익이 아니라 현금흐름이다.

5단계: 매수 여부 판단

적정 PER: 10

현재(2020년 2월) PER: 17.05

현재 매수 시 안전마진이 없다.

월트디즈니

기업 개요

기업명	월트디즈니
사업 분야	미디어, 엔터테인먼트
창립 연도	1923년
경영자	로버트 아이거
시장 정보	미국 NYSE, DIS
본사 소재지	미국 캘리포니아주 로스앤젤레스
연간 매출액(2019년)	696억 달러
연간 순이익(2019년)	111억 달러
종업원(2019년)	223,000명

월트디즈니 컴퍼니는 5개 부문, 즉 영상 제작·배급, 미디어, 파크·리조트, 컨슈머 프로덕트, 인터랙티브로 나뉜다. 영상 제작·배급 부문인 디즈니 스튜디오는 성인용 실사 영화 제작사 터치스톤 픽처스를 소유하고 있으며, 2006년 3D 애니메이션 제작사인 픽사 애니메이션 스튜디오를 인수했고 2009년엔 마블 엔터테인먼트, 2012년엔 루카스필름을 인수했다. 또 수입·배급사 월트 디즈니 스튜디오 모션 픽처스, 애니메이션 제작사 월트디즈니 애니메이션 스튜디오 등이 있다. 미디어 네트워크는 디즈니의 콘텐츠 유통을 담당하고 디즈니 채널을 비롯해 ABC 채널과 스포츠 채널 ESPN을 보유하고 있다. 파크·리조트는 보유한 애니메이션 캐릭터와 콘텐츠를 활용한 공원 및 휴양 사업 부문이다. 월트디즈니는 1955년 캘리포니아주 남서부 애너하임에 디즈니랜드 리조트를 열고, 1971년에 플로리다주 올랜도에 월트디즈니월드를 열었다. 일본 도쿄와 프랑스 파리, 홍콩에는 라이선싱이나 공동 운영 방식으로 테마파크를 운영한다. 컨슈머 프로덕트는 캐릭터 상품 및 2차 저작물을 제작, 판매, 라이선싱한다. 인터랙티브는 캐릭터를 활용해 게임을 개발한다.

창업자 월트 디즈니는 1901년 태어나 1917년 시카고로 이주한 고등학교 시절, 야간에 미술학교를 다니며 애니메이션과 사진의 이론과 실기를 공부했다. 광고회사에서 경험을 쌓고 1922년에 자신의 영상 제작 사업을 시작했다. 그는 1923년 디즈니 브라더스 카툰 스튜디오를 출범했고 1929년 월트디즈니 프로덕션을 설립했다. 1928년 미키마우스가 등장하는 최초의 유성 애니메이션 〈증기선 윌리〉를 내놓았다. 1932년 세계 첫 컬러 애니메이션 단편 〈꽃과 나무〉를 발표했다. 1937년 발표한 〈백설공주와 일곱 난쟁이〉는 세계 최초의 장편 애니메이션 등 최초 기록을 여럿 세우며 대성공을 거두었다. 제2차 세계대전 기간에는 정부의 선전용 작품을 제작했고, 전쟁이 끝난 후 장편 애니메이션 제작으로 돌아왔다. 디즈니는 1953년 영화 배급사 브에나 비스타 픽처스를 설립했고, 1955년 캘리포니아주 애너하임에 디즈니랜드를 개장했다.

월트 디즈니는 1966년 폐암으로 사망했다. 이후 형 로이 디즈니, 월트의 사위 론 밀러가 회사를 경영한 1971년부터 1984년까지 경영 실적이 지속적으로 악화했다.

월트디즈니의 부활을 이끈 인물은 워너브라더스 출신인 마이클 아이스너 회장과 제프리 카젠버그 이사였다. 아이스너는 애니메이션을 흥행시키는 가운데 ABC 텔레비전 네트워크를 인수하고 디즈니랜드 파리를 건설하는 등 월트디즈니의 영역을 확장하며 2005년까지 회장으로 활동했다. 카젠버그는 과거에 제작한 디즈니의 장편 애니메이션을 리메이크해 투자 대비 높은 수익률을 기록했다. 그가 기획한 〈인어공주〉(1989)는 월트디즈니의 재도약을 상징했다. 〈미녀와 야수〉(1991)는 작품성도 인정받으며 대성공을 거두었다. 월트디즈니는 〈라이온 킹〉(1994)을 통해 최고의 지위를 다졌다.

월트디즈니는 1995년 픽사 애니메이션 스튜디오와 함께 최초의 3D 컴퓨터 애니메이션 〈토이스토리〉(1995)를 제작했고, 이 작품이 흥행에 성공함에 따라 5편을 추가 제작했다. 로버트 아이거는 2005년 월트디즈니의 회장으로 선임되었고 2006년 74억 달러에 픽사를 인수했다. 월트디즈니는 〈겨울왕국〉(2013)을 통해 역량이 여전함을 확인받았다. 〈빅히어로〉(2014)는 디즈니가 마블 엔터테인먼트를 인수한 이후 처음 디즈니-마블 합작으로 제작한 극장 애니메이션 작품이다.

회계연도	2006	2007	2008	2009	2010	2011	2012
주당 매출액(달러)	16.26	16.97	19.43	19.28	19.54	21.42	23.26
주당 EBITDA(달러)	3.27	3.95	4.88	4.20	4.52	5.41	6.45
주당 EBIT(달러)	2.58	3.24	4.07	3.33	3.64	4.44	5.35
주당 순이익(희석, 달러)	1.64	2.25	2.28	1.76	2.03	2.52	3.13
주당 잉여현금흐름(달러)	2.28	1.84	1.99	1.90	2.29	1.80	2.30
주당 영업현금흐름(달러)	2.92	2.59	2.80	2.84	3.38	3.66	4.38
주당 배당금(달러)	0.27	0.31	0.35	0.35	0.35	0.40	0.60
주당 장부가치(달러)	14.50	15.85	16.97	18.17	19.05	20.15	22.25
주당 순유형자산(달러)	0.53	0.54	4.43	5.28	4.23	4.38	5.39
회계연도 말 주식 가격(달러)	30.33	34.39	30.69	27.46	33.10	30.16	52.28
ROE(%)	11.6	15.0	14.0	10.0	11.1	12.8	14.7
ROA(%)	6.0	7.8	7.2	5.3	6.0	6.8	7.7
ROTE(%)	299.8	421.5	93.4	36.3	43.7	58.4	64.0
ROTA(%)	11.8	15.5	12.7	8.5	10.0	11.6	13.0
ROIC(%)	8.5	9.7	10.6	8.0	9.3	10.2	11.4
WACC(%)	9.7	6.8	6.7	8.5	8.3	8.3	7.8
매출총이익률(%)	15.9	19.1	19.7	15.8	17.7	19.0	44.5
영업이익률(%)	15.9	19.1	19.7	15.8	17.7	19.0	21.0
순이익률(%)	10.0	13.2	11.7	9.2	10.4	11.8	13.4
잉여현금흐름 이익률(%)	14.0	10.9	10.2	9.9	11.7	8.4	9.9
부채비율(%)	42.5	50.2	46.0	38.3	33.9	38.2	36.7
자기자본비율(%)	53.0	50.5	51.7	53.4	54.2	51.8	53.1
자산부채비율(%)	22.5	25.4	23.8	20.5	18.4	19.8	19.5
GP/A(%)	9.5	11.2	12.1	9.1	10.2	11.0	25.6
자산회전율	0.60	0.59	0.61	0.58	0.58	0.58	0.58
배당성향(%)	16.9	13.8	15.4	19.9	17.2	15.9	19.2
매출채권회전일수	50.9	51.7	51.8		52.3	53.1	54.5
매입채무회전일수	76.1	50.8	52.3	48.0	51.4	50.1	71.8
재고자산회전일수	8.5	8.5	10.6	14.4	15.8	16.7	24.4
현금전환주기	−16.7	9.4	10.1	−33.6	16.7	19.7	7.0
재고자산회전율	43.02	43.04	34.45	25.43	23.10	21.81	14.99
매출총비용률(%)	84.0	81.0	80.0	84.0	82.0	81.0	56.0
매출총재고량(%)	2.0	1.9	2.3	3.3	3.6	3.7	3.7

회계연도	2013	2014	2015	2016	2017	2018	2019
주당 매출액(달러)	24.84	27.75	30.70	33.94	34.94	39.44	41.76
주당 EBITDA(달러)	6.71	8.43	9.65	10.83	10.82	12.22	11.62
주당 EBIT(달러)	5.50	7.13	8.27	9.29	9.06	10.23	9.12
주당 순이익(희석, 달러)	3.38	4.26	4.90	5.73	5.69	8.36	6.64
주당 잉여현금흐름(달러)	3.67	3.68	4.17	5.10	5.53	6.52	0.67
주당 영업현금흐름(달러)	5.21	5.56	6.66	8.02	7.82	9.49	3.59
주당 배당금(달러)	0.75	0.86	1.81	1.42	1.56	1.68	1.76
주당 장부가치(달러)	25.23	25.96	26.24	25.45	26.40	32.72	49.90
주당 순유형자산(달러)	5.96	5.57	5.62	5.00	1.85	7.17	−8.22
회계연도 말 주식 가격(달러)	64.49	89.03	102.20	92.86	98.57	116.94	130.32
ROE(%)	14.4	16.6	18.7	21.4	21.2	28.0	16.1
ROA(%)	7.9	9.1	9.7	10.4	9.6	13.0	7.6
ROTE(%)	60.3	73.6	87.5	104.2	157.5	185.5	
ROTA(%)	13.4	15.7	16.4	17.0	15.7	21.4	14.6
ROIC(%)	11.7	12.8	13.9	15.2	14.6	19.4	9.1
WACC(%)	9.1	8.2	10.6	9.4	9.3	8.7	5.6
매출총이익률(%)	44.4	45.9	45.9	46.1	45.0	44.9	39.6
영업이익률(%)	21.0	23.6	25.2	25.8	25.2	25.0	17.0
순이익률(%)	13.6	15.4	16.0	16.9	16.3	21.2	15.9
잉여현금흐름 이익률(%)	14.8	13.3	13.6	15.0	15.8	16.5	1.6
부채비율(%)	31.5	32.9	38.9	46.6	61.2	42.8	52.9
자기자본비율(%)	55.9	53.4	50.5	47.0	43.1	49.5	45.8
자산부채비율(%)	17.6	17.6	19.7	21.9	26.4	21.2	24.2
GP/A(%)	25.6	27.1	28.0	28.5	26.4	27.5	18.8
자산회전율	0.58	0.59	0.61	0.62	0.59	0.61	0.48
배당성향(%)	22.2	20.2	36.9	24.8	27.4	20.1	28.1
매출채권회전일수	54.3	55.5	53.0	55.5	50.4	50.8	67.6
매입채무회전일수	71.4	74.2	70.8	83.5	75.9	72.5	119.7
재고자산회전일수	22.1	21.1	20.2	18.0	16.6	15.4	13.2
현금전환주기	4.9	2.5	2.4	−10.0	−8.9	−6.3	−38.9
재고자산회전율	16.56	17.26	18.04	20.26	21.94	23.67	27.63
매출총비용률(%)	56.0	54.0	54.0	54.0	55.0	55.0	60.0
매출총재고량(%)	3.4	3.1	3.0	2.7	2.5	2.3	2.2

96점으로 매우 넓고 깊다. 월트디즈니는 이미 단순한 제품이 아니라 전 세계의 문화가 되었고 대대로 대물림되고 있다.

핵심 지표

주가(달러)	140
시가총액(백만 달러)	251,931
발행주식 수(백만)	1,805
PER	22.3
PBR	2.8
PSR	3.3

주당 지표	10년	5년	12개월
매출액 성장률(%)	8.6	8.4	8.3
EBITDA 성장률(%)	12.1	6.8	-5.0
잉여현금흐름 성장률(%)	3.7	-18.4	-91.4
장부가치 성장률(%)	7.8	11.0	47.2

* 2020/02/15 기준

투자 과정 5단계

1단계: 월트디즈니와 경쟁사 비교 분석

월트디즈니는 거의 완벽한 이익의 신뢰성(질)을 보여준다. 당기순이익과 영업현금흐름, 잉여현금흐름이 15년 이상 동반하고 있다. 주가는 당연히 현금흐름에 수렴한다.

2000년 이전에는 당기순이익과 현금흐름이 일치하지 않았다. 기업은 살아 있는 존재다. 따라서 분석할 때 현금흐름과 그것을 창출하는 원천인 기업 경쟁력에 끊임없이 집중해서 연구해야 한다. CCR이 계속 1 이상 유지된다면 투자 대상이 될 수 있다. 간단한 지표로 보이지만 확실한 경쟁우위가 없으면 지속적으로 달성하기가 매우 어렵다. 넷플릭스와 비

월트디즈니의 이익, 현금흐름, 주가

(달러)

주가(왼쪽 축)
당기순이익(오른쪽 축)
영업현금흐름(오른쪽 축)
잉여현금흐름(오른쪽 축)

넷플릭스의 이익, 현금흐름, 주가

(달러)

주가(왼쪽 축)
당기순이익(오른쪽 축)
영업현금흐름(오른쪽 축)
잉여현금흐름(오른쪽 축)

교하면 차이가 뚜렷하게 드러난다. 넷플릭스는 이익의 신뢰성이 4년 이상 나빠지고 있다.

월트디즈니의 캐릭터, 세계관 등의 무형자산은 7년 주기로 아동, 청소년, 청년, 성인으로 이동하며 막대한 잉여현금을 벌어들이는 비즈니스 구조를 가지고 있으며, 21세기폭스의 일부와 마블 등 경쟁사를 인수합병하면서 거대 미디어 그룹을 구축하는 행보를 보이고 있다. 하지만 정량적 경쟁우위 분석과 별개로 현재 미디어 산업은 넷플릭스, 컴캐스트 등 업계 공룡들의 경쟁 강도가 매우 강하므로 유의해야 한다.

2단계: 현금흐름/이익(CCR) 1 이상, 현금/자산(CAR) 10% 이상, 무형자산/자산(IAR) 15% 이상, 부채비율 55% 미만

관리의 정수를 보여준다. 2012년부터 꾸준하게 현금전환(잠김)일수가 짧아지면서(2012년 7, 2014년 3, 2016년 -10, 2019년 -39) 현금흐름이 더 좋아지고 주가도 수렴해 상승하고 있다. 2016년부터 현금전환일수가 마이너스라는 것은 자기자본 조달 없이 타인자본으로만 비즈니스를 운영할 수 있다는 뜻이다. 또한 적어도 3년 이상 재무지표가 지속성 있게 달라지고 있다면 초과 현금 창출 능력이 기업 내 무형자산화되었다는 뜻이다. 주가가 합리적 매수 범위 이내라면 매수해야 하는 명품 기업이다. 이렇게 현금전환일수, 재고자산회전일수, 재고/매출을 꾸준하게 개선하는 능력은 경영자와 전체 조직의 힘이 결합해야 생겨나며, 실제로 생성하기가 쉽지 않다.

2019년에는 미디어 산업의 경쟁이 심해지면서 재무지표가 약간 악화했다. 10년 평균 부채비율은 42% 미만이며, ROE는 조금씩 상승해서

(2012년 15%, 2014년 17%, 2016년 21%, 2018년 28%, 2019년 16%) 뛰어난 관리지능을 보여준다. 자본조달비용을 초과하는 ROIC 역시 2012년 11%에서 2015년 14%, 2018년 19%, 2019년 9%로, 2019년을 제외하면 점진적으로 상승했다. 성장을 관리하는 것을 여러 핵심 재무지표들로 명확히 알 수 있다.

월트디즈니와 넷플릭스의 CCR 비교

회계연도	2012	2013	2014	2015	2016	2017	2018	2019
월트디즈니	1.4	1.5	1.3	1.4	1.4	1.4	1.1	0.5
넷플릭스	1.3	0.9	0.1	-6.1	-7.9	-3.2	-2.2	-1.5

월트디즈니는 2018년 진행한 폭스사 인수합병에서 세금 문제가 생겨 2019년 현금흐름이 크게 감소했지만 일시적 사건이었다. 이를 제외하면 CCR을 지속적으로 1 이상 관리해 양호한 이익신뢰성을 보여준다

월트디즈니는 이처럼 이익 및 재무안정성의 2단계 필터링을 통과하고, 경제적 해자가 깊고 넓다. 무형자산/자산 비율이 30%를 초과하지만 월트디즈니의 특수성에 기인하므로 예외적으로 인정한다. 따라서 미래 이익의 지속 가능성이 크다.

미디어 산업이 지금처럼 경쟁하면 단기적으로 월트디즈니의 성과가 좋지 않을 수 있지만, 경쟁사보다 나은 현금과 부채 관리 능력은 미래 생존 가능성을 높이고 먼 미래에도 견고한 우위를 차지할 확률을 높여준다. 물론 가장 좋은 방법은 경쟁이 심해진 산업을 피하는 것이다.

3단계: 가치 평가 = 미래 ROE 20%

과거부터 현재까지 일관성 있게 축적되는 유무형 자산의 양과 질에 따라 향후 5~10년 ROE는 20%로 추정하고, 배당성향을 감안하면 15% 복리 채권 기업이다.

4단계: 가격 책정 = PER 21

월트디즈니 적정 PER = 주식시장 PER 16 × (월트디즈니 ROE 20% / S&P 500 평균 ROE 15%) = 21

합리적 매수 PER = 21(적정 PER) ± 10% = 19~23

5단계: 매수 여부 판단

적정 PER: 21

현재(2020년 2월) PER: 22.9

현재 매수 시 안전마진이 없지만 합리적 매수 범위에 걸쳐 있기 때문에 향후 관심을 가지고 주시할 필요가 있다.

항서제약

HENG RUI PHARMACEUTICALS

기업 개요

기업명	항서제약
사업 분야	제약(항암제, 마취제 등)
창립 연도	1970년
경영자	저우윈수
시장 정보	중국 SHSE, 600276
본사 소재지	중국 장쑤성 롄윈강
연간 매출액(2019년)	232억 위안
연간 순이익(2019년)	53억 위안
종업원(2019년)	24,431명

항서제약은 1970년 국영기업으로 설립되었고 1991년 민영 제약사로 변경한 후 계속해서 중국 1위의 항암제 전문 제약사 자리를 지켜오고 있다. 중국에서 연구개발이 가장 강한 기업 중 하나로 인정받는다. 이는 연구개발 면에서 경쟁사에 앞서 있기 때문이다.

항서제약의 전신인 연운강제약은 1990년대 초 규모가 매우 작았고, 당시 중국 제약업계는 항암제를 만들겠다는 의지조차 없었다. 그런 상황에서 연운강제약은 항암제 전문 기업이라는 목표를 내걸고 연구개발에 착수했다. 그 성과로 항암제 수십 종을 생산하고 있고 중국에서 지명도가 가장 높은 항암제·수술약 제조사가 되었다. 아직은 복제 약품이 매출의 상당 부분을 차지하지만 신약의 매출이 증가하고 있어서 향후에는 신약이 주수입이 될 것으로 전망한다.

거기에다 우수한 마케팅 능력이 신약 개발 역량을 뒷받침했다. 항서제약은 1990년대 초부터 마케팅 인력을 강화하면서 전국적 판매망을 구축했다. 그 결과 갑급(대형) 병원 400곳과 좋은 관계를 맺고 있다. 판매 조직은 항암제와 수술약의 두 부서로 나누어 운영하며 내부 경쟁 시스템도 가동하고 있다.

경제적 해자

93점으로 매우 깊고 넓다. 신약 개발 능력, 특허권 및 임상 파이프라인(17개)을 보유해서 국가 중대 신약 개발 기지, 국가급 기술 연구센터, 국가 지정 마취약 생산 기지로 자리매김했다. 1991년 민영화 이후 일관되게 중국 1위의 항암제 전문 제약사로서 마취제와 조영제 1위 제품을 보유하고 뛰어난 영업망을 운영함에 따라 브랜드 가치가 높다. 또한 중국 정부가 인허가 과정에서 외국 제약사를 통제하므로 진입장벽이 확실하다.

주가(위안)	91.6	주당 지표	10년	5년	12개월
시가총액(백만 위안)	404,908.6	매출액 성장률(%)	20.8	22.5	35.2
발행주식 수(백만)	4,422.8	EBITDA 성장률(%)	23.5	23.7	19.5
PER	83.2	잉여현금흐름 성장률(%)	0.0	17.9	27.8
PBR	17.5	장부가치 성장률(%)	24.8	25.2	24.7
PSR	18.6				

* 2020/02/15 기준

나의 투자 현황

정음에셋 4번째 비중이다. 어떤 경우에도 현재 보유 비중을 유지할 것이다.

회계연도	2006	2007	2008	2009	2010	2011	2012
주당 매출액(위안)	0.33	0.46	0.55	0.70	0.86	1.04	1.24
주당 EBITDA(위안)	0.08	0.13	0.12	0.20	0.22	0.27	0.34
주당 EBIT(위안)	0.07	0.12	0.11	0.18	0.20	0.25	0.31
주당 순이익(희석, 위안)	0.05	0.10	0.10	0.15	0.17	0.20	0.25
주당 잉여현금흐름(위안)	0.04	0.03	0.00	0.07	0.02	0.00	0.11
주당 영업현금흐름(위안)	0.06	0.05	0.03	0.10	0.09	0.12	0.22
주당 배당금(위안)	0.01	0.01	0.01	0.01	0.01	0.02	0.02
주당 장부가치(위안)	0.29	0.38	0.46	0.60	0.78	0.97	1.19
주당 순유형자산(위안)	0.28	0.37	0.45	0.59	0.76	0.96	1.18
회계연도말 주식 가격(위안)	2.46	5.62	4.59	7.50	10.22	7.57	8.52
ROE(%)	17.6	28.7	23.3	28.9	24.2	23.0	22.8
ROA(%)	15.0	23.5	19.6	25.4	21.0	20.1	20.1
ROTE(%)	17.8	29.3	23.7	29.4	24.6	23.4	23.1
ROTA(%)	15.2	23.9	19.9	25.7	21.3	20.4	20.3
ROIC(%)	26.4	40.3	49.3	34.2	33.7	30.6	28.0
WACC(%)	10.0	6.6	5.8	5.6	5.2	1.7	2.4
매출총이익률(%)	80.6	83.3	83.3	82.7	83.8	82.8	84.0
영업이익률(%)	18.9	19.8	27.0	22.4	22.9	22.6	22.8
순이익률(%)	14.4	20.9	17.7	22.0	19.3	19.3	19.8
잉여현금흐름 이익률(%)	12.5	7.2	0.3	9.8	2.7	−0.3	9.0
부채비율(%)	3.8	3.7		0.4	0.6	0.2	0.2
자기자본비율(%)	85.5	79.6	88.5	87.0	87.0	87.7	88.5
자산부채비율(%)	3.3	2.9		0.3	0.5	0.2	0.2
GP/A(%)	84.0	93.6	92.4	95.4	91.1	86.4	85.2
자산회전율	1.04	1.12	1.11	1.15	1.09	1.04	1.02
배당성향(%)	22.6	13.9	10.2	7.8	8.6	8.5	9.4
매출채권회전일수	35.9	81.0	93.4	103.0	113.3	100.3	96.9
매입채무회전일수	60.4	160.9	120.2	96.6	118.5	92.9	92.2
재고자산회전일수	109.0	120.1	128.4	118.3	106.5	110.8	133.7
현금전환일수	84.5	40.2	101.7	124.7	101.4	118.2	138.5
재고자산회전율	3.35	3.04	2.84	3.09	3.43	3.29	2.73
매출총비용률(%)	19.0	17.0	17.0	17.0	16.0	17.0	16.0
매출총재고량(%)	5.8	5.5	5.9	5.6	4.7	5.2	5.9

회계연도	2013	2014	2015	2016	2017	2018	2019
주당 매출액(위안)	1.42	1.70	2.11	2.53	3.12	3.93	5.25
주당 EBITDA(위안)	0.38	0.48	0.67	0.78	0.93	1.10	1.51
주당 EBIT(위안)	0.34	0.43	0.62	0.72	0.86	1.02	1.37
주당 순이익(희석, 위안)	0.28	0.35	0.49	0.59	0.73	0.92	1.20
주당 잉여현금흐름(위안)	0.21	0.29	0.43	0.34	0.49	0.51	0.73
주당 영업현금흐름(위안)	0.31	0.36	0.52	0.59	0.57	0.63	0.86
주당 배당금(위안)	0.02	0.03	0.03	0.05	0.07		0.18
주당 장부가치(위안)	1.46	1.78	2.26	2.82	3.50	4.47	5.58
주당 순유형자산(위안)	1.41	1.73	2.22	2.75	3.43	4.40	5.50
회계연도말 주식 가격(위안)	11.82	12.83	21.87	24.31	44.22	43.96	87.52
ROE(%)	21.4	21.4	24.5	23.2	23.2	23.2	23.9
ROA(%)	18.9	18.6	21.1	20.1	19.9	20.1	21.4
ROTE(%)	21.9	22.0	25.1	23.7	23.7	23.5	24.3
ROTA(%)	19.3	19.1	21.5	20.4	20.2	20.4	21.6
ROIC(%)	29.0	32.2	42.3	37.6	33.4	27.8	36.7
WACC(%)	5.2	3.6	5.2	5.4	6.1	6.2	7.8
매출총이익률(%)	81.3	82.4	85.3	87.1	86.6	86.6	87.5
영업이익률(%)	23.0	22.8	26.0	25.6	27.1	24.4	24.4
순이익률(%)	20.0	20.3	23.3	23.3	23.3	23.3	22.9
잉여현금흐름 이익률(%)	14.7	17.1	20.2	13.4	15.7	12.9	14.0
부채비율(%)	0.2	0.1					
자기자본비율(%)	88.0	85.8	86.4	86.4	85.2	88.2	89.9
자산부채비율(%)	0.1	0.1					
GP/A(%)	77.0	75.3	77.2	74.8	74.1	74.7	81.6
자산회전율	0.95	0.91	0.91	0.86	0.86	0.86	0.93
배당성향(%)	8.0	8.1	6.9	7.5	9.9		15.3
매출채권회전일수	91.8	88.0	82.0	76.5	84.1	79.1	76.9
매입채무회전일수	91.4	116.6	134.6	192.1	144.8	219.2	161.6
재고자산회전일수	121.0	136.3	142.9	147.5	140.7	142.3	165.2
현금전환일수	121.4	107.7	90.2	31.9	80.1	2.2	80.6
재고자산회전율	3.02	2.68	2.55	2.47	2.59	2.57	2.21
매출총비용률(%)	19.0	18.0	15.0	13.0	13.0	13.0	13.0
매출총재고량(%)	6.2	6.6	5.8	5.2	5.2	5.2	5.7

1단계: 항서제약과 경쟁사 비교 분석

항서제약은 당기순이익과 영업 및 잉여현금흐름이 장기간 동반 성장해 8년 평균 CCR이 1 내외로 이익의 신뢰성이 매우 양호하다. 2017년부터 현금 일부가 이재 상품(투자현금흐름)으로 분류되면서 영업현금흐름이 감소한 것으로 보이지만 실제는 감소하지 않았다. 장기간 이 정도의 수익성과 정량적 신뢰성을 갖춘 중국 상장기업을 찾기가 쉽지 않다. 경쟁사인 복성제약과 비교해보면 항서제약의 높은 이익의 질을 확연히 알 수 있다.

복성제약은 이익의 신뢰성이 매우 낮다. CCR이 대부분 시기에 1 미만이고 0.5 미만일 때도 있다. 그래프를 보면 당기순이익과 현금흐름의 괴리가 크고 특히 영업현금흐름과 잉여현금흐름의 차이가 갈수록 커지고 있다. 매출은 계속 성장하지만 주주에게 의미 있는 잉여현금흐름은 증가하지 않는다. 주가는 이익이 아닌 잉여현금흐름(내재가치)에 수렴하고 있다. 따라서 주가의 상승세가 항서제약에 비해 매우 약하다. 복성제약은 이익이 분식되었을 가능성과 현금이 불분명하게 사용될 가능성이 크다.

항서제약과 복성제약의 CCR 비교

회계연도	2012	2013	2014	2015	2016	2017	2018	2019
항서제약	0.9	1.1	1.0	1.0	1.0	0.8	0.7	0.7
복성제약	0.4	0.6	0.6	0.7	0.8	0.8	1.1	1.0

항서제약의 이익, 현금흐름, 주가

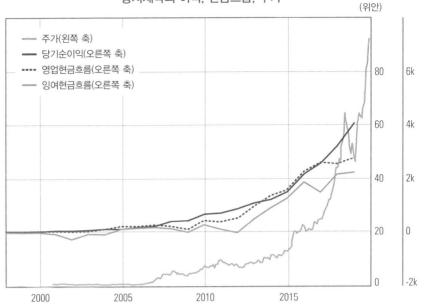

(위안)

복성제약의 이익, 현금흐름, 주가

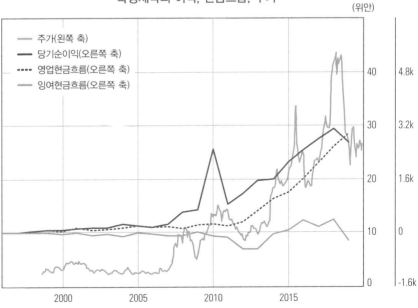

(위안)

항서제약과 경쟁사 비교

	항서제약	녹엽제약	치루이제약
신뢰성	매우 좋음	약함	비상장기업
수익성	매우 좋음	약함	
가치 평가 및 가격 책정	고평가	고평가	
가격 결정력	강함	약함	약함(복제약 위주)
주주의 질	장기	단기	
경영층	예측 가능함, 전문성 있음	예측 불가능함	
재무안정성	매우 좋음	좋지 않음	
투명성	매우 좋음	불투명	
노사 관계		보통	
주주 친화	좋음	보통	
지배구조	좋음	좋음	

2단계: 영업현금흐름/이익(CCR) 1 이상, 현금/자산(CAR) 20% 이상, 무형자산/자산(IAR) 5% 미만, 부채비율 0%

항서제약은 중국 상장기업 중에서 드물게 경영지표를 관리하는 기업이다. ROE는 10년 평균 23%, ROIC는 10년 평균 33%로 일관성 있게 관리되며, 경쟁사에 비해 10% 이상 높은 수준을 유지해서 경쟁우위가 확고해졌음을 알 수 있다. 유이자 부채 없이 달성한 ROE이므로 향후 지속 가능성도 상대적으로 크다. CCR이 1 전후로 꾸준히 유지되고 부채비율도 0%로 계속 관리되어 중국 제약사 중 이익 및 자산의 질, 재무건전성과 수익성이 최고로 꼽힌다. 현금전환일수(CCC)가 2013년 121, 2015년 90, 2017년 80, 2018년 2, 2019년 81로 좋아져서 현금흐름과 현금

보유액이 증가하고 있고 주가가 이에 수렴해서 계속 상승 중이다.

단, 매입채무회전일수와 재고자산회전일수가 증가하는 추세이므로 주의해서 지켜볼 필요가 있다. 가장 이상적인 것은 재고자산회전일수와 현금전환일수가 줄어드는 것이다. 잉여현금흐름이익률/당기순이익률이 최근 3년간 하락한 것은 공장 신축, 연구개발 등 투자액이 늘어났기 때문이다. 연차보고서에서 관계된 내용을 볼 수 있다.

투자 분석할 때 주가의 원인을 거슬러 올라가면 결국 재고자산회전일수가 핵심인 것을 알 수 있다. 주가보다 그 원인인 재고자산이 현금으로 전환되는 시간과 기업 경쟁력에 집중하는 것이 투자자에게 훨씬 유익할 것이다. 회계 및 재무지표가 5~10년 이상 일관성과 신뢰성을 보인다면 투자 원금이 훼손될 확률은 급격히 하락한다.

2019년 이후는 약값 인하, 감세 효과, 보험약품 진입으로 인한 매출 증대 효과를 감안해 현금흐름(내재가치)을 계산해야 한다. 2018년에 약값 인하와 불량 약품 사태가 발생해서 중국의 중소 제약사가 다수 도산했지만 항서제약은 더 강해진 안티프래질한 기업이다. 과거 10년을 보면 부채비율 0%를 유지하면서 타 제약사 대비 연구개발비를 지속적으로 늘렸고 각종 위기에도 불구하고 경쟁력을 강화하면서 이익의 지속 가능성도 향상시키고 있나. 장기간 사업 파트너로서 손색이 없다. 단, 현재 매수 가격은 단기적으로 보면 안전마진이 없으므로 기업의 위기 시에 매수 기회를 찾는 것이 좋다. 또 매출 대비 마케팅 비용이 37%로 글로벌 기업 대비 높다. 중국 제약사들이 마케팅 비용을 상대적으로 과다하게 쓰는 현상은 개선되어야 한다.

이와 같이 항서제약은 10년간 이익, 자산의 신뢰성 및 재무안정성 필터링 3단계를 여유롭게 통과했고 경제적 해자가 깊고 넓다. 따라서 향후 5~10년간 미래 이익의 지속 가능성이 크다.

3단계: 가치 평가 = 미래 ROE 30%

1991년부터 현재까지 일관성 있게 축적되는 유무형 자산의 질과 양에 기반해서 향후 5~10년 ROE를 30%로 추정했다. 향후 10년간 기업이 성장함에 따라 배당에 자본 배분을 늘릴 것을 고려해 배당성향을 20% 전후로 산정하면 25% 복리 채권 기업이다.

4단계: 가격 책정 = PER 32

항서제약 적정 PER = 주식시장 PER 16 × (항서제약 ROE 30% / S&P 500 평균 ROE 15%) = 32

합리적 매수 PER = 32(적정 PER) ± 10% = 29~35

현금흐름 기준으로 가격을 책정했다. 항서제약은 중국 상장제약사 중 최고 수준의 신뢰성, 수익성, 재무건전성을 갖추었다.

5단계: 매수 여부 판단

적정 PER: 32

현재(2020년 2월) PER: 83.23

현재 매수 시 안전마진이 없다. 단, 지금의 ROE를 유지할 경우 10년 이상 보유하면 연 10% 복리 수익이 가능하다.

중국 주식시장은 우량 기업도 가격이 매년 ± 30% 이상 변동하기 때문에 기다리면 반드시 기회를 잡을 수 있다.

에르메스

기업 개요

기업명	에르메스 인터내셔널
사업 분야	패션, 럭셔리 제품
창립 연도	1837년
경영자	악셀 뒤마
시장 정보	프랑스 XPAR, RMS
본사 소재지	프랑스 파리
연간 매출액(2019년)	68억 8000만 유로
연간 순이익(2019년)	15억 3000만 유로
종업원(2019년)	15,147명

에르메스는 '명품 중의 명품'으로 평가된다. 루이 비통, 구치, 샤넬 등 명품 브랜드 중에서 가격대가 가장 높다. 이 기업은 1837년 독일 태생의 티에리 에르메스가 1837년에 안장 등 마구 용품을 판매하는 가게를 파리에 열면서 탄생했다. 1867년 파리 만국박람회에서 1등을 차지했고, 전 세계 왕실과 귀족들에게 제품을 공급했다.

품목에 가방을 추가한 것은 티에리의 아들 샤를 에밀 에르메스로, 1892년 기수들이 마구를 넣던 주머니에서 착안한 가방을 내놓았다. 창업자의 손자인 에밀 모리스 에르메스는 1920년대에 경영을 넘겨받아 벨트, 의류, 넥타이, 스카프 등으로 사업을 확장했다.

에르메스는 제품 중 85%를 프랑스에서 제작하고 가방류는 모두 프랑스에서 만든다. 프랑스에서 5~7년 교육 과정을 마친 장인만 가방을 제작할 수 있고, 가방 제작의 전 공정을 장인 한 사람이 맡는다. 따라서 생산량이 한정적이고 희소성을 가지게 된다.

경제적 해자

93점으로 깊고 넓다. 에르메스는 명품 소비액 1위인 중국에서 최고 명품으로 확고한 지위를 확보하고 있다. 중국 부유층은 최고의 경제적 신분을 표시하는 명품으로 에르메스를 구매한다.

회계연도	2006	2007	2008	2009	2010	2011	2012
주당 매출액(유로)	14.14	15.29	16.78	18.20	22.77	27.07	33.28
주당 EBITDA(유로)	4.38	4.60	5.31	5.18	7.26	9.57	11.64
주당 EBIT(유로)	3.88	3.99	4.61	4.40	6.34	8.51	10.52
주당 순이익(희석, 유로)	2.51	2.71	2.76	2.74	4.00	5.66	7.07
주당 잉여현금흐름(유로)	1.59	1.87	1.35	2.45	4.98	5.25	4.86
주당 영업현금흐름(유로)	2.74	3.00	2.88	4.35	6.30	7.01	7.37
주당 배당금(유로)	0.83	0.95	3.34	1.03	1.05	1.50	2.00
주당 장부가치(유로)	13.04	13.73	15.12	17.02	20.45	21.91	22.52
주당 순유형자산(유로)	12.52	12.99	14.28	16.11	19.38	20.63	20.78
회계연도 말 주식 가격(유로)	94.75	86.44	100.38	93.31	156.75	230.35	226.30
ROE(%)	19.2	20.3	19.1	17.1	21.4	26.6	31.8
ROA(%)	14.2	14.7	13.5	12.4	16.1	19.3	22.2
ROTE(%)	20.0	21.3	20.2	18.1	22.6	28.2	34.1
ROTA(%)	14.6	15.2	14.0	12.9	16.8	20.1	23.4
ROIC(%)	31.6	29.5	27.6	25.9	33.8	45.1	50.8
WACC(%)	11.3	12.6	8.4	8.6	8.2	6.3	3.0
매출총이익률(%)	65.4	64.9	64.6	63.3	66.1	68.8	68.1
영업이익률(%)	27.4	26.1	25.5	24.2	27.8	31.2	32.2
순이익률(%)	18.0	18.1	16.7	15.4	18.0	20.9	21.2
잉여현금흐름 이익률(%)	11.2	12.2	8.1	13.5	21.9	19.4	14.6
부채비율(%)	4.8	5.9	6.0	3.6	2.0	1.7	1.6
자기자본비율(%)	71.6	70.2	68.3	73.3	73.7	71.2	68.8
자산부채비율(%)	3.4	4.2	4.1	2.7	1.5	1.2	1.1
GP/A(%)	51.5	52.6	51.9	50.9	59.2	63.4	71.3
자산회전율	0.79	0.81	0.80	0.80	0.90	0.92	1.05
배당성향(%)	33.2	35.1	121.0	37.6	26.3	26.5	28.3
매출채권회전일수	28.5	30.4	31.7	25.2	24.2	22.6	21.7
매입채무회전일수	113.6	130.9	123.2	103.2	105.1	110.8	99.2
재고자산회전일수	233.6	250.1	278.7	262.0	213.7	206.5	207.2
현금전환일수	148.5	149.5	187.2	184.1	132.8	118.3	129.7
재고자산회전율	1.56	1.46	1.31	1.39	1.71	1.77	1.76
매출총비용률(%)	35.0	35.0	35.0	37.0	34.0	31.0	32.0
매출총재고량(%)	22.2	24.1	27.0	26.3	19.9	17.7	18.1

회계연도	2013	2014	2015	2016	2017	2018	2019
주당 매출액(유로)	35.81	39.29	46.07	49.49	52.77	56.89	65.52
주당 EBITDA(유로)	12.71	13.67	16.10	17.72	19.90	21.79	26.08
주당 EBIT(유로)	11.42	12.28	14.40	15.80	17.99	19.73	21.82
주당 순이익(희석, 유로)	7.54	8.19	9.26	10.47	11.62	13.39	14.55
주당 잉여현금흐름(유로)	6.54	6.56	8.88	11.53	12.75	13.80	15.32
주당 영업현금흐름(유로)	8.55	9.22	11.28	14.02	15.27	16.78	19.87
주당 배당금(유로)	2.50	2.70	2.95	3.35	3.75	4.10	4.55
주당 장부가치(유로)	27.14	33.04	35.85	41.94	48.22	52.78	62.52
주당 순유형자산(유로)	25.60	31.55	34.31	40.42	46.64	51.26	60.61
회계연도 말 주식 가격(유로)	263.50	294.80	311.75	390.00	446.25	484.80	666.20
ROE(%)	30.6	27.4	27.1	27.1	25.9	26.7	25.4
ROA(%)	21.5	19.7	19.5	19.7	19.1	19.7	16.7
ROTE(%)	32.7	28.8	28.3	28.2	26.9	27.5	26.2
ROTA(%)	22.6	20.5	20.2	20.3	19.6	20.2	17.0
ROIC(%)	46.0	45.0	47.2	53.5	59.5	66.4	48.8
WACC(%)	2.6	3.1	4.1	3.7	3.7	3.9	4.6
매출총이익률(%)	68.8	66.8	66.1	67.7	70.1	70.0	69.1
영업이익률(%)	32.5	31.8	32.2	33.2	35.4	35.0	34.4
순이익률(%)	21.1	20.9	20.1	21.2	22.0	23.5	22.2
잉여현금흐름 이익률(%)	18.3	16.7	19.3	23.3	24.2	24.3	23.4
부채비율(%)	2.0	1.2	1.1	0.9	1.1	0.9	17.4
자기자본비율(%)	71.8	72.3	72.1	73.1	74.4	73.7	66.5
자산부채비율(%)	1.4	0.9	0.8	0.7	0.8	0.7	11.6
GP/A(%)	70.4	63.3	64.3	62.9	60.9	58.7	51.9
자산회전율	1.02	0.95	0.97	0.93	0.87	0.84	0.75
배당성향(%)	33.2	33.0	31.9	32.0	32.3	30.6	31.3
매출채권회전일수	18.8	22.1	22.9	21.6	16.8	17.2	16.9
매입채무회전일수	97.9	90.9	89.4	91.8	93.7	85.0	69.7
재고자산회전일수	240.2	230.6	206.8	202.3	199.2	189.5	180.0
현금전환일수	161.2	161.7	140.2	132.0	122.4	121.7	127.3
재고자산회전율	1.52	1.58	1.76	1.80	1.83	1.93	2.03
매출총비용률(%)	31.0	33.0	34.0	32.0	30.0	30.0	31.0
매출총재고량(%)	20.5	20.9	19.2	17.9	16.3	15.6	15.2

주가(유로)	705.8
시가총액(백만 유로)	73,488.0
발행주식 수(백만)	104.2
PER	50.9
PBR	12.8
PSR	12.4

주당 지표	10년	5년	12개월
매출액 성장률(%)	13.5	9.8	12.5
EBITDA 성장률(%)	16.0	11.8	3.6
잉여현금흐름 성장률(%)	22.2	18.7	-5.8
장부가치 성장률(%)	13.5	14.1	20.4

* 2020/02/15 기준

투자 과정 5단계

1단계: 에르메스와 경쟁사 비교 분석

최고 명품 에르메스와 루이 비통을 비롯한 다른 브랜드의 차이는 무엇일까? 에르메스는 그래프에서 볼 때 이익과 영업 및 잉여현금흐름의 격차가 거의 없이 장기간 동반하며, 주가 역시 교과서적으로 내재가치인 현금흐름에 장기 우상향 수렴한다. 아름다운 패턴을 그려서 전 세계 최고의 명품 기업다운 이익 및 현금흐름 경영 관리 수준을 보여준다. 제품도 명품이지만 재무 관리 수준도 명품이다. 회사 홈페이지에 접속해서 명품 연차보고서를 보기를 제안한다.

2019년 11월 24일 보석 소매회사인 티파니를 인수하기로 계약한 루이 비통 그룹은 에르메스를 적대적 인수합병하려다 실패했다. 에르메스 가문의 지분율이 높기 때문인데, 왜 루이 비통이 에르메스에 욕심냈는지 생각해볼 필요가 있다. 루이 비통 그룹은 한정적으로 생산되는 사치재인 명품을 린(lean) 방식으로 대량 생산 대량 판매해 확장성을 높이면서도

에르메스의 이익, 현금흐름, 주가

(유로)

- 주가(왼쪽 축)
- 당기순이익(오른쪽 축)
- 영업현금흐름(오른쪽 축)
- 잉여현금흐름(오른쪽 축)

명품 특유의 고가 정책을 실행하는 뛰어난 기업인 것은 분명하다. 하지만 에르메스가 보유한 가치는 공장에서 찍어낸 명품과는 다른 의미에서 진정한 명품이므로 루이 비통이 탐낼 만하다.

명품 중의 명품이라 불리는 에르메스가 가진 심리적 우월감과 소속감은 사회적 동물인 인간이 우월한 위치의 집단에 속해 있다는 느낌을 주며 동시에 이성에게 강력하게 어필할 수 있는 수단이 된다. 인간에게 내재된 사회적 욕구, 성적 욕구를 모두 충족해준다는 점에서 명품 산업은 지속 가능성이 매우 크다고 볼 수 있으며 그중에서도 최고의 명품을 생산하는 에르메스는 더 지속성이 크다.

루이 비통의 이익, 현금흐름, 주가 그래프를 보면 에르메스에 비해 상

루이 비통의 핵심 재무지표

회계연도	2006	2007	2008	2009	2010	2011	2012
주당 매출액(유로)	32.1	34.3	36.1	35.9	42.3	48.0	55.6
주당 EBITDA(유로)	7.6	8.4	8.7	8.1	12.0	12.4	14.3
주당 EBIT(유로)	6.6	7.1	7.3	6.3	10.3	10.4	11.7
주당 순이익(희석, 유로)	3.9	4.2	4.3	3.7	6.3	6.2	6.8
주당 잉여현금흐름(유로)	3.2	3.1	2.6	4.6	6.4	4.4	4.8
주당 영업현금흐름(유로)	4.8	5.1	4.8	6.2	8.4	8.2	8.5
주당 배당금(유로)	1.2	1.5	1.9	1.6	2.0	2.2	2.9
주당 장부가치(유로)	21.6	23.5	26.1	29.1	34.6	44.8	48.8
주당 순유형자산(유로)	−4.4	−2.7	−0.3	1.7	6.2	7.9	10.8
회계연도 말 주식 가격(유로)	80.0	82.7	47.8	78.4	123.1	109.4	138.8
ROE(%)	18.7	18.3	16.7	13.2	19.6	15.5	14.6
ROA(%)	7.7	8.0	7.5	6.2	8.8	7.3	7.1
ROTE(%)				510.9	155.7	87.6	73.5
ROTA(%)	14.1	14.1	12.9	10.5	14.4	11.9	11.5
ROIC(%)	14.1	15.6	14.4	12.1	14.9	14.8	13.5
WACC(%)	10.0	9.5	8.9	9.4	9.3	8.0	6.6
매출총이익률(%)	64.2	64.9	65.0	63.9	64.6	65.8	64.7
영업이익률(%)	19.9	20.8	20.3	18.5	20.7	21.8	20.6
순이익률(%)	14.1	14.1	13.5	11.6	14.9	13.0	12.3
잉여현금흐름 이익률(%)	9.9	8.9	7.2	12.8	15.0	9.1	8.6
부채비율(%)	50.3	48.8	43.6	41.9	30.6	32.5	27.7
자기자본비율(%)	37.4	38.0	40.7	43.0	46.3	47.5	49.0
자산부채비율(%)	18.8	18.5	17.7	18.0	14.2	15.4	13.6
GP/A(%)	34.8	36.5	36.2	34.3	37.8	36.9	37.3
자산회전율	0.54	0.56	0.56	0.54	0.59	0.56	0.58
배당성향(%)	30.5	34.4	43.4	43.2	31.6	35.3	42.5
매출채권회전일수	34.8	35.3	35.0	31.1	28.2	29.0	25.8
매입채무회전일수	126.5	132.2	139.2	113.2	116.8	133.2	115.4
재고자산회전일수	283.6	289.9	321.0	337.8	295.6	304.5	286.9
현금전환일수	192.0	193.1	216.8	255.7	207.0	200.4	197.3
재고자산회전율	1.29	1.26	1.14	1.08	1.23	1.20	1.27
매출총비용률(%)	36.0	35.0	35.0	36.0	35.0	34.0	35.0
매출총재고량(%)	27.8	27.9	30.7	33.4	28.7	28.6	27.8

회계연도	2013	2014	2015	2016	2017	2018	2019
주당 매출액(유로)	57.6	60.7	70.6	74.4	84.5	92.9	106.5
주당 EBITDA(유로)	14.5	20.7	16.2	17.6	21.0	23.7	32.3
주당 EBIT(유로)	11.6	16.9	12.0	13.4	16.3	19.1	22.1
주당 순이익(희석, 유로)	6.8	11.2	7.1	8.1	10.6	12.6	14.2
주당 잉여현금흐름(유로)	5.9	5.6	7.2	7.4	9.3	10.9	16.4
주당 영업현금흐름(유로)	9.6	9.3	11.3	12.5	13.9	17.1	23.1
주당 배당금(유로)	3.0	3.2	3.3	3.6	4.2	5.4	6.2
주당 장부가치(유로)	53.7	43.4	48.4	52.6	57.7	64.3	72.6
주당 순유형자산(유로)	10.4	−0.2	1.3	5.3	−3.6	2.6	6.6
회계연도 말 주식 가격(유로)	132.6	132.3	144.9	181.4	245.4	258.2	414.2
ROE(%)	13.4	23.2	15.5	16.0	19.4	20.7	20.8
ROA(%)	6.5	10.3	6.4	6.9	8.3	8.8	8.4
ROTE(%)	64.7	219.5	1260.3	246.7	1297.5		308.4
ROTA(%)	10.5	17.1	10.9	11.7	14.3	15.4	13.5
ROIC(%)	13.0	13.0	15.3	15.4	17.4	19.0	17.0
WACC(%)	7.6	6.5	7.2	6.8	7.2	7.4	7.1
매출총이익률(%)	65.5	64.7	64.8	65.3	65.3	66.6	66.2
영업이익률(%)	20.4	17.8	18.5	18.6	19.4	21.3	21.2
순이익률(%)	11.9	18.5	10.0	10.8	12.6	13.6	13.4
잉여현금흐름 이익률(%)	10.3	9.3	10.3	9.9	11.0	11.7	15.4
부채비율(%)	32.8	42.5	34.0	28.0	40.0	34.2	69.0
자기자본비율(%)	47.8	40.8	42.3	44.3	41.5	43.5	37.9
자산부채비율(%)	15.7	17.3	14.4	12.4	16.6	14.8	26.2
GP/A(%)	35.8	36.2	41.6	41.9	43.0	43.3	41.6
자산회전율	0.55	0.56	0.64	0.64	0.66	0.65	0.63
배당성향(%)	43.9	28.1	46.6	44.7	39.5	42.8	43.6
매출채권회전일수	27.4	27.1	25.8	26.1	23.4	25.1	23.5
매입채무회전일수	120.4	121.9	115.1	117.1	112.1	124.1	117.1
재고자산회전일수	301.0	303.6	284.5	288.9	264.6	273.0	263.9
현금전환일수	208.0	208.9	195.2	197.9	176.0	174.0	170.2
재고자산회전율	1.21	1.20	1.28	1.26	1.38	1.34	1.38
매출총비용률(%)	34.0	35.0	35.0	35.0	35.0	33.0	34.0
매출총재고량(%)	28.4	29.4	27.5	27.5	25.2	25.0	24.4

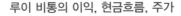

루이 비통의 이익, 현금흐름, 주가

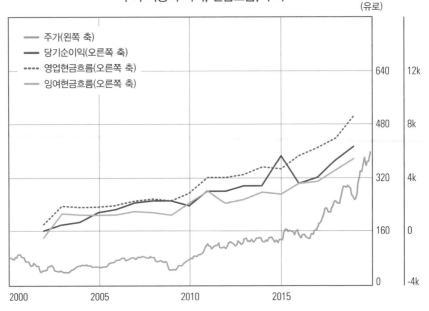

(유로)

주가(왼쪽 축)
당기순이익(오른쪽 축)
영업현금흐름(오른쪽 축)
잉여현금흐름(오른쪽 축)

대적으로 이익과 현금흐름이 동반하지 않고 영업현금흐름과 잉여현금
흐름 차이가 크다. 자본적 지출이 크고 유형자산 투입이 많다는 증거다.
유형자산이익률이 좋을수록 두 현금흐름의 차이가 적다. 투자는 상대적
인 것이어서 동일 산업 내 경쟁사들과 비교해 좋은 기업에 투자하는 것
이다. 미래 턴어라운드를 기대하고 투자하는 것보다 확률이 높다.

루이 비통은 에르메스에 비해 재무 성과가 전반적으로 낮다. 현금전환
일수(CCC)가 10년 평균 193으로, 에르메스의 134보다 59 크다. 그만큼
현금흐름이 적고 수익성도 상대적으로 낮기에 주가도 상대적으로 적게
상승했다. 물론 루이 비통도 기업 수익성, 재무건전성, 기업 경쟁력 면에
서 에르메스 다음으로 좋은 투자 대상이다.

2단계: 영업현금흐름/이익(CCR) 1 이상, 현금/자산(CAR) 10% 이상, 무형자산/자산(IAR) 15% 미만, 부채비율 20% 이하

에르메스는 관리의 정석이다. 브랜드처럼 재무 관리도 명품이다. 현금 흐름과 이익의 비율인 CCR이 1 이상으로 유지되어 이익신뢰성이 매우 좋다. 현금흐름이 일관된 원인을 찾아보면 결국 재고 관리(재고자산회전일수, 재고자산회전율)에 귀결된다. 재고자산회전일수가 2006년 233에서 2019년 180으로 개선되면서 현금전환일수도 개선되어 현금 기준 수익성이 좋아지고 결국 주가도 장기간 우상향한다. 매출총재고량(%) 비중도 15년에 걸쳐 매우 안정적으로 낮아지고 있다. 부채비율은 2019년에 20%로 높아졌지만 이자보상배율과 현금흐름을 고려하면 적절한 수준이다. 또한 오너 가문이 지배하는 기업이 부채를 적극 사용해서 존립 위기에 처할 확률은 낮다.

에르메스와 루이 비통의 CCR 비교

회계연도	2012	2013	2014	2015	2016	2017	2018	2019
에르메스	1.0	1.1	1.1	1.2	1.3	1.3	1.3	1.4
루이 비통	1.2	1.4	0.8	1.6	1.5	1.3	1.3	1.6

10년 평균 ROE 27%, ROIC 49%, 영업이익률 32% 전후 등 지속성 있는 재무지표를 통해 에르메스에 강력한 경제적 해자가 존재함을 알 수 있다. ROIC는 자본조달비용(WACC)를 10년 평균 44% 초과하며, 경쟁사 대비 20% 이상 높은 수치다. 에르메스 소비자에게 가방 이상의 무언가를 주고 있음을 재무지표만으로도 추정할 수 있다. 음식점에 항상 대기

손님이 늘어서 있다면 맛을 보지 않아도 비법(경제적 해자)이 있다고 판단하는 것과 동일하다. 특히 경쟁사보다 우수한 성과를 5년, 10년, 20년 이상 숫자로 보여준다면 반드시 그 기업만의 강력한 경쟁우위가 있는 것이다.

에르메스는 이처럼 이익, 자산의 신뢰성 및 재무안정성 등에 대해 10년 이상 필터링을 통과했다. 경제적 해자가 깊고 넓어서 미래 이익이 지속될 확률이 높다.

3단계: 가치 평가 = 미래 ROE 27%

20년 전부터 현재까지 일관성 있게 축적되는 유무형 자산의 질과 양에 기반해 향후 5~10년 ROE를 27%로 정했고, 배당성향을 감안하면 15% 전후 복리 채권 기업이다.

4단계: 가격 책정 = PER 28

에르메스 적정 PER = 주식시장 PER 16 × (에르메스 ROE 27% / S&P 500 평균 ROE 15%) = 28

합리적 매수 PER = 28(적정 PER) ± 10% = 26~30

5단계: 매수 여부 판단

적정 PER: 28

현재(2020년 2월) PER: 50.94

적정 PER에 비해 현재 PER은 60% 이상 높으므로 안전마진이 없다.

나이키

✓

기업 개요

기업명	나이키
사업 분야	스포츠화, 의류
창립 연도	1964년
경영자	존 도나호
시장 정보	미국 NYSE, NKE
본사 소재지	미국 오리건주 비버튼
연간 매출액(2019년)	391억 달러
연간 순이익(2019년)	40억 달러
종업원(2019년)	76,700명

나이키는 미국 오리건주 비버튼에 본사를 둔 글로벌 스포츠웨어회사다. 1964년 필 나이트와 빌 바우어만이 블루리본 스포츠라는 이름으로 창업했다. 나이트는 오리건주 포틀랜드 출신으로 1950년대 후반 오리건 대학에서 저널리즘을 전공하면서 중거리 육상 선수로 뛰었다. 1마일 기록은 4분 10초였다. 이때 육상 코치 바우어만과의 인연이 시작되었다.

스탠퍼드 경영대학원을 졸업한 나이트는 일본 회사 오니츠카의 타이거 브랜드 러닝화를 수입해 미국에서 판매하기로 했다. 나이트에게서 판매 겸 홍보용 샘플을 받은 바우어만이 의기투합했고, 두 사람은 블루리본 스포츠를 공동 창업했다. 블루리본 스포츠는 1966년 첫 매장을 열었고, 1972년에 나이키 브랜드를 출시했으며, 1978년에 회사 이름도 나이키로 바꾸었다. 1980년에 상장했고 현재 세계 170여 개국에 매장과 총판을 운영하고 있다. 스우시로 불리는 나이키의 로고는 세계적으로 인지도가 높은 브랜드 이미지로 꼽힌다.

나이키는 1980년대 이후 사업 영역을 확장했다. 신발회사 콜한을 1988년에 인수했고 컨버스를 2003년에 사들였다. 콜한은 2012년에 매각했다. 스포츠 장비회사 엄브로는 2008년에 인수했다가 2012년에 매각했다. 스노보딩과 산악자전거 등 활동용 스포츠웨어는 1966년에 설립된 나이키 ACG가 담당하고 있다.

경제적 해자

90점으로 깊고 넓다.

주가(달러)	103.5
시가총액(백만 달러)	161,250.4
발행주식 수(백만)	1,557.4
PER	36.2
PBR	17.3
PSR	4.1

주당 지표	10년	5년	12개월
매출액 성장률(%)	10.4	9.2	8.9
EBITDA 성장률(%)	10.1	6.9	10.6
잉여현금흐름 성장률(%)	13.4	16.0	-27.4
장부가치 성장률(%)	3.5	-2.6	8.4

* 2020/02/15 기준

투자 과정 5단계

1단계: 나이키와 경쟁사 비교 분석

투자는 절대적으로 완벽한 기업을 선택하는 일이 아니다. 절대는 사람의 머릿속에 있는 개념일 뿐이다. 현실 투자 세계에서는 상대적으로 우수하다고 입증된 기업에 자본을 배분하는 것이 투자 승률을 높이는 가장 좋은 방법이다.

나이키와 아디다스, 언더아머의 회계 및 재무 자료를 장기간 추적해보면 자본생산성과 관리 시스템 DNA 측면에서 나이키가 가장 우수한 것을 알 수 있다. 시스템이라는 무형자산은 상당한 시간과 자본이 장기간 투입되어야 형성되기 때문에, 언더아머 같은 신생 기업은 쉽게 따라오지 못한다.

핵심 재무지표

회계연도	2006	2007	2008	2009	2010	2011	2012
주당 매출액(달러)	7.06	8.02	9.24	9.77	9.62	10.36	12.42
주당 EBITDA(달러)	1.13	1.18	1.37	1.45	1.45	1.65	1.84
주당 EBIT(달러)	1.00	1.05	1.21	1.25	1.25	1.46	1.63
주당 순이익(희석, 달러)	0.33	0.73	0.94	0.76	0.97	1.10	1.18
주당 잉여현금흐름(달러)	0.63	0.77	0.74	0.65	1.43	0.71	0.67
주당 영업현금흐름(달러)	0.79	0.92	0.96	0.89	1.60	0.93	0.97
주당 배당금(달러)	0.14	0.22	0.22	0.25	0.27	0.30	0.35
주당 장부가치(달러)	3.03	3.49	3.99	4.49	5.00	5.14	5.66
주당 순유형자산(달러)	2.77	3.22	3.38	4.15	4.67	4.78	5.39
회계연도 말 주식 가격(달러)	10.04	14.19	17.09	14.26	18.10	21.11	27.05
ROE(%)	23.3	22.4	25.4	18.0	20.7	21.8	21.9
ROA(%)	14.9	14.5	16.3	11.6	13.8	14.5	14.5
ROTE(%)	25.7	24.4	28.7	20.3	22.3	23.4	23.2
ROTA(%)	15.8	15.3	17.6	12.5	14.5	15.2	15.1
ROIC(%)	29.6	30.7	35.2	31.8	33.3	38.6	35.5
WACC(%)	9.3	9.8	6.2	8.6	8.7	8.7	7.2
매출총이익률(%)	44.1	43.9	45.0	44.9	46.3	45.7	43.5
영업이익률(%)	14.1	13.1	13.1	12.8	13.0	14.1	13.2
순이익률(%)	9.3	9.1	10.1	7.8	10.0	10.6	9.5
잉여현금흐름 이익률(%)	8.9	9.6	8.0	6.7	14.9	6.9	5.4
부채비율(%)	11.3	7.7	8.0	9.3	6.1	6.7	3.7
자기자본비율(%)	63.7	65.7	62.9	65.6	67.6	65.6	67.1
자산부채비율(%)	7.2	5.1	5.0	6.1	4.1	4.4	2.5
GP/A(%)	70.6	69.7	72.5	67.0	63.6	62.6	66.6
자산회전율	1.60	1.59	1.61	1.49	1.37	1.37	1.53
배당성향(%)	42.4	29.5	23.4	32.3	27.5	26.8	29.0
매출채권회전일수	58.5	55.8	54.8	54.9	50.9	56.9	49.0
매입채무회전일수	41.5	41.4	45.9	35.6	44.8	49.1	42.9
재고자산회전일수	84.8	83.6	81.3	82.8	78.6	79.5	82.2
현금전환일수	101.7	97.9	90.2	102.0	84.6	87.3	88.3
재고자산회전율	4.30	4.37	4.49	4.41	4.65	4.59	4.44
매출총비용률(%)	56.0	56.0	55.0	55.0	54.0	54.0	57.0
매출총재고량(%)	13.0	12.9	12.2	12.5	11.6	11.8	12.7

회계연도	2013	2014	2015	2016	2017	2018	2019
주당 매출액(달러)	13.81	15.35	17.30	18.58	20.30	21.94	24.17
주당 EBITDA(달러)	2.04	2.36	2.73	2.96	3.23	3.15	3.39
주당 EBIT(달러)	1.77	2.03	2.36	2.58	2.81	2.68	2.95
주당 순이익(희석, 달러)	1.35	1.49	1.85	2.16	2.51	1.17	2.49
주당 잉여현금흐름(달러)	1.33	1.18	2.10	1.30	1.62	2.37	2.96
주당 영업현금흐름(달러)	1.65	1.66	2.65	1.95	2.27	2.99	3.65
주당 배당금(달러)	0.41	0.47	0.54	0.62	0.70	0.78	0.86
주당 장부가치(달러)	6.20	6.11	7.35	7.20	7.49	6.04	5.74
주당 순유형자산(달러)	5.97	5.88	7.12	6.96	7.24	5.77	5.47
회계연도 말 주식 가격(달러)	30.83	38.46	50.84	55.22	52.99	71.80	77.14
ROE(%)	23.0	24.6	27.8	30.1	34.4	17.4	42.7
ROA(%)	15.0	14.9	16.3	17.5	19.0	8.4	17.4
ROTE(%)	24.1	25.6	28.8	31.2	35.6	18.1	44.8
ROTA(%)	15.4	15.3	16.6	17.8	19.4	8.6	17.8
ROIC(%)	36.1	41.3	43.1	43.4	43.7	21.6	49.3
WACC(%)	6.8	6.4	5.1	4.8	4.6	6.2	8.3
매출총이익률(%)	43.6	44.8	46.0	46.2	44.6	43.8	44.7
영업이익률(%)	12.8	13.2	13.6	13.9	13.8	12.2	12.2
순이익률(%)	9.8	9.7	10.7	11.6	12.3	5.3	10.3
잉여현금흐름 이익률(%)	9.6	7.7	12.2	7.0	8.0	10.8	12.2
부채비율(%)	12.3	12.7	9.9	16.6	30.6	38.8	38.5
자기자본비율(%)	63.2	58.2	58.8	57.3	53.3	43.5	38.1
자산부채비율(%)	7.8	7.4	5.8	9.5	16.3	16.9	14.7
GP/A(%)	66.9	68.9	70.0	69.7	68.6	69.7	75.6
자산회전율	1.53	1.54	1.52	1.51	1.54	1.59	1.69
배당성향(%)	30.2	31.2	29.2	28.7	27.9	66.7	34.5
매출채권회전일수	45.0	45.1	40.1	36.5	39.1	35.1	39.9
매입채무회전일수	42.7	45.9	47.0	46.0	39.3	40.7	44.1
재고자산회전일수	85.7	88.3	91.4	96.2	94.8	92.1	91.8
현금전환일수	88.0	87.5	84.5	86.8	94.7	86.5	87.6
재고자산회전율	4.26	4.13	3.99	3.79	3.85	3.96	3.98
매출총비용률(%)	56.0	55.0	54.0	54.0	55.0	56.0	55.0
매출총재고량(%)	13.2	13.4	13.5	14.2	14.4	14.2	13.9

나이키 손익계산서

(단위: 백만 달러)

회계연도	2013	2014	2015	2016	2017	2018	2019
매출액	25,313	27,799	30,601	32,376	34,350	36,397	39,117
매출원가	14,279	15,353	16,534	17,405	19,038	20,441	21,643
매출총이익	11,034	12,446	14,067	14,971	15,312	15,956	17,474
판매비와 관리비	7,796	8,766	9,892	10,469	10,563	11,511	12,702
영업이익	3,238	3,680	4,175	4,502	4,749	4,445	4,772
순이익	2,472	2,693	3,273	3,760	4,240	1,933	4,029

나이키 손익분기점 분석

(단위: 백만 달러)

회계연도	2013	2014	2015	2016	2017	2018	2019
총비용	22,075	24,119	26,426	27,874	29,601	31,952	34,345
고정비	7,796	8,766	9,892	10,469	10,563	11,511	12,702
변동비	14,279	15,353	16,534	17,405	19,038	20,441	21,643
영업이익/고정비	41.5%	42.0%	42.2%	43.0%	45.0%	38.6%	37.6%
손익분기매출액	17,885	19,579	21,519	22,640	23,696	26,258	28,434
매출액/손익분기매출액	142%	142%	142%	143%	145%	139%	138%

　나이키는 고정비를 일정 비율로 관리해 손익분기점 상승을 막는다. 실제 매출액/손익분기매출액이 130% 이상 수준으로 안전마진을 유지하고 있다. 즉, 매출이 30% 감소해도 손실이 나지 않는 시스템을 구축했다. 투자자 입장에서는 원금의 안전이 보장된다고 할 수 있다.

　나이키가 경쟁사보다 우수한 것은 손익분기매출액보다 30% 이상 안전마진을 가지고 있다는 점이다. 언더아머는 손익분기매출액보다 10% 높은 매출을 기록하므로 손익분기점 안전마진이 적고 상대적으로 비용 관리 능력이 부족하다. 우량 기업은 손익분기매출액 대비 최소 30% 많은 매출액을 기록한다. 투자에서 손익분기점을 살펴보는 것이 중요한 것

언더아머 손익계산서

(단위: 백만 달러)

회계연도	2013	2014	2015	2016	2017	2018	2019
매출액	2,332	3,084	3,963	4,833	4,989	5,193	5,267
매출원가	1,195	1,572	2,058	2,585	2,738	2,853	2,797
매출총이익	1,137	1,512	1,906	2,249	2,251	2,340	2,471
판매비와 관리비	872	1,158	1,497	1,831	2,100	2,182	2,234
영업이익	265	354	409	417	152	158	237
순이익	162	208	233	257	-48	-46	92

언더아머 손익분기점 분석

(단위: 백만 달러)

회계연도	2013	2014	2015	2016	2017	2018	2019
총비용	2,067	2,730	3,555	4,416	4,837	5,035	5,030
고정비	872	1,158	1,497	1,831	2,100	2,182	2,234
변동비	1,195	1,572	2,058	2,585	2,738	2,853	2,797
영업이익/고정비	30.4%	30.6%	27.3%	22.8%	7.2%	7.2%	10.6%
손익분기매출액	1,788	2,362	3,114	3,936	4,653	4,842	4,762
매출액/손익분기매출액	130%	131%	127%	123%	107%	107%	111%

은 최악의 경우를 가정할 때다. 버크셔 해서웨이, 삼성전자, 애플, 마오타이, 에르메스, 인디텍스, 패스트리테일링 등 관리에도 노하우가 있는 글로벌 명품 기업은 손익분기점 안전마진이 모두 20% 이상이다.

한국 상장기업은 미국 상장기업에 비해 유형자산 비중이 상대적으로 높고 기타 고정비 비중도 높아 손익분기점이 높다. 매출 변동에 따라 이익이 크게 변동하고, 매출이 감소하면 손실을 기록할 확률이 크다. 그래서 계산되는 투자를 하기가 상대적으로 쉽지 않다. 투자 관점에서 상대적으로 높은 레버리지(영업고정비, 재무고정비)는 이익의 질(신뢰성)을 낮추는 리스크다. 투자할 때 지급 이자뿐 아니라 영업고정비(감가상각비, 고정

경상비)도 유심히 분석해야 하는 이유다.

나이키는 이익의 질이 양호하다. 현금흐름과 이익이 2년 단위로 동반하고 있다. 현금흐름/이익인 CCR이 평균 1 이상으로 안정적이다. 2012, 2016, 2017년에 당기순이익과 현금흐름이 동반하지 않았지만 일시적이었고, 주가는 현금흐름에 수렴하고 있다.

나이키, 아디다스, 언더아머의 CCR 비교

회계연도	2012	2013	2014	2015	2016	2017	2018	2019
나이키	0.8	1.2	1.1	1.4	0.9	0.9	2.6	1.5
아디다스	1.8	0.8	1.4	1.7	1.3	1.5	1.6	1.4
언더아머	1.6	0.7	1.1	0.1	1.4	-4.9	-13.6	5.5

이익신뢰성을 보면 나이키와 아디다스는 잠깐 숫자가 흔들려도 회사 내부의 투자 계획으로 인한 왜곡이거나 일시적인 사건에 그치지만, 언더아머는 현금흐름 관리가 엉망인 것이 적나라하게 드러난다. 현명한 투자자는 제거적 방법을 통해 언더아머를 투자 대상에서 제외해야 한다.

위 세 기업을 보면 다른 소비재 업종보다 이익의 변동성이 크다. 그만큼 기업 간 경쟁이 심하다는 증거다. CCR 측면에서 언더아머를 필터링한 후 재무안정성과 수익성 측면에서 보면 나이키가 세 기업 중에 상대적으로 신뢰성, 재무안정성, 수익성이 우수하고 관리되고 있다는 것을 알 수 있다.

나이키의 이익, 현금흐름, 주가

아디다스의 이익, 현금흐름, 주가

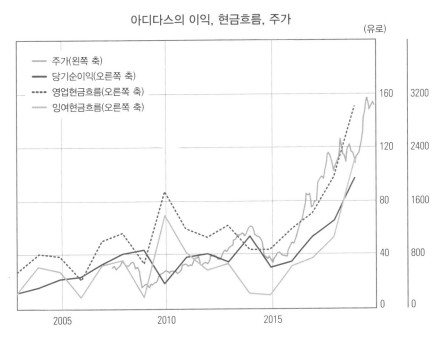

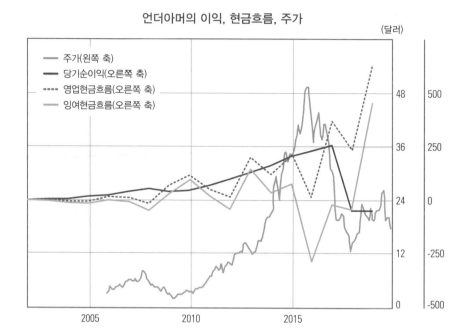

언더아머의 이익, 현금흐름, 주가

(달러)

— 주가(왼쪽 축)
— 당기순이익(오른쪽 축)
···· 영업현금흐름(오른쪽 축)
— 잉여현금흐름(오른쪽 축)

2단계: 영업현금흐름/이익(CCR) 1 이상, 현금/자산(CAR) 10% 이상, 무형자산/자산(IAR) 15% 미만, 부채비율 50% 미만

나이키는 영업현금흐름과 잉여현금흐름의 차이가 적기 때문에 유형 자산 투자가 상대적으로 적고 무형자산 위주의 기업임을 알 수 있다. 따라서 주주에게 돌아가는 몫인 잉여현금흐름이 상대적으로 크고 결과적으로 주가도 장기간 우상향하고 있다.

10년 이상 재고자산회전율이 4 전후에서 의도적, 체계적, 지속적으로 관리되고, 현금전환일수(CCC)도 10년 평균 87 전후로 관리되고 있다. 따라서 매출 성장과 함께 현금흐름(내재가치)도 안정적으로 계산되면서 성장하고 결과적으로 주가도 상승하는 것이다. 투자에서 미래를 계산할 수 있는 기업은 매우 소수다. 모든 기업이 이렇게 관리되는 것은 아니고 그럴 수도 없다. 제품의 마케팅부터 관리까지 잘 맞는 톱니바퀴처럼 연결되어 움직일 때만 가능하다.

매출총이익률과 영업이익률은 각각 10년 평균 44.9%, 13.2%에서 관리되고 있다. ROE는 일시적인 변동에도 10년 평균 26.4%이며, 일상적인 ROE는 25% 수준이다. 투자 분석할 때 일시적이 아니라 일상적인 ROE를 규정하는 것이 중요하다. 그것이 진짜 자기자본 생산성이기 때문이다. ROIC는 같은 기간 평균 38.6%를 유지해서 자본조달비용 6.7%를 훨씬 초과한다. 경쟁사 대비 10% 이상 높은 초과수익력은 나이키에 내재된 무형자산의 힘이다. 매출총재고량 비중도 14%대로 일정하게 관리되고 있다. 현금흐름과 수익성과 주가가 일정한 범위에서 우상향하는 이유다.

부채비율은 2011년 7%, 2015년 10%, 2019년 39%로 증가하고 자본총액은 계속 줄임으로써 최근 몇 년간 ROE가 상승하는 데 일조하고 있다. 강력한 해자와 현금흐름을 재무지능과 결합해서 주주 환원을 극대화하고 있다. 단, 부채비율이 50%를 초과하는 시점부터는 나이키가 현명한 자본배분을 하는지 더 주의할 필요가 있다

나이키는 이처럼 이익, 자산의 신뢰성 및 재무안정성의 3단계 필터링을 통과했고 경제적 해자가 깊고 넓다. 따라서 향후 5년 이상 이익이 지속될 가능성이 크다.

3단계: 가치 평가 = 미래 ROE 30%

20년 전부터 현재까지 일관성 있게 축적되는 유무형 자산의 질과 양

에 의거해서 계산한 5년 미래 ROE는 30%다. 배당성향과 자사주 매입을 감안하면 15% 복리 채권 기업이다.

4단계: 가격 책정 = PER 32

나이키 적정 PER = 주식시장 PER 16 × (나이키 ROE 30% / S&P 500 평균
ROE 15%) = 32

합리적 매수 PER = 32(적정 PER) ± 10% = 29~35

지금 가격에 매수하면 3%(1/PER 32) 복리 채권을 구입하는 것으로 4~5년 후 6% 복리 채권, 8~10년 후 12% 복리 채권이 된다. 루 심프슨은 버크셔 해서웨이에 근무했을 때 나이키를 오래 보유하면서 PER 12~20에서 매수와 매도를 반복했다. PER 12이면 저평가, PER 20이면 고평가로 본 것이다. 미국에서 수준 높은 투자자는 ROE, ROIC 대비 PER 기준을 갖고 있다.

5단계: 매수 여부 판단

적정 PER: 32

현재(2020년 2월) PER: 36.2

현재 매수하면 안전마진이 없지만 합리적 매수 범위와 가까우므로 가격을 주시할 필요가 있다.

애플

기업 개요

기업명	애플
사업 분야	휴대전화와 컴퓨터의 하드웨어 및 소프트웨어
창립 연도	1976년
경영자	팀 쿡
시장 정보	미국 NAS, AAPL
본사 소재지	미국 캘리포니아주 쿠퍼티노
연간 매출액(2019년)	2602억 달러
연간 순이익(2019년)	553억 달러
종업원(2019년)	137,000명

애플의 역사는 창업 이후 성장 시기(1976~1980), 스티브 잡스가 주도해 실패한 시기(1980~1985), 잡스를 쫓아내고 실패한 시기(1985~1996), 잡스가 복귀해 성공한 시기(1996~2011)로 나뉜다. 이후의 애플은 팀 쿡이 관리 혁명을 통해 현금흐름을 지속적으로 창출함으로써 더 내실 있는 기업으로 변신했다.

잡스는 대학을 중퇴하고 컴퓨터 게임회사 아타리에서 근무했고, 스티브 워즈니악은 컴퓨터회사 휴렛팩커드에서 일했다. 둘은 컴퓨터 제작 동호회에서 의견을 나누다가 함께 직접 컴퓨터를 만들어 팔자는 사업을 구상했다. 컴퓨터 제작 동호회는 당시 대중의 수요와 기존 기업의 공급 사이의 괴리에서 만들어진 것이었다. 대중은 컴퓨터를 구매하고 싶어 했지만 가격이나 편의성에서 대중의 니즈를 충족하는 컴퓨터는 나오지 않은 상태였다.

잡스와 워즈니악, 로널드 웨인은 1976년 4월 미국 캘리포니아주에서 애플을 창업했다. 로널드 웨인은 아타리의 기술자였고, 자금을 조달하기 위해 잡스가 끌어들였다.

애플 I은 1976년 6월에 선보였다. 잡스는 1977년 마이크 마큘라를 만나 개인용 컴퓨터와 애플 II의 미래에 대한 비전을 들려주고 마큘라의 자본과 경영 능력을 참여시켰다. 마큘라는 애플 II의 개발을 도왔다. 애플 II는 1977년 4월 출시되었다. 판매는 1978년 7,600대에서 1980년 78,100대로 10배 급증했다. 1982년에는 30만 대가 팔렸다. 애플은 1980년 상장했다. 같은 해 내놓은 애플 III는 실패했지만 애플 II가 인기를 이어가면서 애플의 실적은 계속 신장했다.

잡스가 주도해 출시한 애플 III는 오류, 발열, 고가 탓에 소비자에게 외

면받았다. 잡스의 딸인 리사의 이름을 붙여 1983년 출시한 애플 리사는 GUI(Graphical User Interface) 방식을 채용하는 등 혁신을 선보였으나, 속도가 느리고 가격이 비싸서 실패했다. 잡스가 개발에 참여해 1984년 공격적으로 마케팅한 매킨토시는 그래픽 디자이너, 전자 출판에 종사하는 사람들이 주로 사용했고 전체 퍼스널컴퓨터(PC)시장의 5%밖에 차지하지 못했다. 마지막으로 잡스는 1984년 크리스마스 시즌 매킨토시의 수요를 너무 많게 잡은 나머지 애플에 막대한 재고를 떠안겼다.

잡스 때문에 애플이 기울어간 시기의 CEO는 마큘라(1981~1983)와 잡스가 1983년 영입한 존 스컬리였다. 펩시콜라에서 탁월한 마케팅 역량을 입증한 경영자였던 스컬리는 실패의 책임을 물어 잡스 해임안을 이사회의 투표에 붙였다. 애플에서 쫓겨난 잡스는 넥스트(NeXT)를 설립해 독자적인 워크스테이션 컴퓨터 및 워크스테이션용 운영 체제를 개발했다.

스컬리는 매킨토시 라인업을 넓혔고 포터블 컴퓨터를 개발했으며 개인용 정보단말기(PDA) 뉴턴을 출시했지만, 애플의 실적을 되살리지 못했다. 스컬리의 후임으로 1993년에 취임한 마이클 스핀들러는 애플 운영 체제를 호환하는 전략을 폈으나 IBM 호환 PC용 운영 체제로 1995년 출시된 마이크로소프트의 '윈도 95'에 밀렸다. 길 아멜리오가 새로운 CEO로 임명되었으나 그도 다음 해 실적 부진에 대한 책임을 물어 해고되었다.

위기에 몰린 애플의 이사회는 1996년 잡스의 넥스트를 인수하고 잡스를 복귀시켰다. 복귀한 잡스는 아이맥 G3에 이어 아이북, 파워북 G3을 연달아 히트시켰다. 애플은 2001년에 새로운 매킨토시용 운영 체제인 맥 OS X를 발표했고, MP3 플레이어인 아이팟을 출시해 성공을 거뒀다. 아이팟을 바탕으로 애플은 아이튠즈 뮤직 스토어를 개설해 운영했다.

잡스는 2007년 아이폰을 출시하고 휴대전화시장의 혁명적인 변화를 주도했다. 스마트폰 소프트웨어를 내려받을 수 있는 앱스토어 서비스도 시작했다. 2010년 아이패드를 개발해 태블릿 컴퓨터 시대를 열었다. 팀 쿡은 2007년부터 애플의 최고운영책임자(COO)로 일했고 2009년 CEO 대행을 거쳐 2011년 CEO로 선임되었다. 재고 관리의 귀재 팀 쿡은 애플을 세계 최고의 현금 부자 기업으로 키워냈다.

애플은 2018년 미국 증시 사상 최초로 시가총액 1조 달러를 달성했다. 2020년 아이폰 SE2(아이폰9), 12를 출시할 예정이며 애플의 하드웨어, 소프트웨어 생태계를 활용해 애플페이, 미디어시장 진출 등 강력한 브랜드를 통한 확장을 시도하고 있다.

경제적 해자

90점으로 깊고 넓다. 워런 버핏은 "애플은 많은 나라에서 필수소비재가 되었다", "애플 생태계는 건강하고 아직 본격 진출하지 않은 시장이 많아 계속 확장 가능하다"라고 말했다.

주가(달러)	325
시가총액(백만 달러)	1,421,812
발행주식 수(백만)	4,375
PER	25.7
PBR	15.9
PSR	5.5

주당 지표	10년	5년	12개월
매출액 성장률 (%)	21.7	12.4	9.9
EBITDA 성장률(%)	22.4	10.2	5.5
잉여현금흐름 성장률 (%)	21.3	7.1	11.1
장부가치 성장률(%)	14.1	1.7	-18.1

* 2020/02/15 기준

투자 과정 5단계

1단계: 애플과 경쟁사 비교 분석

애플은 이익과 현금흐름(내재가치)과 주가가 지속적으로 아름답게 동반하고 있다. 잉여현금흐름, 영업현금흐름과 이익이 장기간 일치해서 이익신뢰성과 자산신뢰성이 있다. 또한 주가도 현금흐름에 대응하는 것을 볼 수 있다. 명품 기업만이 갖는 전형적인 특징이다.

삼성전자와 비교하면 애플은 상대적으로 영업현금흐름과 당기순이익의 차이가 크지 않다. 삼성전자에 비해 감가상각비 등 고정비 비중이 적기 때문이다. 고정비의 비중이 작으면 매출이 증가하는 시기에 이익의 증가 속도는 상대적으로 낮을 수 있지만, 매출이 감소하는 시기에도 양호한 이익(현금흐름)을 유지할 수 있다. 영업고정비(감가상각비 등)와 재무고정비(부채)는 둘 다 레버리지로 이익과 손실을 증폭하는 효과를 갖는다. 따라서 투자자는 기타 조건이 동일할 경우 고정비가 상대적으로 적은 기업에 자본배분을 하면 안정적 이익을 추산할 수 있고 주가의 변동

핵심 재무지표

회계연도	2006	2007	2008	2009	2010	2011	2012
주당 매출액(달러)	3.14	3.95	5.94	6.76	10.08	16.51	23.65
주당 EBITDA(달러)	0.44	0.76	1.40	1.97	3.00	5.49	8.92
주당 EBIT(달러)	0.40	0.71	1.32	1.85	2.84	5.22	8.43
주당 순이익(희석, 달러)	0.32	0.56	0.97	1.30	2.16	3.95	6.31
주당 잉여현금흐름(달러)	0.25	0.72	1.33	1.41	2.55	4.59	6.26
주당 영업현금흐름(달러)	0.36	0.88	1.52	1.60	2.87	5.72	7.69
주당 배당금(달러)							0.38
주당 장부가치(달러)	1.67	2.38	3.58	5.02	7.45	11.78	17.98
주당 순유형자산(달러)	1.64	2.31	3.49	4.95	7.29	11.10	17.17
회계연도 말 주식 가격(달러)	11.00	21.92	16.24	26.48	40.54	54.47	95.30
ROE(%)	22.9	28.5	33.2	30.5	35.3	41.7	42.8
ROA(%)	13.9	16.4	19.9	19.7	22.8	27.1	28.5
ROTE(%)	23.3	29.3	34.1	31.1	36.0	43.6	45.1
ROTA(%)	14.0	16.7	20.2	19.9	23.1	27.9	29.5
ROIC(%)				191.6	91.6	70.3	59.2
WACC(%)	16.4	17.8	21.4	12.2	10.9	7.1	6.8
매출총이익률(%)	29.0	33.2	35.2	40.1	39.4	40.5	43.9
영업이익률(%)	12.7	17.9	22.2	27.4	28.2	31.2	35.3
순이익률(%)	10.3	14.2	16.3	19.2	21.5	24.0	26.7
잉여현금흐름 이익률(%)	8.1	18.2	22.4	20.9	25.3	27.8	26.5
부채비율(%)							
자기자본비율(%)	58.0	57.3	61.6	66.6	63.6	65.8	67.1
자산부채비율(%)							
GP/A(%)	39.0	38.3	42.9	41.2	41.9	45.8	47.0
자산회전율	1.35	1.16	1.22	1.03	1.06	1.13	1.07
배당성향(%)							6.0
매출채권회전일수	23.7	24.3	23.6	28.6	30.8	18.1	25.5
매입채무회전일수	90.2	110.4	82.9	79.6	110.9	82.9	88.0
재고자산회전일수	5.8	6.8	6.4	6.9	7.0	5.2	3.3
현금전환일수	−60.8	−79.3	−52.9	−44.2	−73.1	−59.6	−59.2
재고자산회전율	63.07	53.33	56.83	53.28	52.51	70.53	112.12
매출총비용률(%)	71.0	67.0	65.0	60.0	61.0	60.0	56.0
매출총재고량(%)	1.1	1.3	1.1	1.1	1.2	0.8	0.5

회계연도	2013	2014	2015	2016	2017	2018	2019
주당 매출액(달러)	26.21	29.86	40.34	39.21	43.65	53.12	55.96
주당 EBITDA(달러)	8.75	10.10	14.59	13.33	14.58	17.41	17.61
주당 EBIT(달러)	7.71	8.80	12.64	11.42	12.65	15.23	14.91
주당 순이익(희석, 달러)	5.68	6.45	9.22	8.31	9.21	11.91	11.89
주당 잉여현금흐름(달러)	6.84	8.15	12.05	9.73	9.86	12.82	12.67
주당 영업현금흐름(달러)	8.23	9.75	14.03	12.04	12.23	15.49	14.93
주당 배당금(달러)	1.63	1.81	1.98	2.18	2.40	2.72	3.00
주당 장부가치(달러)	19.63	19.02	21.40	24.03	26.15	22.53	20.37
주당 순유형자산(달러)	18.71	17.52	19.78	22.42	26.15	22.53	20.37
회계연도 말 주식 가격(달러)	68.11	100.75	110.30	113.05	154.12	225.74	223.97
ROE(%)	30.6	33.6	46.3	36.9	36.9	49.4	55.9
ROA(%)	19.3	18.0	20.5	14.9	13.9	16.1	15.7
ROTE(%)	32.1	35.8	50.1	39.7	38.1	49.4	55.9
ROTA(%)	19.9	18.6	21.2	15.4	14.1	16.1	15.7
ROIC(%)	38.3	35.0	39.8	30.8	28.6	35.0	42.4
WACC(%)	6.1	8.5	8.2	10.0	9.7	9.9	7.7
매출총이익률(%)	37.6	38.6	40.1	39.1	38.5	38.3	37.8
영업이익률(%)	28.7	28.7	30.5	27.8	26.8	26.7	24.6
순이익률(%)	21.7	21.6	22.9	21.2	21.1	22.4	21.2
잉여현금흐름 이익률(%)	26.1	27.3	29.9	24.8	22.6	24.1	22.6
부채비율(%)	13.7	31.6	53.9	67.9	86.3	106.8	119.4
자기자본비율(%)	59.7	48.1	41.1	39.9	35.7	29.3	26.7
자산부채비율(%)	8.2	15.2	22.2	27.1	30.8	31.3	31.9
GP/A(%)	33.6	32.2	35.9	27.5	25.3	27.5	27.9
자산회전율	0.89	0.83	0.90	0.71	0.66	0.72	0.74
배당성향(%)	28.7	28.1	21.5	26.2	26.1	22.8	25.2
매출채권회전일수	28.0	34.9	26.3	26.7	28.5	31.9	32.2
매입채무회전일수	76.6	98.2	92.5	103.6	114.5	124.6	104.3
재고자산회전일수	4.4	6.3	5.8	6.2	9.0	9.8	9.1
현금전환일수	−44.2	−57.0	−60.4	−70.7	−77.0	−82.9	−63.1
재고자산회전율	83.45	57.94	62.82	58.64	40.37	37.17	40.13
매출총비용률(%)	62.0	61.0	60.0	61.0	62.0	62.0	62.0
매출총재고량(%)	0.7	1.1	1.0	1.0	1.5	1.7	1.5

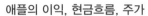

애플의 이익, 현금흐름, 주가

(달러)

- —— 주가(왼쪽 축)
- —— 당기순이익(오른쪽 축)
- ···· 영업현금흐름(오른쪽 축)
- —— 잉여현금흐름(오른쪽 축)

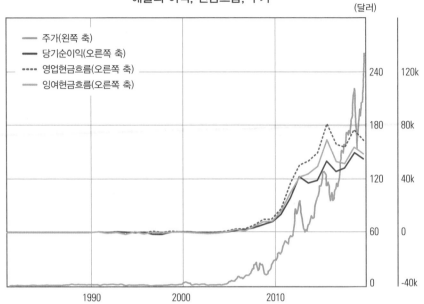

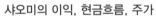

샤오미의 이익, 현금흐름, 주가

(홍콩 달러)

- —— 주가(왼쪽 축)
- —— 당기순이익(오른쪽 축)
- ···· 영업현금흐름(오른쪽 축)
- —— 잉여현금흐름(오른쪽 축)

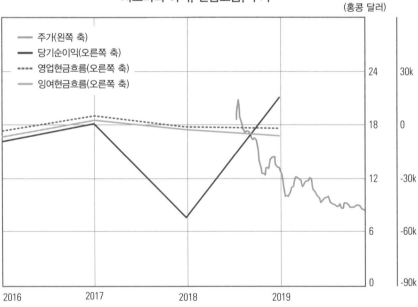

성도 적어진다.

샤오미와 비교하면 애플의 높은 이익의 질을 알 수 있다. 샤오미는 애플에 비해 이익과 현금흐름이 동반하지 않아 이익신뢰성이 낮다. 또한 부채비율을 높여서 현금/자산 비율(10%)이 상승해 자산신뢰성도 매우 낮다. 한정된 자본을 애플과 샤오미 중 어디에 배분할지는 명확하다.

2단계: 영업현금흐름/이익(CCR) 1 이상, 현금/자산(CAR) 10% 이상, 무형자산/자산(IAR) 15% 미만(2018년에는 0%), 부채비율 주의 필요

애플은 10년 이상 CCR을 평균 1.1 이상 유지하고 있다. 명품 기업만이 갖는 특성이다. 일시적 변동에 연연하지 않고 장기 투자하면 충분한 투자수익률을 기대할 수 있다.

애플, 샤오미, 삼성전자의 CCR 비교

회계연도	2012	2013	2014	2015	2016	2017	2018	2019
애플	1.2	1.4	1.5	1.5	1.4	1.3	1.3	1.3
샤오미				0.3	8.2	0.0	-0.1	2.4
삼성전자	1.6	1.6	1.6	2.1	2.1	1.5	1.5	2.1

현금전환일수(CCC)가 마이너스인 기업은 전 세계 상장기업 중에서 0.1% 이내다. 현금전환일수가 마이너스라는 것은 자기자본이 전혀 없어도 운영할 수 있다는 뜻이다. 애플은 현금전환일수가 -60~-70으로, 60~70일 전에 타인자본을 확보해서 물건을 만들고 판매해서 현금을 회수하고 외상매입금을 지불한다. 즉, 현금전환일수가 +70인 기업과 비교

하면 애플은 타인이 제공하는 운전자본 70일분을 이미 갖고 시작하기 때문에 현금과 현금흐름이 충분하다. 버핏이 좋아하는 플로트(무이자 지속 공급 유동 자금)라고 볼 수 있다. 99.9% 기업과 출발점이 다르다. 버크셔 해서웨이와 아마존처럼 독점이 강한 소수 비즈니스 모델에서만 가능하다. 누가 미리 타인의 돈을 제공받으면서 사업할 수 있겠는가.

현금과 현금흐름이 지속적으로 증가한다는 것은 재무상태표의 자산(資産)이 사전적 의미대로 현금(資=조개=고대 현금)을 만드는[産] 진정성 있는 원천이라는 뜻이다. 반대로 도산하는 기업은 재무상태표상 현금/자산의 비율이 10% 미만으로 계속 감소하면서 회계상 무형자산 비중이 올라가는 것을 볼 수 있다 즉, 자산의 진정성이 약해진다. 투자자는 투자하고자 하는 기업의 이익과 자산의 진정성만 필터링해도 원금 손실 확률을 크게 낮출 수 있다.

단, 투자자가 주의해서 볼 사항은 애플의 부채비율이다. 2012년까지 부채비율이 0%였는데 2013년 14%, 2016년 68%, 2018년 107%, 2019년 119%로 상승하면서 자사주 매입이 750억 달러(90조 원)까지 증가했다. 과거 최고의 재무지능을 자랑하던 IBM이 부채까지 이용해 배당을 지급하고 자사주를 매입하다가 경쟁사인 구글, 마이크로소프트, 아마존보다 기업 경쟁력이 쇠락한 것을 답습하지 않을까 우려된다.

ROE = 이익(E) / 순자산(BV)

E와 BV가 신뢰성이 없다면 이에 기반한 PER과 PBR은 아무런 의미가 없다. 현명한 투자자라면 왜 이익과 자산의 신뢰성을 검증해야 하는지

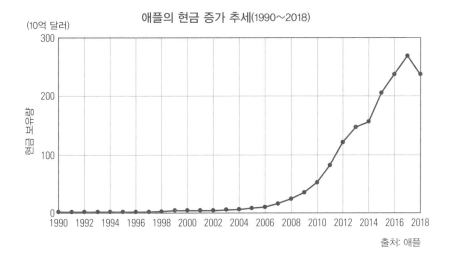

애플의 현금 증가 추세(1990~2018)

(10억 달러)

현금 보유량

출처: 애플

알 것이다. 기업 ROE와 경제적 해자를 바탕으로 산업을 깊게 이해하면 더 나은 투자 분석과 의사 결정이 가능하다. 주식시장은 결국 대중과 개별 투자자 간의 지적 게임이라고 보면, 게임의 결과는 누가 제대로 아는가에 따라 결정된다.

미국을 대표하는 기술주인 FAANG(페이스북, 아마존, 애플, 넷플릭스, 구글)의 기업들과 비교해보자. 아마존은 분명 좋은 기업이지만 2020년 2월 15일 기준 PER 92 전후에 매수하면 이자율이 1.1%인 채권(이자가 ROE 연복리 20%로 상승)을 보유하는 것으로 10년이 지나면 7% 채권이 된다. 이렇게 채권으로 환산해서 따져보면 지금 가격은 안전마진이 없다. 매수후 적어도 5년 전후에 우량 채권 이자율의 2배 이상 되어야 안전마진이 있다고 볼 수 있다.

애플은 지금 가격에 매수하면 자기자본이익률에서 배당성향과 자사주 매입을 고려할 때 3.9%(1/PER), 5년 후 10% 복리 채권이 된다. 아마존에 비해 상대적으로 안전마진이 있다. 단, 아마존도 20년 이상 현재의 ROE가 배당 없이 유지되고 투자자가 계속 보유한다고 전제하면 충분한 투자수익을 줄 수 있다.

결론적으로 FAANG 중 애플을 제외한 회사들은 내재가치 대비 주가가 높은 상태다.

FAANG 비교

	애플	페이스북	아마존	넷플릭스	구글
ROE(%)	40.0	20.0	20.0	25.0	15.0
PER	25.6	28.9	92.8	98.8	27.2
수익률(%)	3.9	3.5	1.1	1.0	3.7
이익 & 자산 신뢰성	매우 양호	양호	양호	보통	매우 양호
가격	적정	높음	매우 높음	매우 높음	높음
지속 가능성	높음	판단 불가	높음	판단 불가	높음

* 2020년 2월 기준

애플은 CCR이 1 이상으로 장기간 유지되고 있다. 이익의 신뢰성이 매우 양호하고 향후 지속될 확률도 높다. CCR 1 전후를 10년 이상 꾸준히 유지하는 기업은 전 세계 상장사 중 0.1%가 안 된다.

ROCE는 2009년 38%, 2011년 44%, 2013년 35%, 2015년 38%, 2019년 32%로 10년 이상 30%를 유지해서 경쟁우위가 확고해졌음을 알 수 있다. 정상 ROCE도 35% 정도다. S&P 500 기업의 평균을 15%라고 볼 때 대단한 초과수익력이다.

페이스북도 CCR 1 이상 수준을 지속적으로 유지하고 부채비율은 1%

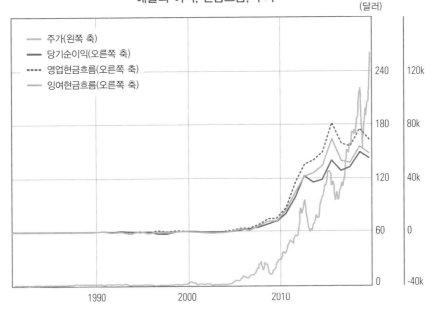

애플의 이익, 현금흐름, 주가

(달러)

- 주가(왼쪽 축)
- 당기순이익(오른쪽 축)
- 영업현금흐름(오른쪽 축)
- 잉여현금흐름(오른쪽 축)

미만으로 관리하고 있다. ROE도 추세적으로 상승하고 있으나 단기적으로 과도하게 상승하면 성장 스트레스를 주기 때문에 위험 요인이다. 영업현금흐름이나 잉여현금흐름이 줄어들면 주가는 반드시 하락한다. 주가는 가치(현금흐름)에 수렴한다. 이익은 참고 사항일 뿐이다. 현금흐름은 투자자에게 신호를 보내지만 이익은 많은 경우 노이즈일 뿐이다.

CCC는 2010년 48일에서 2016년 24일, 2018년 18일, 2019년 10일로 개선되어 수익성과 재무안정성이 향상되었다. 다만 개선 속도가 빨라서 조직에 부담을 줄 수 있다. 5년간 잉여현금흐름/매출 비율이 하락하는 것은 내재가치 감소를 의미하므로 결국 주가 하락 조정으로 수렴할 가능성이 크다.

회계연도	2010	2011	2012	2013	2014	2015
주당 매출액(달러)	0.84	2.46	2.35	3.13	4.68	6.28
주당 EBITDA(달러)	0.50	1.37	0.55	1.52	2.32	2.86
주당 EBIT(달러)	0.44	1.15	0.25	1.12	1.85	2.18
주당 순이익(희석, 달러)	0.17	0.46	0.01	0.60	1.10	1.29
주당 잉여현금흐름(달러)	0.17	0.63	0.17	1.14	2.06	2.73
주당 영업현금흐름(달러)	0.30	1.03	0.74	1.68	2.75	3.62
주당 배당금(달러)						
주당 장부가치(달러)	0.66	2.00	5.49	6.35	13.88	15.69
주당 순유형자산(달러)	0.62	1.93	4.84	5.65	5.46	8.14
회계연도 말 주식 가격(달러)			26.62	54.65	78.02	104.66
ROE(%)	17.2	18.9	0.4	11.0	11.3	9.1
ROA(%)	20.3	21.5	0.5	9.1	10.2	8.3
ROTE(%)	18.0	19.6	0.4	12.4	20.9	19.8
ROTA(%)	20.9	22.1	0.5	10.0	17.2	16.0
ROIC(%)	73.0	82.3	1.9	34.0	20.2	14.5
WACC(%)	0.0	0.0	0.0	0.0	7.9	7.8
순이자마진(%)	75.0	76.8	73.2	76.2	82.7	84.0
영업이익률(%)	52.3	47.3	10.6	35.6	40.1	34.7
순이익률(%)	30.7	27.0	1.0	19.1	23.6	20.6
잉여현금흐름 이익률(%)	20.5	25.4	7.4	36.3	44.1	43.5
부채비율(%)	21.9	13.8	20.0	3.1	0.6	0.7
자기자본비율(%)	72.3	77.4	77.8	86.4	90.3	89.5
자산부채비율(%)	15.8	10.7	15.6	2.7	0.6	0.6
GP/A(%)	49.5	61.2	34.8	36.4	35.7	33.7
자산회전율	0.66	0.80	0.48	0.48	0.43	0.40
배당성향(%)						
매출채권회전일수	69.0	53.8	51.6	51.4	49.1	52.1
매입채무회전일수	21.5	26.7	17.4	16.9	29.8	25.0
재고자산회전일수						
현금전환일수	47.5	27.1	34.2	34.5	19.3	27.2
재고자산회전율						
매출총비용률(%)	25.0	23.0	27.0	24.0	17.0	16.0
매출총재고량(%)						

회계연도	2016	2017	2018	2019
주당 매출액(달러)	9.45	13.75	19.12	24.58
주당 EBITDA(달러)	5.08	7.99	10.16	10.63
주당 EBIT(달러)	4.28	6.97	8.69	8.63
주당 순이익(희석, 달러)	3.49	5.39	7.57	6.43
주당 잉여현금흐름(달러)	3.97	5.91	5.26	7.38
주당 영업현금흐름(달러)	5.51	8.19	10.02	12.63
주당 배당금(달러)				
주당 장부가치(달러)	20.61	25.60	29.14	35.43
주당 순유형자산(달러)	13.42	18.68	22.35	28.56
회계연도 말 주식 가격(달러)	115.05	176.46	131.09	205.25
ROE(%)	19.7	23.8	27.9	20.0
ROA(%)	17.9	21.3	24.3	16.0
ROTE(%)	33.1	34.3	37.2	25.3
ROTA(%)	28.2	29.3	31.1	19.3
ROIC(%)	36.3	49.8	56.4	35.2
WACC(%)	4.4	5.8	6.6	10.3
순이자마진(%)	86.3	86.6	83.3	81.9
영업이익률(%)	45.0	49.7	44.6	33.9
순이익률(%)	37.0	39.2	39.6	26.2
잉여현금흐름 이익률(%)	42.0	43.0	27.5	30.0
부채비율(%)		0.5	1.2	11.1
자기자본비율(%)	91.1	88.0	86.4	75.8
자산부채비율(%)		0.4	1.0	8.4
GP/A(%)	41.7	47.1	51.1	50.2
자산회전율	0.48	0.54	0.61	0.6
배당성향(%)				
매출채권회전일수	52.7	52.4	49.6	49.1
매입채무회전일수	29.1	25.4	32.0	39.0
재고자산회전일수				
현금전환일수	23.6	26.9	17.6	10.2
재고자산회전율				
매출총비용률(%)	14.0	13.0	17.0	18.0
매출총재고량(%)				

아마존의 핵심 재무지표

회계연도	2006	2007	2008	2009	2010	2011	2012
주당 매출액(달러)	25.26	34.99	44.37	55.45	75.01	104.29	134.86
주당 EBITDA(달러)	1.56	2.32	2.91	3.56	4.61	4.52	6.17
주당 EBIT(달러)	1.07	1.74	2.25	2.70	3.37	2.17	1.40
주당 순이익(희석, 달러)	0.45	1.12	1.49	2.04	2.53	1.37	−0.09
주당 잉여현금흐름(달러)	1.15	2.79	3.16	6.61	5.52	4.54	0.87
주당 영업현금흐름(달러)	1.66	3.31	3.93	7.45	7.66	8.47	9.23
주당 배당금(달러)							
주당 장부가치(달러)	1.05	2.88	6.27	12.17	15.29	17.09	18.02
주당 순유형자산(달러)	0.52	2.28	4.87	8.00	11.03	11.36	10.81
회계연도 말 주식 가격(달러)	39.46	92.64	51.28	134.52	180.00	173.10	250.87
ROE(%)	56.1	58.5	33.3	22.8	19.0	8.6	−0.5
ROA(%)	4.7	8.8	8.7	8.2	7.1	2.9	−0.1
ROTE(%)	130.6	81.9	42.7	32.6	27.4	12.5	−0.8
ROTA(%)	5.0	9.2	9.3	9.1	8.0	3.2	−0.2
ROIC(%)							169.6
WACC(%)	25.0	21.6	13.4	10.7	9.7	4.2	7.3
매출총이익률(%)	22.9	22.6	22.3	22.6	13.9	12.9	14.3
영업이익률(%)	3.7	4.5	4.3	5.0	4.1	1.8	1.1
순이익률(%)	1.8	3.2	3.4	3.7	3.4	1.3	−0.1
잉여현금흐름 이익률(%)	4.5	8.0	7.1	11.9	7.4	4.4	0.7
부채비율(%)	294.0	114.0	19.9	4.8	9.3	18.2	46.8
자기자본비율(%)	9.9	18.5	32.1	38.1	36.5	30.7	25.2
자산부채비율(%)	29.0	21.0	6.4	1.8	3.4	5.6	11.8
GP/A(%)	61.0	61.8	57.7	50.0	29.1	28.2	30.1
자산회전율	2.66	2.74	2.59	2.22	2.10	2.18	2.11
배당성향(%)							
매출채권회전일수	13.6	17.4	15.8	14.7	16.9	19.5	22.8
매입채무회전일수	80.3	88.9	88.1	107.8	99.8	97.2	92.8
재고자산회전일수	31.9	33.0	31.8	34.3	33.3	35.7	38.4
현금전환일수	−34.8	−38.5	−40.5	−58.8	−49.5	−41.9	−31.6
재고자산회전율	11.44	11.06	11.46	10.63	10.97	10.22	9.51
매출총비용률(%)	77.0	77.0	78.0	77.0	86.0	87.0	86.0
매출총재고량(%)	6.7	7.0	6.8	7.3	7.9	8.5	9.0

회계연도	2013	2014	2015	2016	2017	2018	2019
주당 매출액(달러)	160.11	192.62	224.33	280.97	360.78	465.77	556.59
주당 EBITDA(달러)	8.39	10.49	17.42	25.81	32.72	56.04	74.14
주당 EBIT(달러)	1.39	0.21	4.25	9.04	9.44	25.36	30.91
주당 순이익(희석, 달러)	0.59	−0.52	1.25	4.90	6.15	20.14	23.01
주당 잉여현금흐름(달러)	4.37	4.22	13.95	19.42	13.00	34.59	42.96
주당 영업현금흐름(달러)	11.77	14.81	25.24	35.54	37.25	61.45	76.42
주당 배당금(달러)							
주당 장부가치(달러)	21.28	23.25	28.54	40.68	57.68	89.29	124.62
주당 순유형자산(달러)	14.07	14.41	18.41	30.90	22.87	51.03	86.86
회계연도 말 주식 가격(달러)	398.79	310.35	675.89	749.87	1,169.47	1,501.97	1,847.84
ROE(%)	3.1	−2.4	4.9	14.5	12.9	28.3	21.95
ROA(%)	0.8	−0.5	1.0	3.2	2.8	6.9	5.97
ROTE(%)	4.8	−3.7	7.8	20.4	23.7	56.2	34.01
ROTA(%)	0.8	−0.6	1.1	3.4	3.1	7.8	6.61
ROIC(%)	33.3	10.8	13.0	32.6	15.2	28.9	22.84
WACC(%)	7.0	12.1	10.9	10.8	10.3	13.4	11.34
매출총이익률(%)	15.7	17.4	20.5	22.1	22.9	25.6	26.65
영업이익률(%)	1.0	0.2	2.1	3.1	2.3	5.3	5.18
순이익률(%)	0.4	−0.3	0.6	1.7	1.7	4.3	4.13
잉여현금흐름 이익률(%)	2.7	2.2	6.2	6.9	3.6	7.4	7.72
부채비율(%)	53.2	116.3	105.9	78.9	136.9	91.4	101.8
자기자본비율(%)	24.3	19.7	20.7	23.1	21.1	26.8	27.6
자산부채비율(%)	12.9	22.9	21.9	18.2	28.9	24.5	28.1
GP/A(%)	32.1	32.7	36.8	40.6	37.9	40.6	38.54
자산회전율	2.05	1.88	1.80	1.84	1.66	1.58	1.446
배당성향(%)							
매출채권회전일수	23.4	23.0	19.3	22.4	27.0	26.1	27.08
매입채무회전일수	88.0	81.7	87.5	87.2	92.1	80.5	83.7
재고자산회전일수	39.1	39.0	39.8	37.4	36.6	35.0	33.41
현금전환일수	−25.6	−19.7	−28.5	−27.5	−28.5	−19.3	−23.21
재고자산회전율	9.34	9.36	9.17	9.76	9.97	10.43	10.92
매출총비용률(%)	84.0	83.0	79.0	78.0	77.0	74.0	73
매출총재고량(%)	9.0	8.8	8.7	8.0	7.7	7.1	6.7

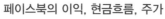

페이스북의 이익, 현금흐름, 주가

(달러)

주가(왼쪽 축)
당기순이익(오른쪽 축)
영업현금흐름(오른쪽 축)
잉여현금흐름(오른쪽 축)

아마존의 이익, 현금흐름, 주가

(달러)

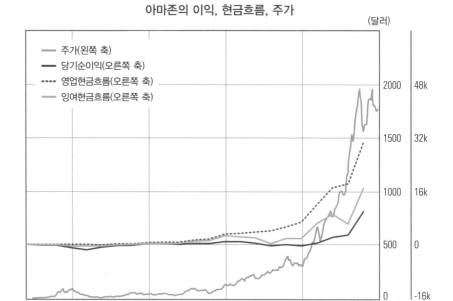

주가(왼쪽 축)
당기순이익(오른쪽 축)
영업현금흐름(오른쪽 축)
잉여현금흐름(오른쪽 축)

아마존도 이익과 현금흐름이 장기적으로 동반해 이익의 질과 예측 가능성은 좋다. 그러나 현재 매수 가격에는 안전마진이 없다.

아마존은 CCC가 마이너스로 뛰어난 비즈니스 모델을 갖고 있다. 이런 플로트를 가지는 비즈니스 모델은 경쟁사를 수익성 및 재무안정성 측면에서 압도할 수 있다. 2019년 4월 중국 전자상거래 3대 기업 중 하나인 징둥이 직원의 10%를 해고했는데, 징둥은 CCC가 50이 넘는다. CCC의 지속적인 마이너스는 경쟁사보다 우위가 있을 때만 가능하다. 타인자본으로 재료를 사서 조기에 판매하고 외상매출금을 조기에 회수하는 것은 경쟁우위가 없으면 불가능하다.

부채비율은 2007년 이전 성장 초기에 290%까지 상승했다가 2008년 경제위기 후 50% 이하로 낮아졌다. 2014년 이후 다시 성장을 위한 투자가 대폭 증가하면서 100% 내외 수준으로 관리하고 있다. 향후 당분간 이 수준으로 관리될 것이다. 기업이 상황에 맞게 부채비율 등을 관리하는지 지켜보면 경영층의 재무지능을 판단하고 투자를 결정하는 데 도움이 된다.

넷플릭스는 이익의 신뢰성이 4년 이상 나빠지고 있다. 비즈니스 모델의 좋고 나쁨을 떠나 회계장부의 신뢰성이 이처럼 낮은 기업에는 신중하게 접근할 필요가 있다. 굳이 한정된 자본을 배분할 이유가 없고, 현재 매수 가격에는 안전마진이 없다. 또한 넷플릭스는 부채를 조달해서 사업을 키우는 기업이다. 2018년 이미 부채비율이 200%에 육박했다. CCC가 마이너스지만 투자 속도가 너무 빨라서 잉여현금흐름이 계속 마이너스다. 미래에 성공할 확률이 크다고 해도 투자 증가 속도가 과도하다. 투자자는 자본배분에 신중할 필요가 있다.

넷플릭스의 핵심 재무지표

회계연도	2006	2007	2008	2009	2010	2011	2012
주당 매출액(달러)	2.06	2.50	3.10	4.09	5.69	8.42	8.75
주당 EBITDA(달러)	0.46	0.66	0.86	0.58	1.65	3.20	4.25
주당 EBIT(달러)	0.13	0.19	0.31	0.49	0.76	1.00	0.12
주당 순이익(희석, 달러)	0.10	0.14	0.19	0.28	0.42	0.59	0.04
주당 잉여현금흐름(달러)	0.10	0.51	0.54	0.68	0.31	0.48	-0.16
주당 영업현금흐름(달러)	0.51	0.61	0.65	0.80	0.73	0.84	0.05
주당 배당금(달러)							
주당 장부가치(달러)	0.87	0.93	0.82	0.52	0.79	1.75	1.92
주당 순유형자산(달러)	0.65	0.65	0.58	0.52	0.79	-1.10	-1.96
회계연도 말 주식 가격(달러)	3.69	3.80	4.27	7.87	25.10	9.90	13.23
ROE(%)	15.3	15.9	21.4	42.4	65.8	48.5	2.5
ROA(%)	10.1	10.4	12.8	17.9	19.4	11.2	0.5
ROTE(%)	20.5	22.1	30.4	51.8	65.8		
ROTA(%)	12.1	12.7	15.6	19.4	19.4	15.1	0.8
ROIC(%)	283.4	115.3	90.2	109.7	131.7	122.3	8.8
WACC(%)	28.7	16.2	8.6	7.3	5.6	2.6	5.7
매출총이익률(%)	37.1	34.8	33.3	35.4	37.2	36.3	26.5
영업이익률(%)	6.5	7.6	8.9	11.2	13.1	11.7	1.4
순이익률(%)	4.9	5.6	6.1	6.9	7.4	7.1	0.5
잉여현금흐름 이익률(%)	5.1	20.5	17.5	16.7	5.5	5.7	-1.9
부채비율(%)		8.5	11.3	119.5	69.6	62.2	53.7
자기자본비율(%)	68.0	62.9	56.4	29.3	29.5	20.9	18.8
자산부채비율(%)		5.3	6.4	35.0	20.6	13.0	10.1
GP/A(%)	76.0	64.9	70.0	91.3	96.9	57.5	27.2
자산회전율	2.05	1.87	2.10	2.58	2.60	1.58	1.03
배당성향(%)							
매출채권회전일수							
매입채무회전일수	54.6	48.5	40.2	31.3	59.9	15.6	11.9
재고자산회전일수			3.8	3.2			
현금전환일수	-54.6	-48.5	-36.5	-28.1	-59.9	-15.6	-11.9
재고자산회전율			97.40	115.49			
매출총비용률(%)	63.0	65.0	67.0	65.0	63.0	64.0	73.0
매출총재고량(%)			0.7	0.6			

회계연도	2013	2014	2015	2016	2017	2018	2019
주당 매출액(달러)	10.29	12.75	15.53	20.13	26.17	35.00	44.62
주당 EBITDA(달러)	5.74	7.37	8.76	12.16	15.79	20.62	26.58
주당 EBIT(달러)	0.47	0.93	0.63	0.94	1.62	3.65	5.95
주당 순이익(희석, 달러)	0.26	0.62	0.28	0.43	1.25	2.68	4.13
주당 잉여현금흐름(달러)	−0.05	−0.30	−2.11	−3.78	−4.51	−6.41	−6.95
주당 영업현금흐름(달러)	0.23	0.04	−1.72	−3.36	−4.00	−5.94	−6.39
주당 배당금(달러)							
주당 장부가치(달러)	3.22	4.41	5.20	6.24	8.28	12.00	17.28
주당 순유형자산(달러)	−1.83	−2.17	−4.89	−10.71	−15.69	−22.27	−38.57
회계연도 말 주식 가격(달러)	52.60	48.80	114.38	123.80	191.96	267.66	323.57
ROE(%)	10.8	16.7	6.0	7.6	17.9	27.5	29.1
ROA(%)	2.4	4.3	1.4	1.6	3.4	5.4	6.2
ROTE(%)							
ROTA(%)	3.9	7.0	2.4	3.1	7.5	12.3	18.2
ROIC(%)	29.1	34.8	15.5	8.3	16.7	16.6	16.2
WACC(%)	15.6	18.4	10.8	6.4	6.6	11.7	11.9
매출총이익률(%)	28.7	31.8	32.3	29.1	31.3	36.9	38.3
영업이익률(%)	5.2	7.3	4.5	4.3	7.2	10.2	12.9
순이익률(%)	2.6	4.9	1.8	2.1	4.8	7.7	9.3
잉여현금흐름 이익률(%)	−0.5	−2.3	−13.6	−18.8	−17.2	−18.3	−15.6
부채비율(%)	37.5	47.7	106.7	125.5	181.4	197.8	194.7
자기자본비율(%)	24.6	26.4	21.8	19.7	18.8	20.2	22.3
자산부채비율(%)	9.2	12.6	23.2	24.8	34.2	39.9	43.4
GP/A(%)	26.8	28.1	25.4	21.6	22.5	25.9	25.7
자산회전율	0.93	0.88	0.79	0.74	0.72	0.70	0.67
배당성향(%)							
매출채권회전일수							8.2
매입채무회전일수	12.7	19.6	20.2	18.3	16.3	20.6	19.8
재고자산회전일수							
현금전환일수	−12.7	−19.6	−20.2	−18.3	−16.3	−20.6	−11.6
재고자산회전율							
매출총비용률(%)	71.0	68.0	68.0	71.0	69.0	63.0	62.0
매출총재고량(%)							

넷플릭스의 이익, 현금흐름, 주가

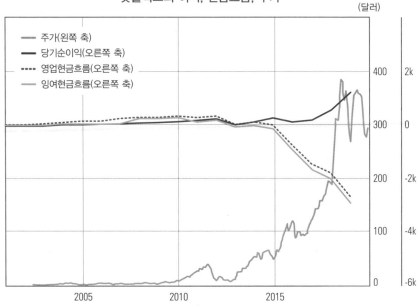

(달러)

- 주가(왼쪽 축)
- 당기순이익(오른쪽 축)
- 영업현금흐름(오른쪽 축)
- 잉여현금흐름(오른쪽 축)

구글의 이익, 현금흐름, 주가

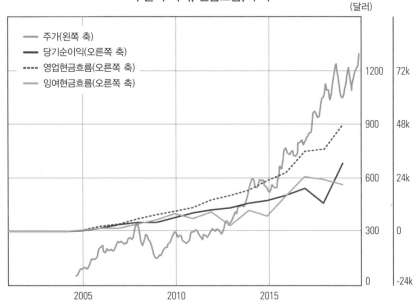

(달러)

- 주가(왼쪽 축)
- 당기순이익(오른쪽 축)
- 영업현금흐름(오른쪽 축)
- 잉여현금흐름(오른쪽 축)

구글은 CCR 1 이상 수준을 7년 이상 꾸준히 유지하고 있다. 또한 현금/자산 비율을 지속적으로 50% 이상으로 유지해 이익과 자산의 신뢰성, 재무안정성이 매우 뛰어나다. 정상 ROCE도 17%로 글로벌 상장기업 중 0.1% 내 수준이다. 관건은 매수 가격인데 현재는 고평가 상태다.

위와 같이 애플은 이익, 자산의 신뢰성 및 재무안정성의 3단계 필터링을 통과했다. 또 경제적 해자가 깊고 넓다. 따라서 이후 5년 동안 이익이 지속될 가능성이 크다. '무형자산/자산 = 0%'는 재무상태표를 가장 보수적으로 계상하고 있음을 의미한다.

3단계: 가치 평가 = 미래 ROE 25%

20년 전부터 현재까지 일관성 있게 축적된 자산의 질과 양에 의거해서, 향후 5~10년 ROE는 25%로 예상된다. 미래 배당성향 및 자사주 매입을 감안하면 복리 12% 채권성 기업이다.

4단계: 가격 책정 = PER 26

애플 적정 PER = 주식시장 PER 16 × (애플 ROE 25% / S&P 500 평균 ROE 15%) = 26

합리적 매수 PER = 26(적정 PER) ± 10% = 24~28

5단계: 매수 여부 판단

적정 PER: 26

현재(2020년 2월) PER: 25.67

현재 적정 PER에 근접하므로 분할 매수한다. 단기적으로 가격은 내재 가치(현금흐름)에 수렴하지 않기도 한다. ROE의 지속 확률은 결국 소비자의 제품과 서비스 만족도에 따라 좌우되므로 경영층의 자본배분 능력, 연구개발, 소비자의 충성도 등을 계속 지켜보아야 한다. 기업은 살아 있는 존재로서 결코 정태적 상태가 아니므로 투자자는 사업을 한다는 태도로 투자 대상 기업을 관찰해야 한다. 정량 지표인 ROE와 함께 기업의 경쟁력도 동태적으로 보아야 한다.

인디텍스

INDITEX

기업 개요

기업명	인디텍스
사업 분야	의류
창립 연도	1985년(지주회사 인디텍스 설립)
경영자	파블로 이슬라
시장 정보	스페인 BMAD, ITX
본사 소재지	스페인 라코루냐주 아르테익소
연간 매출액(2020년 1월)	283억 유로
연간 순이익(2020년 1월)	36억 유로
종업원(2020년 1월)	174,386명

인디텍스는 자라 브랜드를 앞세운 세계 최대 패션 기업으로 2020년 2월 현재 96개국에 진출해 7,400개가 넘는 매장에서 의류를 판매한다. 자라 외에 자라홈, 마시모두띠, 버시카, 풀앤베어, 스트라디바리우스, 우테르케 등의 브랜드가 있다.

소비자의 반응에 대응해 기민하게 생산함으로써 매출을 늘려나가면서 재고는 최소화하는 특유한 비즈니스 모델을 창안해 운영하고 있다. 다른 패션회사들은 시즌에 맞춰 1년에 서너 차례 의류를 대량 제조해 공급하는 반면, 인디텍스는 일주일에 2~3회 주기로 새롭고 다른 의류를 제공한다. 소규모 물량을 먼저 내놓은 뒤 소비자 반응을 파악하고 이를 반영해 기민하게 생산해낸다. 그래서 디자인에서 매장 진열까지 15일밖에 걸리지 않는다.

새로운 스타일은 5일이면 기본형을 만든다. 또 제조의 60% 이상을 가까운 곳에서 수행한다. 원단과 재료의 60%를 본사 가까이에서 조달하고, 제조 협력사의 7,000여 개 공장은 스페인, 포르투갈, 터키, 모로코에 있다. 자라의 총자산 대비 재고자산 비율은 15%로 경쟁사 H&M의 45%를 큰 격차로 앞선다. 이 시스템은 전산 전문가 출신인 호세 마리아 카스테야노가 1980년대에 구축했다. 그는 대형 물류 기지도 세웠고 1984년에 CEO로 선임되었다.

인디텍스는 아만시오 오르테가가 창업했다. 그는 아내 로잘리아 메라와 함께 1963년 의류업을 시작했다. 그가 디자인한 옷을 부부가 집에서 함께 지었다. 부부는 첫 자라 매장을 1975년에 열었고, 인기 있는 스타일을 저렴한 가격에 공급하며 빠르게 회사를 키워나갔다. 그러다가 자라 브랜드와 제조 공장을 보유한 지주회사 인디텍스를 1985년 설립하고

2001년에 상장했다. 오르테가는 2011년 파블로 이슬라 CEO에게 전권을 넘기고 은퇴했다. 파블로 이슬라는 2005년에 영입되었고, 패스트패션 혁명을 완성했다고 평가된다. 그는 신제품 개발 및 생산 효율을 더욱 향상해서 신제품 출시 주기를 기존 2주에서 주 2~3회로 줄였다.

인디텍스는 2010년 미국 갭을 제치고 매출 기준 세계 1위 의류회사로 올라선 후 계속 정상을 유지하고 있다. 해외 매장 대부분을 직접 운영하고, 외국인이 부동산을 보유하지 못하는 국가에서만 프랜차이즈를 통해 판매한다. 2007년에 자라 브랜드를 온라인에서 판매한 이래 온라인 채널을 강화해서 202개국에서 온라인 매장을 운영한다.

경제적 해자

93점으로 매우 깊고 넓다.

핵심 지표

주가(유로)	31.1	주당 지표	10년	5년	12개월
시가총액(백만 유로)	97,883.6	매출액 성장률(%)	10.3	10.0	6.5
발행주식 수(백만)	3,114.3	EBITDA 성장률(%)	9.7	7.7	34.4
PER	26.2	잉여현금흐름 성장률(%)	8.2	9.7	0.0
PBR	7.0	장부가치 성장률(%)	12.0	9.5	2.4
PSR	3.6				

* 2020/02/15 기준

핵심 재무지표

회계연도	2006	2007	2008	2009	2010	2011	2012
주당 매출액(유로)	2.17	2.64	3.04	3.35	3.56	4.02	4.43
주당 EBITDA(유로)	0.47	0.58	0.69	0.70	0.78	0.95	1.06
주당 EBIT(유로)	0.35	0.44	0.53	0.52	0.57	0.74	0.82
순이익(희석, 유로)	0.26	0.32	0.40	0.40	0.42	0.56	0.62
주당 잉여현금흐름(유로)	0.21	0.17	0.28	0.27	0.59	0.60	0.39
주당 영업현금흐름(유로)	0.46	0.45	0.59	0.57	0.75	0.82	0.77
주당 배당금(유로)	0.06	0.10	0.17	0.21	0.21	0.24	0.28
주당 장부가치(유로)	0.93	1.11	1.35	1.52	1.71	2.05	2.38
주당 순유형자산(유로)	0.90	1.07	1.31	1.47	1.66	2.00	2.11
회계연도 말 주식 가격(유로)	5.59	8.64	6.63	5.84	9.04	10.98	13.28
ROE(%)	30.5	31.6	32.7	28.1	26.2	29.6	28.0
ROA(%)	17.1	18.3	19.5	17.0	16.4	19.1	18.6
ROTE(%)	31.4	32.6	33.8	29.1	27.0	30.4	30.2
ROTA(%)	17.4	18.7	19.9	17.3	16.7	19.4	19.5
ROIC(%)	39.1	41.1	42.7	38.2	40.5	57.4	54.9
WACC(%)	0.0	8.4	11.9	10.2	8.6	8.4	7.5
매출총이익률(%)	56.2	56.2	56.7	56.8	57.1	59.3	59.3
영업이익률(%)	16.2	16.6	17.5	15.5	15.6	18.3	18.3
순이익률(%)	11.9	12.2	13.3	12.1	11.9	13.8	14.0
잉여현금흐름 이익률(%)	9.5	6.5	9.3	8.1	16.5	14.9	8.7
부채비율(%)	9.8	5.6	9.9	5.2	0.8	0.1	
자기자본비율(%)	55.7	60.1	59.0	60.7	63.9	65.0	67.7
자산부채비율(%)	5.5	3.4	5.8	3.2	0.5	0.1	
GP/A(%)	80.5	84.2	83.3	79.5	78.6	81.7	78.7
자산회전율	1.43	1.50	1.47	1.40	1.38	1.38	1.33
배당성향(%)	23.3	32.3	42.0	52.1	49.7	43.2	45.2
매출채권회전일수	17.7	16.2	17.9	20.5	13.9	14.0	5.7
매입채무회전일수	186.6	164.6	176.5	168.4	161.4	173.0	119.5
재고자산회전일수	74.3	76.7	81.8	83.8	78.6	78.9	81.0
현금전환일수	−94.6	−71.7	−76.7	−64.1	−69.0	−80.1	−32.8
재고자산회전율	4.91	4.76	4.46	4.36	4.65	4.63	4.50
매출총비용률(%)	44.0	44.0	43.0	43.0	43.0	41.0	41.0
매출총재고량(%)	8.9	9.2	9.7	9.9	9.2	8.8	9.0

회계연도	2013	2014	2015	2016	2017	2018	2019
주당 매출액(유로)	5.12	5.37	5.82	6.71	7.49	8.14	9.08
주당 EBITDA(유로)	1.26	1.26	1.32	1.51	1.63	1.71	2.46
주당 EBIT(유로)	1.00	0.99	1.03	1.18	1.29	1.40	1.55
순이익(희석, 유로)	0.76	0.76	0.80	0.92	1.01	1.08	1.17
주당 잉여현금흐름(유로)	0.58	0.51	0.47	0.96	0.87	0.70	1.85
주당 영업현금흐름(유로)	1.00	0.91	1.04	1.45	1.33	1.27	2.22
주당 배당금(유로)	0.32	0.38	0.38	0.40	0.46	0.50	0.66
주당 장부가치(유로)	2.71	2.97	3.35	3.67	4.02	4.34	4.79
주당 순유형자산(유로)	2.45	2.70	3.07	3.38	3.73	4.04	4.59
회계연도 말 주식 가격(유로)	20.74	21.97	26.13	29.95	30.69	28.98	31.08
ROE(%)	29.8	26.9	25.4	26.3	26.2	25.7	24.6
ROA(%)	19.8	17.8	17.2	17.6	17.1	16.9	14.5
ROTE(%)	33.2	29.7	27.9	28.6	28.3	27.6	26.1
ROTA(%)	21.3	19.0	18.3	18.6	18.0	17.7	15.0
ROIC(%)	56.3	49.9	42.4	44.9	48.7	48.5	34.3
WACC(%)	7.9	7.3	5.1	6.2	4.9	5.6	8.0
매출총이익률(%)	59.8	59.3	58.3	57.8	57.0	56.3	55.9
영업이익률(%)	19.6	18.4	17.7	17.6	17.3	17.0	16.9
순이익률(%)	14.8	14.2	13.8	13.8	13.5	13.3	12.9
잉여현금흐름 이익률(%)	11.3	9.4	8.0	14.3	11.6	8.6	20.3
부채비율(%)	0.1	0.1	0.1	0.1	0.5	0.1	45.9
자기자본비율(%)	65.5	67.2	67.8	65.7	64.8	66.7	52.5
자산부채비율(%)	0.1		0.1	0.1	0.3	0.1	24.1
GP/A(%)	79.9	74.5	72.6	73.9	71.8	71.6	63.1
자산회전율	1.34	1.26	1.24	1.28	1.26	1.27	1.13
배당성향(%)	42.2	49.8	47.8	43.6	45.4	46.2	56.5
매출채권회전일수	6.8	6.7	7.2	6.9	7.3	6.2	6.4
매입채무회전일수	127.4	127.3	120.1	124.1	126.3	117.9	116.6
재고자산회전일수	81.3	87.4	85.5	84.0	86.3	86.2	72.9
현금전환일수	−39.3	−33.1	−27.4	−33.2	−32.7	−25.4	−37.2
재고자산회전율	4.49	4.18	4.27	4.35	4.23	4.23	5.01
매출총비용률(%)	40.0	41.0	42.0	42.0	43.0	44.0	44.0
매출총재고량(%)	9.0	9.7	9.8	9.7	10.2	10.3	8.8

1단계: 인디텍스와 경쟁사 비교 분석

인디텍스는 보통 의류회사와 어떻게 다른가? 강력한 지적 자산을 보유하고 적용하는 점이 다르다. 자라가 대표 브랜드인 인디텍스는 전 세계 패션 트렌드를 반영해서 매주 2~3회 옷을 내놓으면서 경쟁사가 따라오지 못할 재고 관리와 현금 관리, 손익분기점 관리를 지속적으로 보여준다. 그 결과 20년 이상 양호한 현금흐름을 바탕으로 주가가 우상향하고 있다.

자라의 리드타임은 성수기 2주, 그 외 기간에 4주다. 다른 의류회사들이 보통 4~8주 혹은 그 이상 걸리는 것을 감안하면 막대한 재고와 넓은 유통망을 관리하고 시시각각 변하는 고객의 선호 디자인과 계절적 수요 등에 대응해 정가 판매율을 높이는 것이 핵심인 의류 산업에서 아주 강력한 경쟁우위가 있다. 유니클로 브랜드를 보유한 패스트리테일링과 H&M의 재고회전율 2.7에 비해 인디텍스의 재고회전율 5는 압도적인 현금 순환과 관리 능력이 있음을 확인할 수 있는 정량적 지표다.

경쟁사로 패스트리테일링을 살펴보자. 이 기업의 CCR은 2년 주기이고 현금흐름 위주로 관리되고 있으며, 인디텍스와 비슷한 패턴을 보인다.

한국 패션회사인 LF와 비교하면 차이를 확연히 알 수 있다. 이익의 신뢰성(질)은 현금흐름과 이익의 동반 여부, 변동성으로 파악할 수 있는데 관리되는 기업과 그렇지 않은 기업은 차이가 크다. LF는 이익과 현금흐름(영업현금흐름, 잉여현금흐름)이 동반하지 않아서 이익의 신뢰성(질)이 낮음을 볼 수 있다.

이익이 아니라 현금흐름이 내재가치이고 주가는 현금흐름에 수렴한

인디텍스의 이익, 현금흐름, 주가

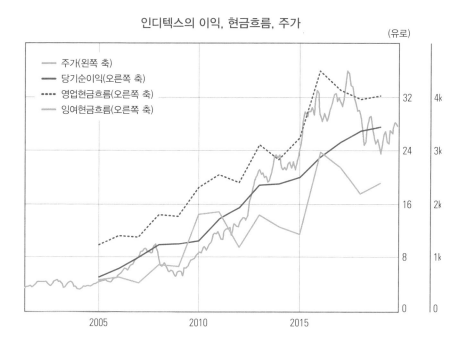

(유로)

- 주가(왼쪽 축)
- 당기순이익(오른쪽 축)
- 영업현금흐름(오른쪽 축)
- 잉여현금흐름(오른쪽 축)

패스트리테일링(유니클로)의 이익, 현금흐름, 주가

(엔)

- 주가(왼쪽 축)
- 당기순이익(오른쪽 축)
- 영업현금흐름(오른쪽 축)
- 잉여현금흐름(오른쪽 축)

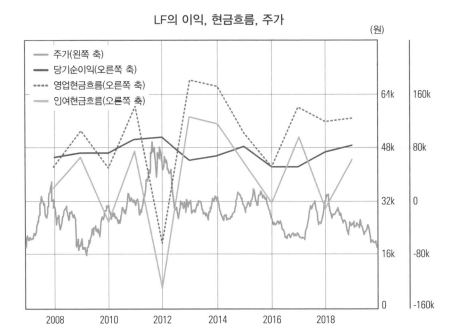

LF의 이익, 현금흐름, 주가

다. 이익은 의견이고 현금은 실제라는 것을 그래프에서 다시 확인할 수
있다. LF는 인디텍스와 패스트리테일링에 비해 관리 개념이 적다.

인디텍스, 패스트리테일링, LF의 CCR 비교

회계연도	2012	2013	2014	2015	2016	2017	2018	2019
인디텍스	1.3	1.2	1.3	1.6	1.3	1.2	1.2	1.9
패스트리테일링	1.8	1.0	1.5	1.2	2.1	1.8	1.1	1.8
LF	3.0	2.5	1.3	1.0	2.7	1.6	1.5	2.3

* 2019년 결산 기준일은 인디텍스 2020년 1월 말, 패스트리테일링 2019년 8월 말, LF 2019년 12월 말임

2단계: 영업현금흐름/이익(CCR) 1 이상, 현금/자산(CAR) 10% 이상, 무형자산/자산(IAR) 15% 미만, 부채비율 50% 미만

인디텍스의 CCR은 교과서와 같다. 즉, 현금흐름과 이익이 장기간 동반하고 현금과 수익성이 관리되고 있다. 안정적인 현금흐름은 안정적인 주가 상승으로 이어진다. 계산되는 투자가 가능한 기업이다.

14년간 핵심 재무지표를 보면 수치 대부분이 일관성 있고 체계적으로 관리되고 있다. 이런 지적 자산은 몇 년간 자본과 시간을 투입한다고 해서 만들어지는 것이 아니다. 전사적 조직이 장기간 유기적으로 경영될 때만 만들어진다. 투자 분석 시 숫자를 계속 관찰하면 차츰 알 수 있다. 그래프를 보면 잉여현금흐름(내재가치)이 주가의 원인이고 사전 신호라는 것이 명확하다. 사업(투자)의 본질이 현금 창출이라는 점에서 당연하다. 인디텍스의 비법이 되는 무형자산은 오랜 시간과 자본을 들여야 비로소 축적된다. 한국의 대기업들도 패스트패션 사업에 몇 년간 수조 원을 투입했지만 인디텍스와 패스트리테일링의 대항마가 되지 못했다.

사업이 잘되고 규모가 커야만 숫자가 관리되는 것은 아니다. 사업이 안될수록 더 관리해야 잘될 기회가 열린다. 투자는 절대적으로 최고인 기업을 고르는 것이 아니다. 상대적으로 시간이라는 변수에 강하다는 것이 증명되고 향후에도 그럴 확률이 높은 기업에 자본을 배분하는 것이다. 투자에서 예측하는 것은 재미있지만 틀리기 쉽고, 비교해서 선택하는 것은 쉽고 맞힐 확률도 높다. 투자뿐 아니라 일상에서도 사람들은 예측하기를 좋아하고, 시장은 다중의 기대에 부응하는 예측가를 만들어내기를 좋아한다. 재미보다 현실적 해결책을 추구하는 투자자가 되길 바란다.

3단계: 가치 평가 = 미래 ROE 20%

일관된 재무 관리 능력, 경쟁사와 비교할 수 없는 막강한 공급망, 재고 관리 능력으로 향후 5~10년 ROE는 20% 내외로 예상된다. 현금 보유량이 많고 부채가 적으며 리드타임이 짧아 현금 순환이 훌륭하므로 배당, 자사주 매입, 재투자 등 주주에게 ROE를 지켜줄 버퍼가 크다. 다만 높은 배당성향을 고려해 연 복리 9% 채권성 기업이다.

4단계: 가격 책정 = PER 26

인디텍스 적정 PER = 주식시장 PER 16 × (인디텍스 ROE 23% / S&P 500 평균 ROE 15%) = 24

합리적 매수 PER = 24(적정 PER) ± 10% = 22~26

5단계: 매수 여부 판단

적정 PER: 24

현재(2020년 2월) PER: 25.7

현재 매수 시 안전마진이 없다. 다만 패스트리테일링, LF, H&M과 비교해서 강력한 경쟁우위를 지닌 기업이므로, 장기간 보유한다면 약간의 프리미엄은 문제가 되지 않는다. 합리적 매수 PER에 들어 있으므로 장기간 보유할 투자자라면 조금씩 분할 매수하는 것을 권장한다.

명품 기업의 경쟁우위 간략하게 보기

경쟁우위(해자)는 크게 두 가지로 분류할 수 있다.

1. 특정 요소가 압도적으로 우수한 경우
2. 몇 가지 필수 요소가 융합 증폭된 경우

기업(국가도 비슷) 대부분의 경쟁우위는 2에 해당된다. 예를 들어 에르메스는 '장인정신 × 예술성 × 희소성 × 최고의 재료 × 관리'가 융합(곱하기 효과)한 결과로 생긴 경쟁우위이며, 여기서 한 가지 요소만 결핍되어도 경쟁우위는 거의 없어진다.

삼성전자는 '최고의 제품 및 서비스 × 마케팅, 재고, 인사 및 재무 관리 능력 × 축적된 무형자산' 등이 융합되어 경쟁우위를 만들었고, 역시 하나라도 결핍되면 곧 사라진다. LG전자가 핸드폰, 전자제품에서는 어떻게 보면 삼성보다 우수하지만, 브랜드 마케팅, 연구개발, 인사 및 재무 관리 등에서 삼성에 많이 떨어진다.

나이키는 '제품의 본연적 기능성 × 디자인 능력 × 재고, 마케팅 및 재무 관리 × 희소성과 대중성의 균형'으로 경쟁우위를 차지했다.

국가와 기업의 경쟁우위(사람의 경쟁우위도 비슷)는 유무형의 필요조건과 충분조건이 유기적으로 결합된 결과다. 경쟁우위는 이렇게 만들어지고 지켜진다. 하나가 아니고 정태적이지도 않다. 곱하기이므로 어떤 필수조건이 0에 가까워지면 경쟁우위도 거의 사라진다. 더하기가 아니라 곱하기가 핵심이라는 점을 잘 생각하기 바란다. 좋은 것도 나쁜 것도 곱하기 효과로 적용된다.

3장

현금주의 투자의
거시적·융합적 적용

인플레이션 시대와
현명한 투자

통화량이 지난 10년간 실물 생산성을 월등히 초과하는 규모로 발행되었다. 이런 상황에서 현명한 투자자라면 구매력을 보전하고 적정 수익을 얻을 수 있는 우량 기업과 우량 부동산에 대한 자본배분 비중을 높여야 한다.

2008년 미국발 금융위기 후 10년간 미국, 중국, 유럽, 일본 등 세계 주요 국가 통화량은 연복리 15% 이상 증가했다. 특히 중국은 공식 통계 외에 숨겨진 정부 지출을 감안하면 연복리 20% 정도로 증가한 것으로 추산된다. 전 세계는 말 그대로 헬리콥터에서 돈을 뿌렸고 현재도 뿌리고 있다.

10년간 생산성 향상 속도가 미국 연복리 3%, 한국 4%, 중국 8%, 일본 2%인 것을 고려할 때, 통화량 증발은 실물 생산성을 연복리 10%포인트 이상 초과한 정도로 누적되었다. 우량 부동산과 우량 기업의 자산 가격은 주요국 모두에서 정도의 차이는 있지만 대폭 상승했다. 이 추세는 중장기적으로 유지될 것이다. 각국의 생산성, 통화량과 자산 가격 상승의 상관관계를 분석해보자.

주식과 부동산의 자산 가격은 해당 자산의 자본생산성 향상과 화폐가치 하락에 수렴해 필연적으로 상승한다. 또한 이는 투자수익률에 영향을 미친다.

자산 가격 = f(자본생산성, 화폐가치)

가격은 가치에 수렴한다. 이 근본 원리는 모든 자산에 적용된다. 주식과 부동산 모두 개별 자산의 자본생산성(내재가치)과 화폐가치라는 요인

실물자산 가격 상승의 두 가지 요인

자본생산성 증가
(가치, ROE)

＋

화폐가치 하락
(인플레이션)

→

주식, 부동산
가격 상승

에 의해 자산 가격의 상승과 하락이 결정된다. 우리 자산을 확실히 감소시키는 두 가지 요인은 세금과 인플레이션이다. 그중 화폐가치의 지속적인 하락인 인플레이션은 자산을 소리 없이 가져가는 가장 무서운 변수다. 인플레이션의 원인은 화폐 증발이고, 이는 인류사에서 언제 어디서나 공통적으로 발견되는 정치적 현상이다. 세금에 비해 화폐량 증발에 의한 화폐가치 하락은 덜 직접적이어서, 시간이 어느 정도 지나서야 느껴지기 시작한다.

화폐가치가 지속적으로 하락하는 지금, 투자자의 첫 번째 목표는 구매력을 보전하는 것이다. 이 목표를 달성하려면 수익성이 화폐가치 하락 속도에 못 미치는 예금이나 채권을 벗어나 우량 기업, 우량 부동산에 자본배분을 많이 해야 한다.

인플레이션 시기가 경제 역사의 90% 차지

화폐가치 등락을 기준으로 인류의 역사 2,000년을 분류하면 인플레이션 시기가 90% 이상이었고 디플레이션 기간은 10% 미만이었다. 인류는 경제생활을 시작한 이래 2,000년 이상, 즉 로마 이후 오늘에 이르기까지 항상 생산물(생산성 증가 속도)을 초과해 화폐를 공급했고 이로 인해 필연적으로 90% 기간에 인플레이션과 초인플레이션을 경험했다. 그리고 10% 기간에 디플레이션을 거친 뒤 다시 인플레이션을 시작했다.

로마는 경제적 측면에서는 통화 증발로 인한 인플레이션으로 멸망했다. 190년부터 은화의 은 함량이 급격히 줄어들면서 은화 화폐가치가

고대 로마 후기 은화 화폐가치 하락(64~271)

3세기 로마는 은화의 은 함량이 0% 가까이 떨어지면서 세계 최초의 인플레이션을 겪었다.

출처: SocGen

계속 하락했고 그에 따른 물가 상승으로 성난 민심이 로마제국을 버렸다. 로마 멸망 직전 150년 이상 연 3%의 인플레이션이 지속되었다. 지금도 3%가 완만한 인플레이션이라고 말하지만 이는 복리 효과를 무시한 무지일 뿐이다. 150년간 3% 복리라면 물가가 84배로 상승한다. 로마제국이 쇠망한 데는 많은 이유가 있었지만, 중요한 원인은 로마제국 후반기인 서기 150년 이후 150년간 지속된 연 3% 정도의 인플레이션과 과도한 정부 지출이었다(여기서도 복리의 무서움을 알 수 있다).

로마 정부의 경기 부양책과 공공사업은 오늘날처럼 보편화되었다. 사람들은 로마제국의 복잡성을 과소평가하지만 관료주의는 우리와 거의 비슷했다. 지역사회재투자법(Community Reinvestment Act)과 같이 사람들에게 일자리를 제공하기 위한 법이 종종 만들어졌다. 로마의 정책은 오늘날 우리의 정책과 매우 유사하다. 그들은 지역사회재투자법 외에도 실업법안 등 현재와 비슷한 제도를 운용했다.

오늘날과 마찬가지로 정부 관료주의와 지출도 문제였지만 더 근본적

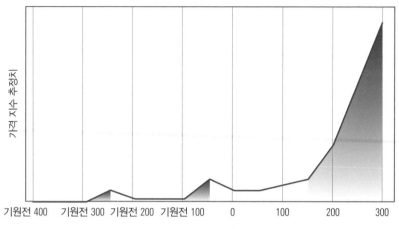

로마의 물가 상승(기원전 400~기원후 300)

출처: David Hackett Fischer 《The Great Wave》

인 문제는 화폐 남발에 의한 인플레이션이었다. 로마제국은 인플레이션이 만연한 끝에 망하게 되었다. 인플레이션율은 시간이 지남에 따라 복리로 증가했다.

황제 디오클레티아누스(재위 284~305년)는 즉위 후 재정적자를 크게 하는 대규모 공공사업을 벌였다. 거대한 건축 사업은 소아시아에 새로운 수도를 만드는 것으로 시작되었다. 또한 군비 지출을 크게 늘리고 관료제를 확대했다. 이런 모든 활동의 자금을 마련하기 위해 황제는 로마 인구 전체를 대상으로 과다하게 세금을 인상했다. 그 결과 세금 부담으로 생산, 저축 및 투자의 생산성이 하락하면서 상업과 무역도 감소했다.

세금으로도 재정수입이 충분하지 않자 황제는 통화 남발에 의존했다. 정부는 로마 시민과 제국 전역의 시민들에게 가치가 훼손된 동전을 받아들이라고 요구하는 법을 통과시켰다. 그 결과는 피할 수 없었다. 사람들은 은이 많이 함유된 동전은 쟁여두고 시장에서는 가치가 낮은 동전을 사용하기 시작했다. 황제가 점점 더 쓸모없는 형태의 돈을 더 많이 발급함에 따라 인플레이션은 더욱 악화되었고 사회의 불만이 폭발했다. 요약하면 로마가 멸망한 요인 중 중요한 경제적 요인은 화폐 남발에 의한 장기간 물가 상승이었다.

1920년대 독일 바이마르공화국이 멸망한 가장 직접적인 이유도 제1차 세계대전 패전 이후 보상금을 지급하느라 통화량이 증발한 데 따른 초인플레이션이었다. 독일인들은 그 후 나치 정부를 선택했다. 중국의 1940년대 장제스 국민당 정부도 공산당과의 전쟁 비용을 충당하려고 화폐를 남발해 식량 등 가격이 폭등하면서 민심을 완전히 잃었다. 이것이 국민당이 패퇴한 근본 원인이었다. 통화량 남발은 언제 어디서나 화폐가치 하락에 의해 지나친 물가 상승을 일으키고 결국 정권을 교체해버린다. 반복된 역사적 교훈이다.

영국은 20세기 후반부터 인플레이션율이 급격히 상승했다(222쪽 참조). 이런 현상은 미국, 일본, 중국, 한국 모두 정도의 차이일 뿐, 예외가 없다. 중국을 보면 20년 소비자물가지수가 연 2% 정도 상승한 것으로 발표되었다. 실제 물가와는 엄청난 차이가 있다. 20년 전에는 2~3만 위안 정도면 인구 300만 명 정도의 소도시에서 25평 집을 구입할 수 있었다. 지금 이 돈으로는 1평을 살 수 있다. 실제 화폐가치도 20년 동안 20분의 1 이하로 하락했다.

지난 106년 동안 미국은 전 세계에서 화폐가치가 가장 적게 하락한 국가다. 그럼에도 불구하고 달러 가치 하락이 적지 않다. 다음 그래프는 지난 106년간 소비자물가지수로 측정한 연간 인플레이션율이다. 미국

영국의 750년 인플레이션(1264~2014)

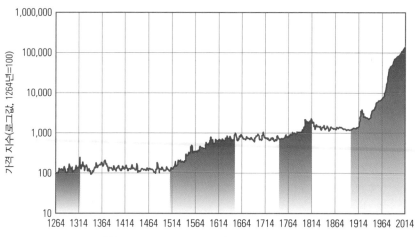

출처: Phelps—Brown and Hopkins 《A Perspective of Wages and Prices》, 영국 통계청

미국 소비자물가지수(1913~2019)

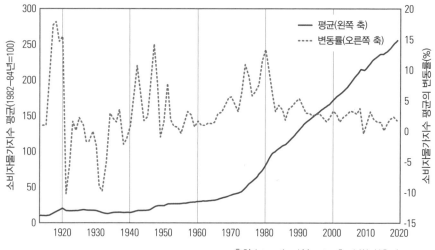

출처: International Monetary Fund, World Bank

전 세계 인플레이션 지도(2019)

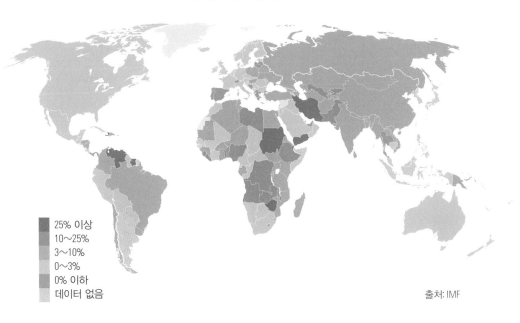

25% 이상
10~25%
3~10%
0~3%
0% 이하
데이터 없음

출처: IMF

소비자물가지수는 1913년 수치를 10으로 놓았을 때 2019년 말 250으로 상승했다. 즉, 지금 1달러의 구매력은 1913년 구매력의 25분의 1이다. 전체 기간 연복리 인플레이션율은 약 3%다. 완만한 수준의 물가 상승(화폐가치 하락)조차도 복리로 장기간 경과하면 매우 치명적인 결과를 낳는다.

2019년 시점의 국제통화기금(IMF) 자료를 보면 전 세계는 2~3% 수준의 인플레이션이 진행 중인 것을 알 수 있다. 인류사에서 종이 화폐가 이렇게 장기간 증발하는 시기가 없었다. 투자자는 이 의미를 명확히 알고 있어야 한다. 예금 소유자에게서 우량 기업 주식, 부동산 소유자에게로 지속적으로 자본이 재분배되는 시대다. 투자자의 첫 번째 목표는 구매력 보전이어야 한다.

비교적 완만한 3%의 인플레이션에도 대비하지 못하면 투자자의 자산은 24년 후 절반으로 감소한다. 현재 실질 화폐가치 하락 속도는 더 빠르다. 2008년 이후 10년간 미국, 중국, 유럽, 일본 등에서 증발한 화폐량이 2경 원 정도로 추산된다. 화폐량 증발 속도는 최소 연복리 15%로 계산되는데 전 세계 생산성 향상 속도는 연복리 3% 미만이다. 실물자산 가격이 전 세계 대부분 국가에서 연복리 7% 이상 상승한 것은 당연한 귀결이었다.

2019년 다시 통화량 정책이 완화되는 것을 고려하면 향후에도 비슷한 정도의 실물자산 가격 상승이 진행될 것이다. 단지 시간의 문제일 뿐이다. 지나친 저금리를 선호하고 통화량 증발을 선호하는 정책 성향을 '비둘기파'라고 하는 것은 이해하기 힘들다. 화폐가치 안정을 통한 물가의 지속적 안정을 추구하는 정책이 공격적인 의미를 갖는 '매파'로 지칭되는 것도 불가사의다. 물가 상승은 언제나 어디서나 실물자산이 없는 이의 자산을 실물자산을 가진 이에게 계속 이전시키는 나쁜 정치적 현상일 뿐이다. 어느 시대나 화폐가치 안정이야말로 최고의 애민 정책이지만 인기에 영합한 정치경제 지도자는 화폐를 여전히 증발시킨다.

인플레이션은 통화 증발의 결과

"인플레이션은 언제나 어디서나 화폐적 현상이다." – 밀턴 프리드먼
"인플레이션은 정치적 현상이다." – 워런 버핏

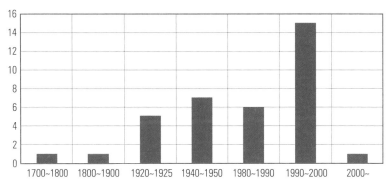

초인플레이션 발생 횟수(1700~2000)

출처: Deutsche Bank

언제 어디서나 인플레이션은 통화량 증가에 기인한 화폐적 현상이다. 20세기 들어 초인플레이션의 발생 빈도가 매우 높아졌다. 각국의 화폐량 증발이 주된 이유다. 국가 생산성이 저하되어 국내총생산(GDP)이 감소하는 전쟁, 혁명, 국가 핵심 산업 붕괴 시기에 화폐량 증발은 초인플레이션(화폐가치 무력 현상)을 필연적으로 불러온다. 역사적으로 영국, 독일, 프랑스, 미국, 중국, 한국, 일본 모두에서 증명되었다. 생산성이 뒷받침되지 않는 화폐량 증발은 곧 국가의 경제적 도산을 의미한다. 따라서 투자자는 개별 기업뿐만 아니라 국가생산성에 관심을 가져야 한다.

통화량 증발 속도가 생산성 향상 속도를 압도하기에 부동산, 우량 기업 등 실물자산의 가격은 그 속도에 수렴해 상승한다. 실물경제 생산성 향상 속도와 통화량 증가 속도의 차이에 따라 정상과 거품 상태를 넘나든다. 그러다 이 차이가 일정 범위를 벗어나면 강한 인플레이션과 초인플레이션 상태로 넘어간다. 기업의 자본생산성과 주가의 격차가 너무 커지면 주가가 심하게 변동하는 것과 비슷하다.

금융기관은 신용 창출이라는 기능으로 돈을 본원통화량의 몇 배로 증가시켜 예금자의 돈 가치를 하락시키며, 이를 통해 부가 일부 섹터와 사람에게 편중 배분되고 자산 불균등이 심화된다.

자본생산성 및 통화량과 자산 가격의 관계

고대 로마, 근대 유럽부터 현재의 한국, 미국, 중국, 영국, 독일 등 각국의 역사적 생산성, 통화량 증가(화폐가치 하락)와 자산 가격의 구체적 상관관계 분석을 통해 투자의 올바른 방향성을 찾아보자.

통화량과 화폐가치는 동전의 앞면과 뒷면, 또는 이음동의어다. 20세기 들어서 생산성 증가 속도에 비해 통화량 증가 속도가 더 큰 것과 동시에 부동산에 과도한 자본배분이 이루어지고 있다. 따라서 주기적으로 자산 가격 거품이 빠지는 시기가 있지만 계속 상승하는 것은 당연한 귀결이다.

인플레이션(화폐가치 하락)을 이해하는 것이 모든 투자의 핵심 중 핵심이다. 역사적으로 가격은 가치(실물경제 가치인 자본생산성, 화폐가치)에 수렴한다. 단, 주식과 부동산은 이 두 가지 요인의 비중이 다를 뿐이다.

자본 소수에 배분 및
부동산 자산의 집중과
소득 격차 확대
2000 ~

소득 과세, 소비 과세
(부동산 과세 폐지)
금융자본의 본격 등장
1900 ~

부동산 과세
(소득 및 소비 무과세)
~ 1900

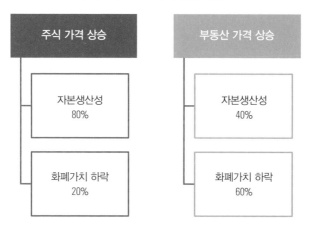

주식과 부동산 가격 상승 요인

영국의 지난 30년에 대한 다음 쪽 그래프들을 상세히 관찰하면 투자자가 얻을 수 있는 인사이트가 적지 않다. 우선 통화량과 주가 그래프(228쪽 위)를 보자. 런던증권거래소의 상위 100종목 지수인 FTSE 100 지수는 2000년대 초 기술주 거품과 2008년 서브프라임 사태 때문에 통화량과 괴리되었지만, 최근 10년은 통화량과 같은 추세로 움직이고 있다.

통화량과 주택 가격(228쪽 아래)은 더 분명한 관계를 보여준다. 부동산은 생산성보다 통화량의 영향을 더 크게 받으며 변동성이 주식보다 상대적으로 적기 때문이다. 그래프를 보면 주택 가격도 통화량과 같은 추세로 움직인다.

물가와 통화량의 관계(229쪽)를 살펴보면 비슷하게 움직이는 것을 알수 있다. 지난 몇 년간 통화량 증가에 비해 소비자물가 상승률이 적었지만 결국 물가 상승으로 귀결된다. 돈은 보통 은행이 개인이나 회사에 대출할 때 신용 창출로 만들어진다. 일반적으로 이 돈은 부동산, 주식, 채

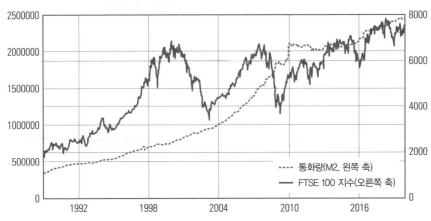

영국 통화량과 FTSE 100 지수(1989~2019)

···· 통화량(M2, 왼쪽 축)
── FTSE 100 지수(오른쪽 축)

출처: Bank of England, Office for National Statistics

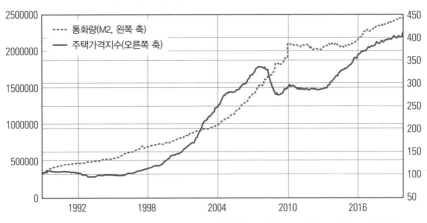

영국 통화량과 주택가격지수(1989~2019)

···· 통화량(M2, 왼쪽 축)
── 주택가격지수(오른쪽 축)

출처: Bank of England, Office for National Statistics

권, 상품(또는 보다 복잡한 파생상품) 구입에 사용된다. 수십 년 동안 반복해
서 일어난 바와 같이 통화량 공급이 확대될 때 풀려난 화폐가 집중적으
로 흘러 들어간 자산은 가격이 상승했다.

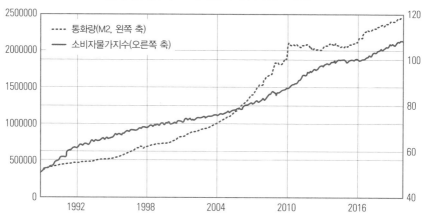

영국 통화량과 소비자물가지수(1989~2019)

- ···· 통화량(M2, 왼쪽 축)
- ── 소비자물가지수(오른쪽 축)

출처: Bank of England, Office for National Statistics

　소비자물가지수 상승과 통화량 증가는 추세는 비슷하지만 차이가 다소 발생하는데, 이는 소비자물가지수를 산출할 때 부동산 가격 상승 같은 중요 요인을 포함하지 않기 때문에 발생하는 왜곡이다. 어느 나라든 정치적 요인을 감안해 소비자물가지수를 산정하기 때문이다. 대표적으로 중국은 공식적으로 20년 동안 소비자물가지수가 연 2%대로 상승했다고 발표하지만, 실질 물가지수는 연 10% 이상 상승했다. 투자자가 볼 지표는 자산 가격을 포함한 실질 물가지수지, 형식적 물가지수가 아니다. 현상의 이면을 보지 못하면 확률적으로 지는 투자 게임을 하는 것이다.

　미국 주식시장도 부동산시장보다는 작지만 화폐량과 상관관계가 크다(230쪽 참조). 통계에 따르면 낮거나 중간 수준의 인플레이션(0~6%)에서는 주식이 최선의 자산 보호 수단이다. 오랜 기간 동안 정상적인 상황에서 주식은 다른 자산보다 투자수익률이 높았다. 인플레이션율이 6%

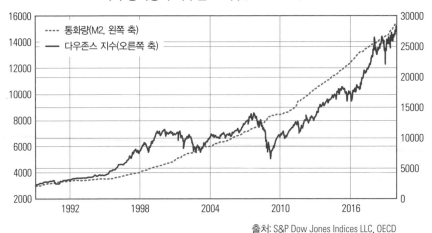

미국 통화량과 다우존스 지수(1989~2019)

---- 통화량(M2, 왼쪽 축)
—— 다우존스 지수(오른쪽 축)

출처: S&P Dow Jones Indices LLC, OECD

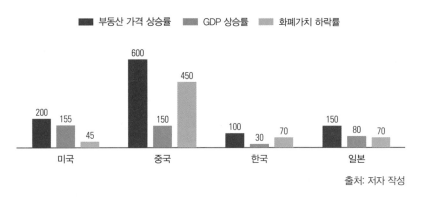

각국의 부동산 가격과 인플레이션(2008~2017)

■ 부동산 가격 상승률 ■ GDP 상승률 ■ 화폐가치 하락률

출처: 저자 작성

를 넘으면 원자재와 부동산이 주식보다 수익률이 좋다는 통계가 있다.
특히 부동산은 연 6% 이상의 고인플레이션 기간에는 주식을 능가하는
경향이 있다. 미국에서는 평가이익에 대한 세금이 판매까지 이연되고,
많은 이익이 세금에서 면제될 수 있기에 미실현 평가이익의 가치가 증

가한다. 마지막으로 투자수익률은 레버리지로 확대된다.

기축통화국인 미국은 생산성 증가량과 속도가 제일 빠르고, 통화량 증가로 인한 인플레이션을 타국에 전가해왔다. 중국은 2008년부터 2018년까지 10년 동안 생산성 증가 속도(연복리 7%)에 비해 화폐가치 증가량(32%)이 너무 커서 부동산 가격 상승(21%) 등 가격 거품이 매우 크게 형성되고 있으며, 역시 타국으로 인플레이션을 전가한다. 준기축 통화국인 일본도 통화량 증가에 의한 화폐가치 하락을 동남아시아에 주로 전가했다.

아래 그래프를 보면 중국은 2000~2019년 19년간 통화량이 10배(연복리 13%) 증가했고, 생산성은 연복리 8% 상승했다. 부동산 자산 가격은 통화량 증가 속도와 비슷하게 상승했다. 미국은 19년간 통화량이 6배(연

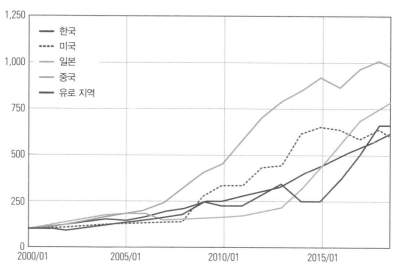

각국 통화량 증가(2000~2019)

출처: 한국은행 경제통계시스템

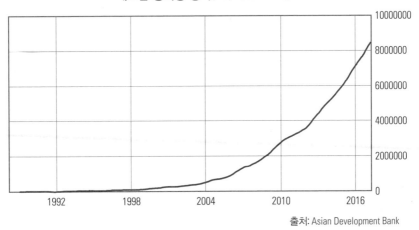

베트남 통화량 증가(M2, 1989~2018)

출처: Asian Development Bank

복리 10%) 증가했는데 생산성은 연복리로 3% 증가했으므로 결론적으로 실질 화폐가치는 연 7% 정도 하락했다. 베트남은 최근 5년간 화폐량이 연복리 16%로 증발하고, 생산성은 연복리 6.5%로 증가하고 있다.

자산 가격은 생산성 증가 속도와 화폐가치 하락 속도 사이에서 결정된다. 생산성이 받쳐주지 못하면 이런 가격 상승은 지속 가능성이 낮아지고 붕괴된다. 생산성을 초과한 통화량 증가가 명목자산 가격 상승의 주된 원인이다. 베트남 사례에서도 이를 확인할 수 있다. 이는 다음과 같은 등식으로 서술된다.

전국(최근 5년): 통화량 증가 16% - 생산성(생산물) 증가 7% = 실질 화폐가치 하
락 9% = 명목자산 가격 상승 9%

하노이 및 호치민: 통화량 증가 32% - 생산성 증가 15% = 명목자산 가격 상승
17%

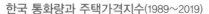

한국 통화량과 주택가격지수(1989~2019)

출처: 한국은행 경제통계시스템, KB국민은행

농촌: 통화량 증가 5% − 생산성 증가 3% = 명목자산 가격 상승 2%

한국 역시 통화량과 부동산 가격이 밀접한 인과관계를 보인다.

전 세계 대도시 아파트의 가치(생산성)는 크게 변하지 않았지만 돈의 가치는 계속 하락했다. 중국의 10년간 돈(현금, 예금)의 실질 가치 하락 속도는 연복리 32% 정도이며, 한국은 연복리 7%다. 현금(예금)의 가치는 산술적으로 통화가치 하락 속도 7~32%에서 예금 이자율 2~3%을 차감한 5~30%만큼 감소한다. 따라서 현금을 주식과 부동산 등의 실물자산으로 자산화하는 것이 훨씬 유리하다.

물가 상승이 지속되는 상황에서 부동산으로 자본이 집중되는 추세는 20세기 들어 가속화되었다. 중요한 이유는 통화량 증발 외에 세제 개편이 있다. 영국의 산업혁명 이후 농업 생산의 기반인 토지가 산업 생산의 근거지로 바뀌고 주요 산업이 공업 생산과 서비스 쪽으로 이동하면서 각국 정부는 주요 과세 대상을 땅과 건물에서 소득과 소비로 변경했다. 이는 부동산 소유자에 대한 인센티브 정책으로 작용했다. 제2차 세계대전 이후 1970년대까지의 세계 경제 번성기가 끝나고 브레튼우즈 체제가 무너진 뒤 집값은 폭등과 폭락을 오가며 요동쳤다. 1980년대 들어서 주택담보대출이 활성화되면서 개인이 주택을 소유할 기회가 넓어졌고 주택담보대출이 금융시장에서 차지하는 비중이 커졌다.

나아가 각국 정부는 주택 공급을 중단하고, 개인이 임차료를 지불하거나 집을 살 때 보조금을 지급하는 쪽으로 정책 방향을 바꿨다. 금융 규제 완화와 부동산담보대출 활성화는 화폐량 증발과 함께 주택 가격 상승과 소득 증가 효과를 가져와서, 한계에 봉착한 각국 경제 성장을 도왔다.

규제 완화 확대와 컴퓨터 발전에 따른 금융 혁신과 함께 은행들이 생산 활동 투자보다 부동산, 특히 주거용 집을 담보로 돈을 빌려주는 주택담보대출을 주 수익원으로 잡으면서 은행과 부동산 소유자에게 자본이 집중 배분되었다. 부동산시장 전반이 경제적 불평등을 심화하는 원인이 되었다. 지난 100년간 세계 대부분 국가에서 부동산의 집중도가 계속 높아지는 것을 볼 수 있다. 이 격차를 줄이기 위해서는 일반 투자자도 반드시 벤치마킹할 필요가 있다.

현대 금융은 신용 창출이라는 이름으로 통화량을 증폭하고 이 증폭된 통화량을 일부 계층에게 집중 배분한다. 이는 곧 자산의 집중도를 높이고 다시 소득의 창출에서도 집중도를 증가한다. 돈이 돈을 만드는 순환 과정이 현대 금융 시스템의 특징이다. 한국 상위 10% 계층은 자산 증가 속도가 복리 6%이고, 하위 10%는 마이너스여서 오히려 자산이 줄어든다. 중국도 상위 10%의 자산 증가 속도가 연복리 12%이고 하위 10%는 마이너스다. 이런 계층 간 순자산 증식의 복리 속도 차이는 정도만 다를 뿐, 모든 나라가 비슷하다.

실물경제의 생산성 증감과 화폐경제의 화폐가치 증감은 서로를 간섭하면서 자산 가격에 직접적인 영향을 주는 두 가지 변수다.

우량 실물자산 보유가 인플레이션 헤지 방안

인플레이션 기간의 최대 희생자는 우량 주식, 토지, 건물, 금, 식량 등 실물자산을 소유하지 않고 예금, 채권과 현금을 소유한 사람들이다. 인플레이션 기간에 자본을 어떻게 배분했는지에 따라 투자자의 수익률은 극적으로 바뀐다. 실물자산(부동산, 우량 주식)에 투자한 사람은 수익률이 높고, 채권과 현금에 투자한 사람은 수익률이 낮다. 국가의 생산성을 초과한 화폐 공급은 이런 문제에 대비한 사람에게는 무이자 보조금을 준 것이고, 대비하지 못한 사람에게는 가혹한 세금을 징수한 결과가 되어 계층 분열로 이어진다. 인플레이션은 세금의 직접 징수에 대한 저항을 피하기 위해 국가가 동원하는 변칙 세금이다. 직접 징수하는가, 아니면 돈의 수량을 증가시켜 국가가 국민의 돈을 가져가는가의 차이일 뿐, 경제적 효과는 동일하다.

예금은 절대 싸지 않다. '이자율 2% = PER 50'이니 이자(이익)의 50배를 주고 산다는 뜻이고, 결국 돈을 태우는 것과 마찬가지다. 금융기관은

생산성, 통화량과 자산 가격(2008~2017)

(단위: 연복리 %)

	통화량 증가율	GDP 상승률	물가 상승률	부동산 가격 상승률
한국	7	4	1.5	6(서울, 경기 일부)
중국	32(4대 도시)	8	2(공식 물가, 실질 물가는 10% 전후 추산)	21(4대 도시)
미국	21(대도시)	3	1.5	7(대도시)
일본	20	2	0.5	6(도쿄)
영국	20	3	1.5	11(런던)
베트남 (2013~2017)	16	6.5	3	12(하노이, 호치민)

통화량 증가와 투자수익률(2008~2017)

(단위: 연복리 %)

	화폐가치 하락률	임대수익률	부동산 가격 상승률	대출 이자율	투자수익률*
한국	5	5	6	4	12
중국	16	5	21	5	37
베트남	9	6	12	8	19

* 투자수익률 = 화폐가치 하락률(대출금의 명목가치 하락) + 임대수익률 + 부동산 가격 상승률 - 대출 이자율

당신의 돈을 몇 배로 부풀려 돈의 가치를 확실히 낮추어버린다. 이는 예금자의 부가 저금리 대출자에게로 이전되는 것을 의미한다. 어느 국가 어느 시대에서도 돈이 증발하는 인류사적 현상은 언제나 부를 예금 등 화폐 소유자에게서 실물자산 소유자에게로 이전한다.

자산 가운데 주택을 구입하는 이점은 다음과 같다. 첫째, 저축이나 투자 습관이 없는 사람들을 위한 강제 저축이다. 둘째, 고정적 현금흐름 범위 내에서 적절한 레버리지로 투자수익률이 증폭된다. 셋째, 시간이 지나 화폐가치 하락 속도가 커지면서 대출금의 실제 가치가 하락하고 투자수익률이 올라간다. 넷째, 주택은 종이가 아닌 실물자산이므로 인플레이션을 효과적으로 방어하고 일정량의 이익을 주는 것이 역사적으로 입증되었다.

주택이라는 자산에는 단점도 있다. 첫째, 세금, 보험료, 유지 보수비, 수수료 등이 들어간다. 둘째, 부채가 과도하면 경제위기 등으로 집값이 내려갈 경우 주택을 잃을 수 있다. 셋째, 환금성이 약하다. 넷째, 판매할 때 거래 비용(부동산 중개 수수료, 검사비, 정부 기관 수수료 등)이 많이 든다.

많은 퇴직자는 기업연금 및 개인연금처럼 인플레이션에 맞지 않는 현금흐름을 가지고 있다. 물가상승률이 평균 3%에 불과하더라도 24년 만에 두 배가 되고 소득 구매력은 절반으로 줄어든다. 인플레이션은 퇴직자에게 가장 중요한 리스크다.

부자들은 인플레이션이 자산 가격에 미치는 영향을 잘 알고 대응한다. 세계 상위 1%에 들어가는 사람들이 자산을 축적하는 원천은 사업 성공 48%, 부동산 투자 25%, 사업 매각 8%, 주식 투자 3% 순이었다. 경험적으로 부동산 투자(우량 기업 투자 포함)가 장기적으로 인플레이션 헤지와 함께 적정 수익을 주었다. 대리인 비용이 적더라도 누적되면 작지 않은 효과가 있다. 주식의 대리인 비용을 연 1%(펀드 수수료 가정) 지불하는 경우와 그렇지 않은 경우, 50년 후에는 투자수익률이 두 배 차이가 난다. 그래서 워런 버핏은 거의 매년 주주서한에서 일반 투자자에게 뱅가드 500 같은 상품에 가입해 최저 수수료로 S&P 500에 투자하라고 강력하게 권고한다. 2019년 KB부자보고서에 따르면, 한국의 부자들이 현재의 자산을 축적한 핵심 원천은 사업소득 47%, 부동산 투자 21.5%, 상속/증

한국 부자의 자산 구성비 추이(2015~2019)

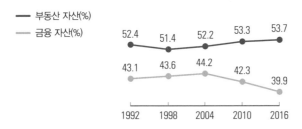

— 부동산 자산(%)
— 금융 자산(%)

52.4 51.4 52.2 53.3 53.7
43.1 43.6 44.2 42.3 39.9

1992 1998 2004 2010 2016

* 부자는 금융 자산을 10억 원 이상 보유한 개인을 의미하며, 자산 구성비는 중간값으로 표기함
출처: KB부자보고서(2019)

현재 자산 형성의 원천(2019)

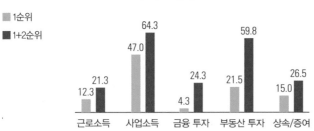

■ 1순위
■ 1+2순위

근로소득 12.3 / 21.3
사업소득 47.0 / 64.3
금융 투자 4.3 / 24.3
부동산 투자 21.5 / 59.8
상속/증여 15.0 / 26.5

출처: KB부자보고서(2019)

여 15%, 근로소득 12.3%, 금융투자 4.3% 순이었다. 금융자산보다 부동산에 훨씬 많은 자본을 배분하고 있는데 이는 다른 국가들과 크게 다르지 않다.

대부분 나라에서 자산 가격 상승을 포함한 실질물가상승률은 소비자물가상승률과 일치하지 않는다. 소비자물가상승률은 생활에 필수적인 재화 및 서비스의 가격 상승률을 제공하는데 무엇보다 생활에 필수적인 주택 매매 가격이 포함되지 않는다. 소비자물가상승률 통계가 실제 현실을 왜곡하는 결정적 이유다. 중국은 지난 5년간 소비자물가상승률을 연 2%로 발표했지만 통화량 증발에 의한 자산 가격 상승을 포함한 실질 소비자물가상승률은 연 10% 이상으로 계산된다. 정도의 차이만 있을 뿐, 각국이 크게 다르지 않다.

미국의 지난 30년간 자산 집중도 그래프(241쪽)를 정리하면, 전체 자산 중 상위 1% 이내가 32.9%, 상위 2~10%가 37.3%, 상위 11~50%가 28.3%, 하위 50%가 1.5%를 가진다. 상위 10%까지가 미국 전체 부의 70.2%를 보유하는 것이다. 추세를 보면 상위 1% 이내 그룹의 자산 비중이 늘어나는 데 반해 나머지 그룹들의 비중은 줄어들고 있다. 통화량 증발에 따라 넘치는 자본이 상위 1% 이내에게 우선 배분된다는 뜻이다.

생산성 증가(GDP 6~7%)와 화폐가치 하락(연복리 10% 전후)이 지속되면서 부동산 가격은 이에 수렴해서 상승한다. 생산성 증가 속도가 화폐가치 하락 속도와 지나치게 벌어지면 초인플레이션 또는 버블 붕괴가 발생할 수도 있다. 단, 외국인 투자자 대다수는 아직은 중국이 생산성이 있으므로 이 생산성(가치)과 가격의 차이인 거품이 유지될 수 있다고 판단한다(241쪽 참조).

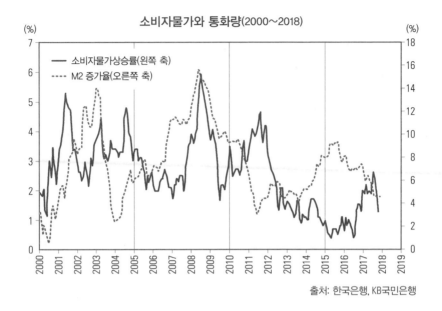

소비자물가와 통화량(2000~2018)

출처: 한국은행, KB국민은행

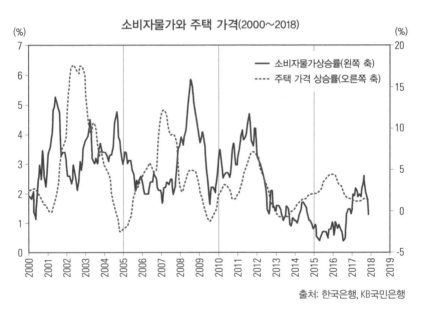

소비자물가와 주택 가격(2000~2018)

출처: 한국은행, KB국민은행

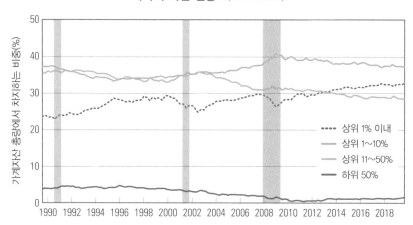

미국의 자산 집중도(1989~2019)

출처: Board of Governors of the Federal Reserve System (US)

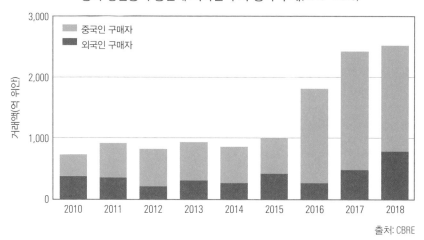

중국 상업용 부동산에 외국인 투자 증가 추세(2010~2018)

출처: CBRE

인문학 빅 아이디어,
지적 거인과 투자 적용

성공적인 투자에는 두 개의 축이 동시에 필요하다. 하나는 숫자로 제공된 정보를 제대로 이해하는 것이고, 또 하나는 사람과 사람들이 만든 세상에 대한 학문인 경제, 경영과 역사, 문화, 심리 등 인문학을 깊이 이해하는 것이다. 이 둘은 지적 거인들, 즉 숫자와 인문학의 빅 아이디어에 통달한 워런 버핏, 나심 탈레브, 피터 드러커, 찰리 멍거, 이나모리 가즈오 같은 대가들의 실제 투자와 경영에서 접할 수 있다. 가치사고, 가격사고, 지적 거인들의 빅 아이디어와 투자 방법을 배우고 실전 투자에 적용해보자.

가치사고와 가격사고

투자자의 수익률은 기업의 현재와 미래의 현금과 매수 가격에 의해 결정된다. 가치사고를 하는 투자자는 기업의 내재가치인 현금흐름과 그 원천인 경제적 해자에 집중하고, 가치에 기반해서 적정 매수 가격을 계산하고, 시장의 주가 변동성을 이용해 가능한 한 저렴하게 매수한다. 가치사고는 과정 지향적인 사고법이다. 반면 가격사고 투자자는 가격의 단기 변동성에 집중하고 그 원인 변수인 현금흐름과 경제적 해자에는 별로 관심이 없는 결과 지향적 사고를 한다.

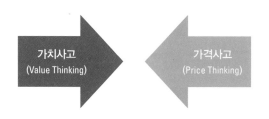

	가치사고	가격사고	비교
비유	야구 선수와 게임 과정에 집중하는 사람	야구의 점수판에 집중하는 사람	기업에 집중 vs 주식시장에 집중
집중	가치 (현금, 현금흐름, 순자산)	가격의 변동과 예측	과정 지향적 vs 결과 지향적
주식 매수 가격	내재가치에 근거해 독립적으로 결정	시장 가격을 근거로 피동적으로 수용	
사고 체계	독립적·연결적 사고	종속적·부분적 사고	주가 변동성: 기회 vs 위험
투자자	가치투자자	기술적 투자자	기술적 투자자는 기업을 사업의 일부로 보지 않고 거래되는 종이로만 인식한다.

워런 버핏과 찰리 멍거의 사고 모델

투자는 상대적인 지적 우위 게임이다. 기업과 세상의 많은 정보와 소음 속에서 핵심만을 간파하고 간략하게 정리하는 추상화 수준에 따라 장기 투자수익률이 결정된다.

투자자들의 추상화 수준은 많은 단계를 거친다. 워런 버핏과 나심 탈레브 같은 사람의 추상화 수준은 9단계로 세계 최고다. 최고 경지에는 단순함이라는 공통된 특징이 있다. 추상화 수준이 10단계라고 하면 투자자 대부분은 3단계 이하이며, 한 단계 차이라도 극복하기 쉽지 않다. 일반 가치투자자라도 자신의 추상화 수준과 능력범위에 맞게 투자하면 원금을 보전하면서 적정한 수익을 장기적으로 얻을 수 있다.

	워런 버핏, 루 심프슨, 나심 탈레브	찰리 멍거	가이 스파이어, 모니시 파브라이, 세쿼이아 펀드	일반 가치투자자
회계	매우 강함 (나심 탈레브 제외)	보통	약함	약함
재무	매우 강함	강함	강함	강함
채권성 사고	매우 강함	강함	강함	강함
확률적 사고	강함	강함	강함	강함
역사 이해	매우 강함	매우 강함	강함	강함
합리적 사고	매우 강함	매우 강함	보통	보통
융합적 사고	매우 강함	매우 강함	보통	보통
복리적 사고	매우 강함	매우 강함	강함	보통

워런 버핏의 빅 아이디어

워런 버핏은 지적 거인들이 업그레이드된 총합이다. 그는 그레이엄식 가치투자로 시작해서 필립 피셔와 찰리 멍거의 영향을 받아 지금의 방법으로 변화·발전했다. 자금 규모가 커지면서 담배꽁초식 가치투자를 하기가 어려워진 것도 한 이유였다.

현재 버핏은 독점성 있는 기업에 자본을 장기 배분하는 것을 원칙으로 하며, 정량적 및 정성적 분석을 조화롭게 결합한 이상적인 가치투자자로 복리 기계(기업)를 원한다. 그래서 지속 가능한 자기자본이익률(ROE) 15% 이상(부채는 없거나 최소)이 투자의 최소 기준이자 목표 수익률이다.

투자수익률은 중장기적으로 투자한 기업의 ROE를 넘어설 수 없기 때문이다. 주기적으로 경제위기가 왔을 때 복리를 주는 자산을 낮은 가격에 매수하는 방법을 통해 부를 효과적으로 늘리고 있다.

한국에서는 그레이엄식 가치투자만 가치투자라고 오해하는 경우가 많다. 버핏의 가치투자 방법은 현금과 현금흐름(내재가치)이 최소 5년 이상 입증되고, 경쟁우위의 지속성이 있는 우량 기업을 합리적 가격에 매수해 집중 투자하는 방법이다. 한국에서 그레이엄식 가치투자가 주류인 것은 역사적으로 유형자산을 기반으로 한 기업이 대부분이기 때문이다.

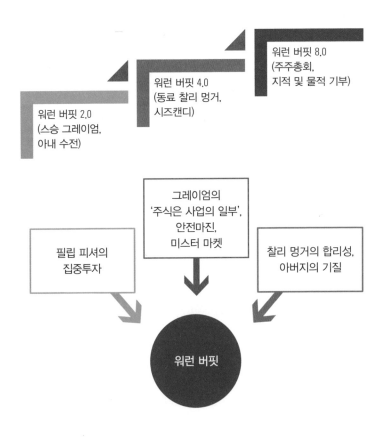

버핏 투자 방법의 발전

	그레이엄식 가치투자	버핏식 가치투자
시기	1972년 이전 버핏	1972년 이후 버핏
투자 기업	버크셔 해서웨이, 워싱턴포스트, 포스코, 페트로차이나 등	시즈캔디, 코카콜라, 골드만삭스, IBM, 애플 등
중요점	장부가액(순자산가치), 유형자산	장부에 계상되지 않는 무형자산 (경쟁우위, 해자, 독점), 현금 창출 능력
창시자	벤저민 그레이엄	필립 피셔 + 찰리 멍거 + 워런 버핏
PBR, ROE	PBR 1 이하, ROE 10% 이하 (복리 개념 없음. 단리 채권 기업)	PBR 3~10, ROE 10년 지속 15% 이상 (복리 개념 투자, 복리 채권 기업)
은유	데이트, 담배꽁초식 투자 (가격이 내재가치에 수렴하면 매도하고, 새로운 대상을 계속 찾음)	결혼, 장기 투자 (신중하게 골라서 최대한 오래 보유해 복리 혜택을 얻음)

외국으로 눈을 돌려보면 많은 우량 기업(시즈캔디, 코카콜라, 애플, 버크셔 해서웨이, 마이크로소프트, 에르메스, 구글, 아마존, 넷플릭스, 미국 3대 신용평가회사, 마오타이, 알리바바, 텐센트 등)이 회계장부상 기록되지 않지만 현금 창출 능력이 있는 무형자산(인적 자산, 독점력 있는 플랫폼, 브랜드, 축적된 시스템)을 기반으로 사업을 영위하는 것을 관찰할 수 있다. 한국에서는 KT&G 홍삼사업부, 네이버, 넷마블 등이 무형자산을 바탕으로 현금을 창출한다. 특히 미국은 200년 전통의 제조회사가 쇠퇴한 이후 무형자산을 기반으로 하는 기업이 산업의 주류로 등장하면서 무형자산에 자본배분을 집중해왔다.

버핏의 투자 방법론에서는 회계상 부채가 자산이 될 수 있고 회계상 자산이 부채가 될 수도 있다. 즉, 회계상 계정과목의 명칭과 무관하게,

그리고 장부 계상 여부에 무관하게 실제 현금을 창출하는지 여부에 따라 자산인지 부채인지를 판단한다. 버핏의 1972년 시즈캔디 투자, 1988년 코카콜라 투자 시점에 두 기업의 PBR은 모두 3이 넘었다. 그레이엄식 가치투자자에게는 안전마진이 없는 완전한 투기로 여겨질 수도 있었다. 당시 10년 만기 미국 국채 이자율이 8~9%를 초과한 것을 감안하면 현재 기준으로 PBR 5 이상인 기업에 투자한 것이기 때문이다. 버핏도 시즈캔디에 투자하면서 비로소 무형자산(경제적 해자)에 대한 눈이 열렸다고 말했다. 버크셔 해서웨이는 최근 2년간 애플을 집중 매수해 애플의 3대 주주가 되었는데 애플 역시 PBR이 5가 넘는다.

가치투자가 PBR이나 PER이 낮은 종목을 선정해 자산을 배분하는 것이라는 인식에 대해 버핏은 2019년 버크셔 해서웨이 주주총회에서 다음과 같이 답변했다.

질문. 최근 아마존 주식 매수는 버크셔의 가치투자 철학에 변화가 생겼다는 뜻인가요?

버핏: 지난 1분기에 토드와 테드 중 한 사람이 아마존 주식을 매수했는데, 장담하건대 둘 다 가치투자자입니다. 사람들은 가치투자가 저PBR, 저PER 등과 관련되었다고 생각하지만, 찰리도 말했듯이 장래에 더 많이 얻으려고 하는 투자는 모두 가치투자입니다. 아마존의 PER이 높긴 해도, PBR이 0.7인 은행 주식을 사는 것과 마찬가지로 여전히 가치투자라는 말입니다. 두 사람은 나보다 훨씬 더 넓은 영역에서 수백 개 종목을 조사하면서, 기업이 마지막 날까지 창출하는 현금 등 온갖 변수를 분석하여 가치투자 원칙에 따라 투자 종목을 선정합니다. 이 과정에서 두 사람의 의견은 서로 일치할 필요가 없으며, 내 의견과 일치할 필요도 없습니다.

버핏의 빅 아이디어 6가지를 차근차근 설명하겠다.

1. 가치 평가와 가격 책정을 구별한다

"시장에서 통상 사용하는 PER, PBR은 가치 평가와는 전혀 상관이 없다. 가치 평가란 투자 대상(기업, 부동산, 기타 자산)이 미래 창출하는 현금을 기대수익률로 할인한 현재 가치를 말한다. 그리고 투자 기업의 적정 가격 산정을 위한 멀티플은 S&P 500 기업의 ROE, ROIC 같은 자본생산성을 기준으로 부여한다." – 워런 버핏

버핏은 가치(현금흐름, ROE, ROIC)를 정량화하고 여기에 경쟁 기업 대비 자본생산성(ROE, ROIC)을 기반으로 배수(멀티플)를 곱해 현재 주가가 적정한지를 비교한다. 가치와 가격과의 상관관계를 정량화하는 것이다. 가치투자의 대가들은 독자적으로 이런 기준을 가지고 있다. 버크셔 해서웨이의 자회사인 가이코의 최고투자책임자로 수십 년간 활동한 루 심프슨도 이런 투자 방법을 적용했다.

첫째, 가치와 가격을 구별한다. 버핏은 가치 평가와 가격 매김을 다르게 사용하며 실제 투자에 적용한다. 투자자 대부분이 둘을 밸류에이션이라는 용어로 혼용하는 것과 확연히 구별된다. 버핏 투자 방법에서 PBR, PER은 가격 지표이지, 가치 지표가 아니다.

둘째, 가치와 가격의 관계를 계산하고 매수 가격(주가)의 적정 여부를 판단한다. 현금흐름, 자기자본이익률, 투하자본이익률의 가치지표는 가격을 결정하는 원인이며 본질이고, 주가는 종속 변수다. 본질에 더 집중하는 투자자가 현명한 투자자다. 버핏처럼 가치(원인)와 가격(결과)의 결정 메커니즘을 알아야 매수와 매도의 가격 기준을 갖게 되며, 비로소 시

장 가격(주가, 자산 가격)의 변동성을 위험이 아닌 기회로 이용할 수 있게 된다. 가치 평가와 가격 매김을 구별하는 실익은 실제 크다.

초보 투자자에서 가치투자 고수로 발전하는 과정

	재무제표	가치와 가격	사고 체계	버핏의 은유
초보 투자자	이해하지 못함 감각적 투자	구분하지 못함	체계화된 투자 방법론 없음	포커판에서 누가 봉인지 모르는 사람
중수	– 재무제표 숫자를 수정 없이 분석 – 회계 계정과목상 부채는 부채, 자산은 자산으로 단순 분석 (예: 재고자산을 모두 자산으로 인식, 지속적인 예수금도 부채로 인식)	– 구분하지 못함 – 자본생산성(ROE, ROIC)과 가격의 관계를 정량화하지 못함	– 정태적 사고만 함 (예: 특정 시점의 가격지표인 PER, PBR이 매수·매도의 주된 기준) – 복리적 사고 불가능	가격의 변동성을 위험으로 인지하고 투자 위험을 모델로 계산 및 예측하는 투자자로, 진정한 가치투자자를 먹여 살리는 사람
고수 (버핏 투자 방법)	재무제표의 이면을 봄 (예: 이연법인세, 보험사 플로트는 회계상 부채이나 실제는 현금을 창출하므로 자산으로 분석)	가치 지표와 가격 지표를 명확히 구별하며 자기만의 정량화 방법 존재 (예: 투자 기업의 ROE, ROIC가 S&P 500 평균 초과 시 멀티플을 부여함)	– 결합 사고(동태적 사고 + 정태적 사고) : 동태적 내재가치 ROE, ROIC + 가격지표 PER, PBR – 복리적 사고: 거부를 이루는 비결은 지속 가능하며 계산 가능한 ROE	명작만을 선택하고 합리적 가격에 매수하여 영원히 보유하는 것을 원칙으로 하는 투자(영원히 보유한다는 원칙은 투자 자세의 은유)

2. 신뢰할 수 있는 기업과 국가에 우선적으로 자본을 배분한다

"당신이 노를 잘 젓는 것보다, 처음부터 물이 새지 않는 배를 타는 것이 훨씬 중요하다." – 워런 버핏

최근(2008~2019년) 미국, 한국, 중국의 인덱스펀드 수익률을 비교해보자. 미국 S&P 500은 연복리 7%, 한국 KOSPI 200은 2%, 중국 CSI 300은 -30%다. 미국, 한국, 중국 기업의 신뢰성(투명성)과 수익성(자본생산성) 차이가 그대로 반영되었다.

미국 S&P 500 기업은 현금흐름과 당기순이익이 대부분 동반하며, 역사적 ROE가 평균 15%다. 한국 상장기업은 평균 ROE가 8~9%로 미국보다 낮다. 한국 기업의 자본생산성은 미국의 절반이고, 따라서 역사적 PER도 미국의 절반 전후인 것은 당연하며, 한국 기업의 주가가 미국보다 저평가되었다는 주장은 맞지 않는다. 중국 기업은 ROE가 평균 15%지만, 현금흐름과 당기순이익이 지속적으로 동반하는 기업은 상장기업의 10% 미만이다. 중국 상장기업들은 기업공개 시 한국 평균의 5~10배를 초과하는 물량(발행주식 수와 금액)을 공급했고 분식회계, 관리 미흡, 대리인 비용 등으로 신뢰성이 낮은 기업이 많다. 현재도 주주이익을 침범하는 유상증자가 대량으로 이루어지고 있다. 중국 기업의 회계 및 재무자료를 철저하게 검증해야 하는 이유다.

3. 정량적으로 신뢰를 계산한다

버핏은 신뢰할 수 있는 기업, 즉 투명한 기업에만 투자하며, 신뢰성은 정량적·정성적 필터로 반드시 검증한다. 신뢰성 필터링은 투자 원금을 잃지 않기 위한 과정으로, 버핏 투자 방법론에서 핵심 중의 핵심이다.

정량적 신뢰성 검증 방법은 현금흐름과 이익이 지속적으로 동반하는 지를 따져보는 것이다. 아울러 자산의 실제적 현금 창출 능력을 분석하는 것이다. 이 검증 방법을 삼성전자, 애플, 도시바, 밸리언트 제약, 텐센트를 예로 들어 설명하겠다.

삼성전자는 우리나라 상장기업 중 지속적으로 양질의 이익과 자산을 기록하고 있는 기업이다. 현금흐름과 이익이 10년 이상 동반하고, 현금은 자산의 15% 이상을 유지하며, 적정보유현금을 50% 이상 초과 유지하고 있다. 현금과 현금흐름은 기업의 실질 상황을 가장 잘 대변하는 지표다. 현금은 산소와 같아서 위기 시에 진가를 발휘하며 오히려 위기를 이용해 더 강해질 수 있는 수단을 제공한다.

삼성전자의 현금은 생존 수단이자 미래 번영을 위한 수단이다. 삼성전자가 반도체 산업에서 주기적으로 장기간 치킨게임을 하면서 경쟁자를 도태시켜 독점력을 강화할 수 있는 것도 현금과 현금흐름의 힘이 뒷받침하기 때문이다. 현금 자체가 가장 강력한 방어 자산이자 공격적 자산이며, 경쟁자를 압도할 수 있는 강력한 경쟁우위다. 버핏 투자 방법에서 기업은 현금을 부족 또는 최적이 아니라 최대한 여유 있게 가져야 한다. 버크셔 해서웨이도 비상 현금을 200억 달러 이상 유지하는 것을 원칙으로 한다.

애플은 이익과 자산의 질이 전 세계 상장기업 중 가장 우수한 기업에 속한다. 애플의 보유 현금 총량은 2018년 4월 270조 원에 달했고, 이 금액은 한국 전체 상장기업의 보유 현금과 비슷하거나 큰 규모다. 버핏은 과거부터 현재까지 지속적으로 현금 보유와 현금흐름 창출 능력이 검증된 기업 중에서 미래에도 현금 창출 능력이 최소 5~10년 계산되는 기업에 집중 투자한다. 버핏이 설명한 애플 투자 이유는 첫째, 강력한 현금 창출 능력과 자사주 매입, 현금 배당, 투자 등 현명한 자본배분 능력이고, 둘째, 소비자를 독점할 수 있는 애플의 생태계 무형자산이다.

도시바는 이익과 자산의 질이 지속적으로 낮다. 즉, 현금흐름과 이익이 거의 동반하지 않고 자산 대비 보유 현금 비율이 낮은 상태를 벗어나지 못하고 있다. 도시바는 2015년 회계분식이 발각되어 투자자에게 막대한 손실을 입혔다. 신뢰성이 낮은 기업은 무조건 제외하는 것이 버핏 투자 방법론의 핵심이다.

캐나다의 제약회사인 밸리언트 제약은 이익과 자산의 신뢰성이 매우 나빴다. 5년 이상 이익과 현금흐름이 동반하지 않았다. 또한 자산 대비 현금의 비율이 3% 미만이었다. 월스트리트 투자은행 출신 최고경영자가 계속 비정상적 차입 매수로 기업을 키우고 제품 가격을 과도하게 상승시켰다. 이 회사는 2016년까지 해도 미국, 캐나다의 수많은 연기금이 총애했다. 그러나 버핏과 멍거는 이 회사의 방만한 경영과 신뢰성이 낮은 비즈니스 모델을 여러 번 비판한 바 있다.

이 기업의 현금/자산은 2005년 40%에서 2010년 3.8%, 2015년 1.2%로 급격히 줄어서, 2010년 이후로는 필수 운영 자금에도 크게 못 미쳤다. 영업권은 현금 창출 능력이 없는, 회계상으로만 자산이었는데 2005년 36%에서 2010년 86%로 상승했다. CEO인 마이클 피어슨은 경영자로서의 신뢰성이 없었다.

밸리언트에 자본을 배분한 세쿼이아 펀드, 빌 애크먼, 연기금 등 기관 투자가는 30조 이상 투자 손실을 기록했다. 믿을 수 있는 기업에만 투자해야 한다는 버핏과 멍거의 주장이 또다시 입증된 유명한 투자 사례다. 회계 및 재무 자료의 정량적 신뢰성(투명성)이 없는 기업에는 투자하지 않는 것이 버핏 투자 방법의 핵심이다.

텐센트는 이익과 자산의 신뢰성이 매우 양호하며, 독점력 있는 무형자

밸리언트 제약의 재무상태표

(단위: 백만 달러)

회계연도	2005	2006	2007	2008	2009	2010	2011
현금 및 현금등가물	446	835	438	318	124	400	170
매출채권	133	129	174	91	112	283	569
재고자산	89	79	81	60	83	230	355
기타 유동자산	17	15	15	22	24	107	263
총유동자산	685	1,058	707	490	343	1,020	1,358
감각상각 후 유형자산	200	212	238	148	104	282	414
무형자산	1,011	798	731	821	1,436	9,374	11,223
기타 장기자산	134	125	106	142	166	117	113
총자산	2,029	2,192	1,782	1,624	2,059	10,795	13,108
매입채무 & 미지급비용	150	215	318	218	215	553	516
단기차입금	24	11			12	117	111
이연법인세부채	61	62	49		22	22	17
기타 유동부채	38	122	1	49		1	280
총유동부채	274	410	368	267	249	692	924
장기차입금	412	399		64	380	3,574	6,540
퇴직급여부채							
비유동부채				85	69	1,487	1,227
기타 장기부채	122	81	117	6	6	130	488
총부채	808	890	484	422	705	5,884	9,178
자본금							
이익잉여금	−290	−233	−278	−320	−246	−935	−2,030
기타 포괄손익누계액	49	43	63	26	44	99	−280
추가납입자본금	1,461	1,492	1,514	1,496	1,557	5,747	6,240
총주주자본	1,220	1,302	1,298	1,202	1,354	4,911	3,930
소수 지분							
총자본금	1,220	1,302	1,298	1,202	1,354	4,911	3,930

회계연도	2012	2013	2014	2015	2016	2017	2018
현금 및 현금등가물	916	600	323	597	542	720	721
매출채권	914	1,676	2,076	2,687	2,517	2,130	1,865
재고자산	531	883	889	1,257	1,061	1,048	934
기타 유동자산	416	726	844	966	957	848	691
총유동자산	2,777	3,886	4,132	5,507	5,077	4,746	4,211
감각상각 후 유형자산	463	1,234	1,312	1,442	1,312	1,403	1,353
무형자산	14,450	22,600	20,639	41,636	34,678	30,804	25,143
기타 장기자산	260	250	221	380	2,462	544	1,785
총자산	17,950	27,971	26,305	48,965	43,529	37,497	32,492
매입채무 & 미지급비용	932	1,415	1,877	2,597	2,479	2,848	2,662
단기차입금	491	217	7	839	1	209	228
이연법인세부채	11	86	29	533			
기타 유동부채	389	795	795	1,344	1,129	1,211	946
총유동부채	1,823	2,513	2,708	5,313	3,609	4,268	3,836
장기차입금	10,535	17,163	15,228	30,265	29,845	25,235	24,077
퇴직급여부채	5	172	240	191			
비유동부채	1,248	2,319	2,221	5,903	5,434	1,180	885
기타 장기부채	621	571	506	1,264	1,383	870	879
총부채	14,233	22,738	20,903	42,936	40,271	31,553	29,677
자본금							
이익잉여금	−2,371	−3,279	−2,398	−2,750	−5,129	−2,725	−5,664
기타 포괄손익누계액	−119	−133	−916	−1,542	−2,108	−1,896	−2,137
추가납입자본금	6,208	8,530	8,593	10,202	10,389	10,470	10,534
총주주자본	3,717	5,119	5,279	5,910	3,152	5,849	2,733
소수 지분		115	122	119	106	95	82
총자본금	3,717	5,233	5,402	6,029	3,258	5,944	2,815

밸리언트 제약의 이익, 현금흐름, 주가

텐센트의 현금흐름, 당기순이익, 주가

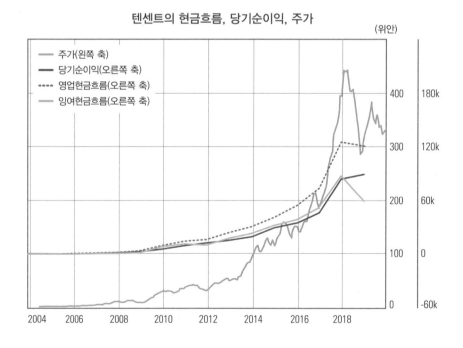

산이 존재함을 정량적으로 보여준다.

4. 현금과 플로트를 중시한다

버핏은 현금 보유량이 자산의 20% 이상이며 적정보유현금이 경쟁 기업을 확실히 초과하는 기업에 자본 대부분을 배분한다. 적정보유현금은 기업의 필수 운영 자금, 자본적 지출, 인수합병 자금, 비상 현금을 기반으로 계산할 수 있다. 최근 15년간 재무제표를 보면 삼성전자, 버크셔 해서웨이, 코카콜라, 애플, 마이크로소프트, 구글, 알리바바, 텐센트 등 글로벌 상위 1% 기업은 현금을 적정보유현금보다 30% 이상 여유 있게 보유하며 계속해서 측정·관리한다. 플로트를 가지고 있다는 공통점도 있다. 반대로 주기적으로 닥치는 경제위기 때 도산하는 기업은 대부분 보유 현금이 적정 수준에 현저히 미달했다. 적정보유현금을 계산하고 지속적이고 체계적으로 관리하는 기업도 글로벌 상장기업의 10% 미만이다.

버크셔 해서웨이는 매년 보험사 및 비보험 자회사에서 오는 플로트와 현금을 바탕으로 경제위기 때마다 기업을 저가 매수한다. 이를 통해 안티프래질한 기업이 되고 있다. 블랙스완 시 강해질 수 있는 수단이자 거의 유일한 자산은 현금이다. 반대로 현금이 부족한 기업과 국가는 경제위기 시마다 프래질해서 주기적으로 사라지거나, 강한 기업과 국가에 부를 비자발적으로 이전한다.

5. 자본생산성을 철저히 계산해서 투자한다

"버크셔 자회사 편입 조건은 부채가 없거나 최소한의 부채로 달성한, 입증된 높은 ROE를 가진 기업입니다. 이런 조건은 상장시장에서 주식을 매수하는 경우에도 동일합니다."

"이상적인 기업은 자본을 사용하지 않으면서 성장하는 기업입니다. 그런 기업이
소수 있으며, 우리도 몇 개 보유하고 있습니다. 우리는 그런 기업 중 100억, 200
억, 300억 달러 규모인 기업을 인수하고 싶습니다. 버크셔는 에너지의 사업에는
막대한 자금이 들어갑니다. ROIC가 괜찮은 수준이긴 하지만 저자본 기업에는 비
할 바가 못 됩니다. 실제로 우리 자회사 몇 개는 ROIC가 연 100%에 이릅니다.
차원이 다른 기업이지요. 버크셔의 ROIC는 11~12%로 꽤 괜찮은 수준이지만 저
자본 기업과는 비교가 되지 않습니다." - 워런 버핏

버핏이 투자할 때 주로 사용하는 재무지표는 자기자본이익률(ROE),
사용(투하)자본이익률(ROIC), 유형자산이익률(ROTA)이다.

애플의 수익성은 미국 상장기업 중에서도 지속적으로 최고 수준이다.
버핏이 설명한 대로 애플을 매수한 이유다. 즉, 버핏은 역사적으로 검증
된 수익성에 더해 향후 5~10년간 현금 기준 수익성이 유지될 가능성이
높은 경우에만 투자한다.

애플의 ROE와 ROIC

	2013	2014	2015	2016	2017	2018	2019
ROE(%)	31	34	46	37	37	49	56
ROIC(%)	38	35	40	31	29	35	42

자료: 모닝스타

6. 채권성 기업(주식)을 매수한다

버핏은 채권성 기업을 매수한다. 그 기준을 살펴보자.

첫째, 최소 10년간 무부채나 최소한의 부채로 ROE와 ROIC를 15% 이상 기록해야 한다. 둘째, 향후 5~10년에도 ROE 15% 이상을 지속할 수 있는 경제적 해자가 있어야 한다. 경제적 해자는 진입장벽, 경쟁우위, 독점력 등을 기반으로 한다. 셋째, 취득 가격 대비 미래 주당 당기순이익(현금이익)을 최소 5년 단위로 계산할 수 있어야 한다. 예를 들어 1988년 코카콜라 매입 당시 PER이 23(주가 23달러/주당 당기순이익 1달러)이었다고 하자. 5년 후 주당 당기순이익이 4.6달러로 계산되면 PER은 23/4.6 = 5가 되고, 이를 역수로 계산하면 채권 이자율 20%인 복리 채권과 마찬가지다. 코카콜라는 2018년 현재 투자 원금의 120%를 연이자로 받는 복리 채권 기업이 되었다. 주가도 당연히 여기에 수렴해 상승했다. 넷째, 미국 S&P 500에서 주로 투자 대상을 고른다. 이는 확률적 접근이다. 미국 GDP는 한국의 15배를 초과하고 상장기업은 6,000개 전후다. 버핏은

코카콜라의 가치(현금, 이익)/지불 가격 = 복리 채권

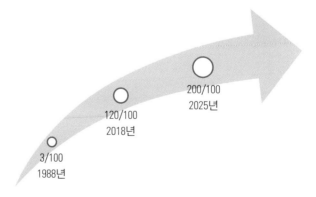

200/100
2025년

120/100
2018년

3/100
1988간

다시 500여 기업 중 투자 대상을 고른다.

버핏의 위대한 가르침은 주식, 부동산, 예금, 채권을 동일한 투자 원리로 바라보는 것이다. 특히 일반 투자자도 쉽게 알 수 있도록 예금, 채권성 주식이라는 개념으로 주식 투자를 설명하고 있다. 상대적 확실성이 강력한 소수 기업의 주식은 예금·채권의 속성과 동일하다고 보고 투자하는 것이다. '예금과 채권처럼 미래가 범위 내에서 계산되는 기업에 투자하자'가 버핏의 쉽지만 위대한 가르침이다.

"채권을 살 때는 미래의 일을 정확히 예상할 수 있다. 만약 9% 이자율의 30년 만기 채권에 투자한다면 30년간 이자표(쿠폰)에 금액이 분명히 인쇄되어 있는 셈 이다. 주식을 사도 역시 이자표가 붙어 있는 무언가를 사들이는 셈이다. 단 한 가 지 문제가 있다면 이 이자표에는 이자율이 인쇄되어 있지 않다는 것이다. 이 이 자표에 금액을 인쇄해 넣는 것이 내가 하는 일이다." – 워런 버핏

적용 가능한 주식은 부채비율이 큰 변화 없이 ROE와 ROIC를 최소 10년 이상 10% 이상 유지하는 기업이다. 강력한 경쟁우위가 있을 때만 미래 ROE가 범위 내에서 추산 가능하다. 글로벌 상장기업 중에서 예금 채권성 기업은 1% 미만이다.

버핏과 잡스의 공통점

"우리는 매사에 단순함을 추구한다. 그러나 그것이 용이함을 의미하지는 않는다."
– 워런 버핏, 찰리 멍거
"우리는 세 개의 바구니, 즉 가져갈 것, 버릴 것, 너무 어려운 것을 가지고 있다.

우리에게 굉장한 직관력이 없다면 너무 어려운 것 바구니에 주저 없이 넣어버려야 한다." - 찰리 멍거

"단순함은 궁극의 정교함이다." - 스티브 잡스

"단순함이 복잡함보다 더 어렵다. 열심히 노력해야만 사고를 깔끔하게 정돈해 단순하게 만들 수 있다. 그러나 결국 그 작업은 의미가 있는데, 일단 그 경지에 이르면 산도 움직일 수 있기 때문이다." - 스티브 잡스

워런 버핏과 스티브 잡스의 공통점

	워런 버핏	스티브 잡스	비고
사고	타인이 아니라 거울을 보는 독립적 사고	타인이 아니라 거울을 보는 독립적 사고	대중으로부터의 의도적 고립
단순함	투자 환경과 투자 스타일	제품과 디자인	삶과 사업(한 장짜리 계약서 - 워런 버핏)
진정성	일관성+정직성+투자자+기업	Stay hungry, stay foolish	가치

워런 버핏 업그레이드

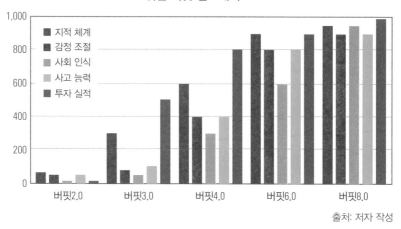

출처: 저자 작성

지적 거인들의 빅 아이디어

숫자와 인문학에 통달한 지적 거인들의 빅 아이디어를 배우고 실전 투자에 적용해보자.

	나심 탈레브	이나모리 가즈오	피터 드러커	손자(손무)	밀턴 프리드먼
빅 아이디어	안티프래질, 블랙스완	현금 경영, 회계 경영	생산성, 관리	보전, 선승구전 (이겨놓고 싸우기)	화폐가치 하락 (인플레이션)의 역사성, 필연성
주요 경력	20년 파생상품 거래, 대학교수, 저술가	교세라 창업, 일본항공 부활, 손정의 등 일본 최고 경영자들의 스승, 일본 3대 경영의 신 중 유일하게 생존	증권 분석, 조세, 경영 컨설팅, 대학교수, 세계적인 컨설팅 그룹인 맥킨지를 컨설팅함	춘추 시대 전쟁 학자 및 병법가	미국 공화당 정부(레이건, 부시), 영국 대처 정부 경제 정책의 이론적 뒷받침, 대학교수
사회 영향	블랙스완을 예측하기보다는 변수에 상대적으로 강해지는 안티프래질 상태를 추구하라.	경영자와 투자자는 반드시 회계를 공부하라.	경영자의 의무는 생산성 향상이다. 생산성을 측정하라, 평가하라, 관리하라.	2,500년간 동서양의 전쟁 전략, 전술 및 경영 전략에 지대한 영향을 주었다.	케인스의 실물 경제·정부 개입 경제와 대비되는 화폐 경제·시장 경제의 이론과 실무를 제공했다.
투자 적용	상대적으로 강한 기업에 자본 배분하기, 긍정적 블랙스완(독점력 있는 기업, 부동산 등) 노출하기, 부정적 블랙스완(예를 들어 부채비율 높은 기업, 신뢰성 낮은 기업 등) 피하기	회계 투자하기, 현금 기준으로 투자하기	자본생산성이 높고 지속성 있게 관리되는 기업에 자본 배분하기	원금 보전하기, 높은 확률을 확보한 상태에서 투자하기(신뢰성×수익성×재무안정성)	화폐가치 하락을 이기는 투자, 기업과 부동산의 이익, 자산 가치 상승과 화폐가치 하락에 수렴하는 자산 가격 상승

일본 기업 최고경영자들의 최고 스승인 이나모리 가즈오와 버핏은 서로 통한다. 두 구루의 공통점을 다음과 같이 정리할 수 있다.

이나모리 가즈오	워런 버핏
현금 베이스 경영	현금과 현금흐름 중시
일대일 대응 경영	정량적 검증 중시
근육질 경영	고정비(레버리지) 최소
완벽한 경영	디테일 중시
이중 체크 경영	다양한 검증 중시
부가가치 경영	ROE, ROIC, ROTA 중시
투명 경영	신뢰성 중시

가치투자자도 실패하는가

가치투자자도 기업의 신뢰성을 정량적·정성적으로 제대로 검증하지 못하면 실패할 수 있다.

가이 스파이어는 옥스퍼드대에서 공부했고 경제학과를 수석으로 졸업했다. 경영컨설팅회사에서 근무한 후 하버드 경영대학원을 다니고 월스트리트 투자은행을 거쳐 자신의 펀드인 아쿠아마린펀드를 17년 넘게 운용하며 탁월한 실적을 올렸다. 워런 버핏을 열렬히 추종하는 그는 버핏투자조합의 기법을 복제해서 운용한다. 그는 2007년 워런 버핏과의 점심 식사권을 65만 100달러에 낙찰받아 모니시 파브라이, 워런 버핏과 함께 점심 식사를 했고, 이후 몇 차례 더 만나 이야기를 들으면서 가치투자자로 거듭났다.

모니시 파브라이는 1950년대 워런 버핏이 설립한 버핏투자조합을 모델로 1999년 헤지펀드회사인 '파브라이 인베스트먼트 펀드'를 설립해 대표로 있다. 투자 전문가로 유명해서 〈포브스〉, 〈배런즈〉, CNBC, 블룸버그 등에 다수 출연했고 책도 7권 출간했다.

이 저명한 투자자들에게 2015~2016년 10% 이상 손실을 끼친 회사가 있다. 아연을 생산하는 호스헤드홀딩스(징크)다. 이 기업은 뉴저지에 터를 두고 성장해 수 년 동안 미국 최대의 아연 및 아연 제품 생산회사였다. 두 투자자가 투자한 당시 아연 가격이 역사상 최저점으로 하락했기 때문에 호스헤드홀딩스는 당기순손실을 기록했고 시가총액은 2014년 8억 달러(9,552억 원)에서 1억 달러(1,193억 원)로 급감한다. 가이 스파이어와 모니시 파브라이는 인터뷰할 때 상방이 열리고 하방이 닫힌 투자를 한다고 말하는데, 호스헤드홀딩스에서 이런 옵션성을 발견해 투자한 것으로 보인다. 만약 아연 가격이 회복되고 회사가 버텨준다면 큰 이익을 벌 수 있는 상황이었다. 원자재를 취급하는 기업에서 중요하게 봐야 할 것은 첫째가 견고한 재무상태표이고 둘째는 낮은 생산비용이다. 기업이 최우선으로 삼아야 할 덕목은 생존인데 격변기에 생존한 기업은 결국 다른 기업들을 통합해서 성장하기 때문이다. 성장과 그 밖의 요소들은 생존한 이후 따라오는 경로 의존성을 가지고 있다고 볼 수 있다.

호스헤드홀딩스는 2014년에서 2015년으로 넘어올 때 단기 차입금이 4억 달러였고 2015년 부담해야 할 이자비용은 3,900만 달러로 2010~2011년의 당기순이익에 버금갈 정도였다. 보유한 것은 현금

호스헤드홀딩스의 이익, 현금흐름, 주가

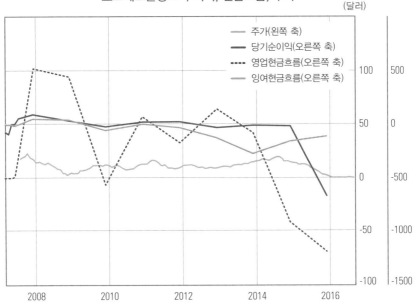

4,000만 달러, 매출채권 4,200만 달러, 재고자산 4,000만 달러였다. 자산을 급하게 매각한다 해도 유동성을 확보하기 어려워 보였다. 게다가 급매로 처리하는 자산은 대부분 제값을 받지 못한다. 결국 이익과 현금흐름의 신뢰성이 떨어졌고 현금흐름이 마이너스로 전환되어 차입금 상환이 불투명했다. 2016년으로 넘어갈 때는 자산 대비 현금성 자산이 10%에서 5%로 더 감소하고 자본 침식 상태가 되었다. 2016년 9월 호스헤드홀딩스는 그레이울프 캐피털 매니지먼트 소유의 개인 회사로 파산했고 현재 아메리칸 징크 리사이클링으로 운영되고 있다.

독자들이 여기서 배워야 할 두 가지가 있다. 첫째, 분명히 투자의 핵심 중 하나는 상방이 열리고 하방이 닫힌 옵션성이다. 하지만 이 옵션성은 비대칭성과 합리성이 동반되어야 한다. 합리성이 결여된 옵션성은 투자 실패로 연결될 수 있다는 것을 명심하라. 둘째, 두 투자자처럼 재무적 잣대로 비대칭적 이익 기회를 발견하더라도 능력범위를 넘는 투자라면 바벨 전략을 사용하는 것이 좋다. 예상 가능한 이익 범위가 매우 커서, 포트폴리오에서 낮은 비율로 구성해도 성공하면 전체 포트폴리오를 기준으로 상당한 이익을 볼 수 있고, 실패하더라도 손실을 제한할 수 있기 때문이다. 투자자는 항상 정량적으로 회사의 건전성, 신뢰성을 검증해보아야 한다.

다행히도 두 투자자는 포트폴리오의 버크셔 해서웨이 비중을 20% 수준에서 유지해서, 호스헤드홀딩스에서 큰 손실을 입었지만 양호한 투자 실적을 10년 이상 보이고 있다.

복식부기, 거시경제와 투자 적용

이 장에서는 복식부기의 개념이 무엇이고 복식부기적(양면적) 사고가 어떻게 거시경제에 적용되는지 알아보고, 이를 확장해 국가 자본생산성을 분석한다.

복식부기는 단식부기와 달리 원인과 결과를 동시에 숫자로 보여주는 획기적인 방법이다. 복식부기의 발달을 살펴보면 재무상태표가 가장 먼저 작성되었고 다음으로 손익계산서가 기록되었으며 마지막으로 현금흐름표가 탄생했다.

국가 경제도 기업처럼 복식부기적으로 분석할 수 있다. 국가 재무상태표의 순자산이 증가하고 국가 현금흐름표상 경상수지가 증가하면 주식시장과 부동산시장이 강세를 띤다. 국가의 경상수지는 기업의 현금흐름에 해당한다. 환율은 국가라는 회계 단위의 가격이고 기업의 주가에 해당한다. 경상수지가 호전되면 그 나라 통화의 가치도 상승한다.

기업의 현금흐름은 결과이고, 그 원인은 자산의 생산성이다. 국가도 마찬가지다. 국가의 생산성이 현금흐름표상 경상수지를 낳는다. 따라서 투자자는 투자 대상 국가 전체의 생산성에도 주의를 기울여야 한다. 미국은 1900년 이후 지금까지 '세계 1위 생산성 국가'라는 지위를 지켜왔다. 그 저력의 근본 바탕이 무엇인지, 우리나라가 배워 실행할 점은 무엇인지 살펴본다.

국가의 생산성에 영향을 미치는 주요 요인 중 하나는 국가 지도자와 지도층의 분야별 시간 배분 기준이다. 한편 자본의 생산성 측면에서 한국의 국민연금과 대학기금의 경쟁력을 국제적으로 살펴본다. 미국의 자본생산성과 투자수익률을 따라가려면 한국도 투자지능을 높이면서 장기적으로 자산을 축적하는 투자를 해야 한다.

복식부기와 투자

복식부기란 기업 내의 경제적 거래를 차변(왼쪽, 원인, 결과)과 대변(오른쪽, 결과, 원인)이라는 형태로 동시에 기록하는 방식이다. 즉, 한 거래를 원인과 결과의 복식(양면 사고)으로 기록한다. 반대로 단식부기는 가정에서 가계부를 쓸 때 사용하는 방법으로, 현금 기준으로 수입과 지출을 단식(한 줄에 기입, 단면적 사고)으로 표기한다. 복식부기는 언제든지 원인과 결과를 동시에 연속적으로 숫자로 기록하기 때문에, 특정 시점에서 숫자를 검증할 수 있는 획기적인 방법이다.

인류는 1,500년간 현금 기준의 단식부기를 사용해서 경제적 거래를 기록했다. 그러다가 이탈리아 피렌체 등 지중해 도시에서 복식부기를 발명했다. 거래 규모가 커지고 거래상대방이 세계로 퍼져나가면서 모든 거래를 현금 기준으로 처리할 수 없게 되었기 때문이다. 자연스럽게 현금 기준이 아닌 발생주의 기준으로 거래를 기록하면서 복식부기가 탄생했다. 외상매출과 외상매입처럼 당장 현금이 오가지 않더라도 추후 현금이 수반되는 것을 전제로 복식부기가 나온 것이다.

여기서 현명한 투자자라면 바로 발생(이익) 기준이 아닌 현금 기준이 사업과 투자의 본질이라는 것을 알 수 있을 것이다. 15세기 재무상태표가 가장 먼저 탄생했고, 다음으로 손익계산서, 마지막으로 400년에 걸친 발생(이익) 기준 기록의 문제를 보완하기 위해 100여 년 전 영국에서 현금흐름표가 탄생했다. 지금의 가치투자자들이 현금과 현금흐름표에 집중하는 것은 본질에 집중하는 당연한 일이다. 즉, 본질인 현금 기준에서 발생 기준인 이익 위주로 갔다가 현금 기준으로 회귀하고 있다.

국가 재무상태표, 국가 손익계산서, 국가 현금흐름표와 환율의 관계

복식부기적 사고, 즉 원인과 결과라는 복식(양면)으로 경제적 거래를 관찰하면 미시적인 기업 거래와 거시적인 국가 경제 거래가 동일한 원리에 의해 움직이는 것을 알 수 있다.

기업 손익계산서의 영업이익에 해당하는 국가 손익계산서의 경상수

한국과 중국의 현금흐름(GDP 대비 경상수지, 1980~2019)

출처: State administration of foreign exchange china, The bank of Korea

중국 고정자산 투자 추세(2013~2018)

출처: Alhambra investments

지가 국가의 주된 경제 상태를 말해주고 결국 기업의 주가에 해당하는 환율(국가 주가)에 직접 영향을 준다. 주요 지표인 GDP 대비 경상수지로 국가의 대외 안정성과 신뢰성을 확인할 수 있고 이는 환율에 연결된다.

중국의 고정자산 투자는 2018년 4분기부터 디레버리징이 축소되면서 다시 증가하고 있다(5년 추세 반대). 또한 지급준비율 인하, 재정적자 등으로 통화량도 다시 급증하고 있다. 국가 순자산가치가 증가하면 장기적으로 기업의 순자산가치와 이익도 증가하고, 위안화 가치가 상승하며 주가도 상승할 것이다. 즉, 자본 투입, 자산 축적 소득 창출이라는 과정을 밟게 된다.

국가 재무상태표의 순자산이 증가하고 국가 현금흐름표상 경상수지가 증가하면 국가 주식시장과 부동산시장의 가격이 상승한다. 기업 재무상태표의 순자산이 증가하고 영업현금흐름이 증가하면 해당 기업의 주가가 상승하는 것과 같은 원리다.

국가 재무상태표, 국가 현금흐름표, 국가 손익계산서와 기업 재무상태표, 기업 현금흐름표, 기업 손익계산서는 밀접한 상관관계를 갖는다. 국가의 경상수지는 내재가치이자 현금흐름이다. 경상수지가 적자로 전환되면 국가라는 회계 단위의 가격인 환율은 하락한다.

기업의 현금흐름(이익, flow) × 멀티플(PER) = 주가(기업 가격)

국가의 현금흐름(경상수지, flow) × 멀티플 = 환율(돈의 상대적 가격, 국가의 가격)

기업의 순자산(stock) × 멀티플(PBR) = 주가(기업 가격)

국가의 순자산(외환 보유액, stock) × 멀티플 = 환율(돈의 상대적 가격, 국가의 가격)

미국 무역수지와 환율(1994~2020)

출처: BEA, BIS

  국가의 현금흐름(무역수지, 경상수지)과 국가의 가격인 환율은 상당한
인과관계를 갖는다. 기업의 이익, 현금흐름이 주가와 직접적 인과관계를
갖는 것과 같다. 500년 동안 발전한 복식부기적 사고에서 보면 이런 인
과관계는 당연하다. 심지어 사람도 경제적 관점에서만 보면 소득과 순자
산에 따라 몸값이 달라진다.

  국가 재무상태표의 순자산에 해당하는 중국의 외환 보유액이 증가하
면 반대로 국가의 가격에 해당하는 위안화 환율은 하락(위안화 가치 상승)
한다.

  국가 재무상태표의 순자산에 해당하는 한국의 외환 보유액이 증가하
면 반대로 국가의 가격에 해당하는 원화 환율은 하락(원화 가치 상승)한다.
이런 현상은 달러가 금과 같은 역할을 하는 현재 세계 경제 시스템에서
기축통화 국가인 미국을 제외하고 모든 나라에 적용된다.

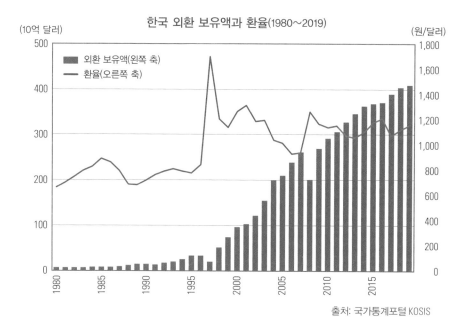

한국 외환 보유액과 환율(1980~2019)

(10억 달러)
(원/달러)

- 외환 보유액(왼쪽 축)
- 환율(오른쪽 축)

출처: 국가통계포털 KOSIS

중국 외환 보유액과 환율(1980~2019)

(10억 달러)
(위안/달러)

- 외환 보유액(왼쪽 축)
- 환율(오른쪽 축)

출처: 국가통계포털 KOSIS

복식부기적 사고의 확장

국가 현금흐름인 경상수지(내재가치, 현금흐름)가 적자로 전환되면 국가 돈의 상대적 가격인 환율은 하락한다. 경상수지와 환율은 인과관계가 크다. 기업의 이익(현금흐름)이 하락하면 주가가 하락하는 것과 같은 원리다.

국가 전체의 시간, 자본, 인적, 공간, 핵심 자산 생산성이 국가에 속한 기업과 개인의 생산성을 결정한다. 따라서 투자자는 투자 국가 전체의 생산성에도 주의를 기울여야 한다. 예를 들어 아무것도 아닌 것 같은 특허법이 미국의 생산성을 획기적으로 올렸고 구성원인 기업과 개인 모두에게 번영을 가져왔다. 한국의 사소하지만 많은 정부 규제들은 국가 생산성을 많이 낮추고 결국 기업과 개인 모두에게 직접적인 피해를 주고 있다.

버핏은 생산성 향상이 1776년 건국 이후 미국인들의 생활 수준을 대폭 높인 비결이었다고 간파했다. 그는 2015년 주주서한에서 "그러나 생산성과 번영 사이의 밀접한 관계를 제대로 이해하는 미국인은 아직도 극소수에 불과합니다"라고 말했다.

생산성은 기술에서 나오고, 기술의 재산권을 보호하는 특허는 기술 혁신을 보장하고 촉진한다. 링컨 미국 대통령은 그래서 "특허법은 천재들의 연료"라고 말했다.

국가 생산성 = f(자본생산성,시간생산성,공간생산성,인적생산성,핵심자산생산성)

자본생산성 = 자기자본이익률, 사용자본영업이익률, 유형자산이익률

주식 가격 = f(자본생산성)

한국의 자본생산성: 최근 10년 ROE 6~10%

미국의 자본생산성: 최근 10년 ROE 15~20%

중국의 자본생산성: 최근 10년 ROE 8~12%

국가 재무상태표상의 유무형 자산의 양과 질이 결국 국민소득(손익계산서, 현금흐름표)의 지속 가능성을 결정하게 된다. 따라서 국가 지도자는 우수한 유무형 자산을 축적하는 데 국가 자본을 집중 배분해야 한다.

1900년 이후 미국의 생산성(GDP)은 지금까지 세계 1위다. 이는 산업혁명, 전기, 자동차, 컴퓨터, 인재, 제도, 시스템, 문화 등 다양한 유무형 자산의 축적과 이어지는 재축적에 기인한다. 기업, 개인, 국가 모두 유무형 자산이 장기간 축적되지 않으면 소득과 이익을 증가시키거나 유지할 수 없다.

국가별 생산성 발전의 역사

산업화에 따라 제조업의 생산성이 기하급수적으로 성장하면서 인류의 소득이 급격히 증가하고 삶의 질이 비약적으로 높아졌다. 한국의 1800년대 농업, 제조업, 상업 생산성은 영국·미국 생산성의 10%에도 미치지 못했다. 따라서 조선 시대는 1% 상위층을 제외하고는 삶을 영위하는 것조차 버거울 수밖에 없었다. 지금 한국의 풍요로운 삶은

세계 1인당 GDP 추이(1960~2018)

(천 달러)

출처: World Bank

1970~90년대에 국가 생산성이 비약적으로 상승한 결과다. 따라서 지금도 국가 전체 생산성을 향상시키는 노력이 최우선으로 이루어져야 한다. 그중에서도 제조업 및 금융업의 생산성을 올리려면, 분모에 해당하는 투입량을 줄이기 위해 각종 규제를 과감히 없애고, 분자에 해당하는 산출량을 늘리기 위해 자원을 집중 분배할 필요가 있다.

국가 전체의 인적자본 배분 상태가 국가의 생산성을 결정하고 다시 국부를 결정한다. 서구 선진국에서는 농업 부문에 배분된 인적자본이 19세기 초부터 급격히 감소하고 제조업 부문으로, 다시 컴퓨터 부문으로 배분되면서 상대적으로 높은 국가 생산성을 유지하고 있다. 한국도 이런 패턴을 벤치마킹해 지금의 국부를 이루었지만 계속해서 인적자본 배분에 대해 고민해야 한다.

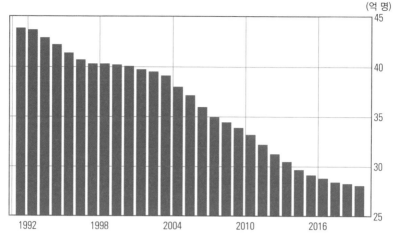

세계 농업노동인구 추이(1991~2019)

(억 명)

출처: World Bank

　전 세계 농촌노동인구 비율 그래프(278쪽 위)를 보면 주요 개발도상국은 아직 최소 30%의 인구가 농업에 종사한다. 국가 전체의 생산성은 도시인구 증가와 더불어 급격히 상승한다는 점에서 보면 개도국의 생산성이 낮은 이유를 알 수 있다. 세계 각국은 도시화가 진행되면서 생산성도 급격히 향상되었다. 한국과 중국도 예외 없이 도시화와 더불어 성장했다. 기업과 부동산의 이익 가치와 순자산가치도 결국 국가의 도시화와 더불어 증가하고 주가와 자산 가격도 상승하는 과정을 거친다.

　국가로 보면 중국에서 영국으로, 이어서 미국으로 세계 패권이 이전되었는데, 이는 국가 생산성을 비약적으로 향상시키는 수단을 누가 확보하고 계속 향상시키는가로 결정되었다(278쪽 아래 참조). 미국과 중국의 무역전쟁도 결국 신기술, 자원, 기축통화 등 국가 생산성을 향상하는 수단

전 세계 농촌노동인구 비율(2019)

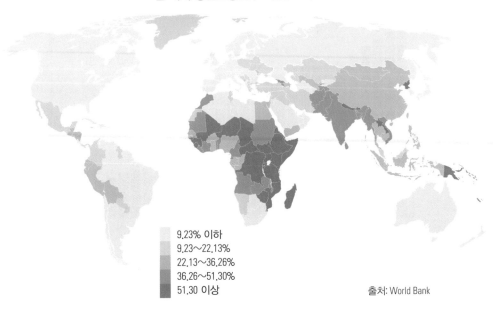

9.23% 이하
9.23～22.13%
22.13～36.26%
36.26～51.30%
51.30 이상

출처: World Bank

시기별 국가 생산성

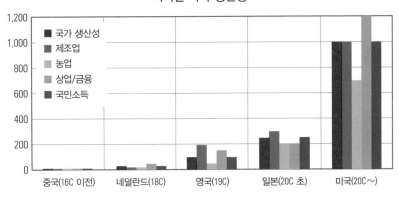

* 국가 생산성 = 제조산출/제조투입 × 농업산출/농업투입 × 상업산출/상업투입 × 정부산출/정부
투입 × 사회산출/사회투입
= 시간생산성 × 공간생산성 × 자본생산성 × 핵심자산생산성 × 인적생산성

출처: 저자 작성

을 독점하기 위한 싸움이다.

국가 생산성에 따라 국민소득이 결정된다. 따라서 국가 최고경영자의 업적은 상당 부분 국가생산성지표로 평가해야 한다. 2019년 OECD 시간당 노동생산성 통계에서 한국은 39.6으로 나와서 OECD 평균인 53.4에 훨씬 못 미친다(280쪽 참조).

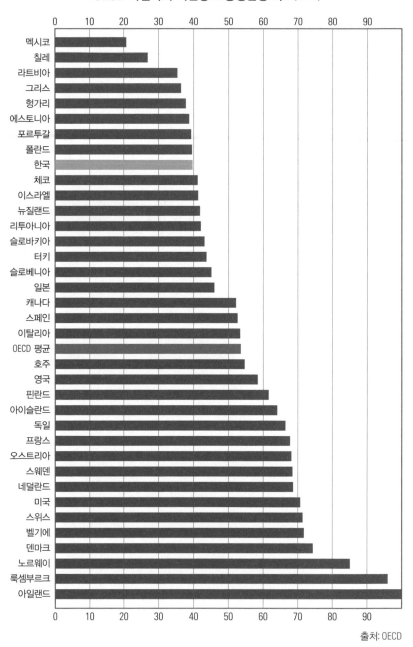

OECD 가입국의 시간당 노동생산성 비교(2019)

국가	
멕시코	
칠레	
라트비아	
그리스	
헝가리	
에스토니아	
포르투갈	
폴란드	
한국	
체코	
이스라엘	
뉴질랜드	
리투아니아	
슬로바키아	
터키	
슬로베니아	
일본	
캐나다	
스페인	
이탈리아	
OECD 평균	
호주	
영국	
핀란드	
아이슬란드	
독일	
프랑스	
오스트리아	
스웨덴	
네덜란드	
미국	
스위스	
벨기에	
덴마크	
노르웨이	
룩셈부르크	
아일랜드	

출처: OECD

결론

책을 마무리하면서 독자들께 몇 가지 이야기를 전하고 싶다.

투자를 통해 돈을 버는 방법은 여러 가지가 있다. 그러나 이렇게 돈을 버는 것은 분명 쉽지 않다. "투자가 쉬웠으면 누구나 부자가 되었을 것이다"라는 찰리 멍거의 말이 아니어도 가볍게 생각하지 않기를 바란다. 행운에 속지 않고 불운에도 당하지 않기 위해서는 실력을 최대한 축적해야 한다. 자신의 무지를 불운 탓으로 돌리면 안 된다

투자는 정보를 가장한 수많은 노이즈를 제거하고 지식과 경험의 추상화 수준이 올라갈수록 간단해진다. 그러나 이것이 쉽다는 의미는 아니다. 회계와 재무를 잘 안다고 해서 반드시 돈을 버는 것도 아니고, 반대로 전혀 모른다고 해서 돈을 못 버는 것도 아니다. 내가 말하는 방법이 반드시 정답인 것도 아니다. 창조적 비판을 통해 좋은 것만 취해 자기에게 잘 맞는 투자 방법을 만들어가면 된다. 타인의 투자 도그마가 독립적 사고가 필수여야 하는 투자자들을 지배하게 두지 말아야 한다.

다만 나는 회계와 재무를 어느 정도 알면 신뢰성과 자본생산성을 검증할 수단이 생기기 때문에 투자 원금을 잃을 확률을 크게 줄일 수 있음을 강조하고자 한다. 특히 이 책에서 언급한 현금흐름/이익(CCR)과 현금전환일수(CCC)라는 핵심 지표 2가지만 5, 10년 이상 시계열로 잘 관찰해도 부실 기업을 필터링하고 명품 기업을 선택할 수 있을 것이다.

인문학적 관점에서 보면 인간과 인간이 만든 기업이라는 조직은 통제 불가능한 외생적 변수와 더불어 태생적으로 기망과 도덕적 해이에 빠지기 쉬운 프래질한 상태를 갖고 있으며, 시간과 함께 대부분 그 프래질은 비선형적으로 증가한다. 100년 이상 존속하는 상장 기업이 거의 없는 사실에서 이를 알 수 있다.

나는 투자의 본질과 성패가 손익계산서상 이익이 아닌 정량적 신뢰성, 현금과 현금흐름을 제대로 이해하는 것에 달려 있다고 끊임없이 강조한다. 심지어 투자와 전혀 상관없는 것 같은 삶의 황금률, 즉 '타인에게 대접받고 싶은 대로 타인을 대접하라'도 투자의 근본과 연결되어 있다. 모든 투자자는 기업이 지속해서 정량적 신뢰성 있는 이익을 보여주고 주주를 동반자로 여겨 배당 및 자사주 매입 등의 환원 정책으로 대접하길 원한다. 투자자가 할 일은 단지 그런 기업을 찾는 것, 그런 다음 우직하게 보유하는 것이다.

마지막으로 끊임없는 학습과 사고를 통해, 전문가들의 예측에 기대지 않고 온갖 변수에도 강해지는 안티프래질한 투자자들이 되기를 바란다.

책을 끝까지 읽어주신 독자들께 다시 한번 감사의 말씀을 드린다.

편집 후기

    기업의 현금흐름에 초점을 맞추는 투자 패러다임의 혁명적 전환이 이뤄지고 있다.

    투자의 역사에서 세계 최초로 기업의 현금흐름에 집중한 선구자가 바로 워런 버핏이다. 버핏은 1986년 주주서한에서 처음으로 주주이익(owner's earning)이라는 용어를 제시했다. 버핏의 주주이익의 개념은 이후에 개념이 정립되어 활용되고 있는 잉여현금흐름과 거의 동일하다.

    주주이익, 즉 잉여현금흐름에 집중한 버핏의 접근이 당시에 왜 혁명적이었는지를 자본주의의 발전 과정에 비추어 다시 짚어보자. 기업회계는 상업이 발달하면서 단식부기에서 복식부기로 1차 혁명을 거친다. 현금수지와 타인과의 채권·채무만 기록하는 단식부기는 손익의 내용과 원천을 파악할 수 없고 수치를 검증할 수도 없는 한계를 드러냈다. 이탈리아 피렌체 등에서 발명한 복식부기가 이 문제와 한계를 해결했다. 복식부기는 대변과 차변 이중으로 기록하고 각 합계가 일치하는 원리에 의해 검증을 가능하게 했다.

기업회계의 2차 혁명은 발생주의다. 매출과 비용을 연계해 기록하는 발생주의는 산업혁명과 함께 전개되었다. 1800년대 중반 철도회사는 추가 노선을 개설할 때 토지 매입과 철도 부설 등에 막대한 투자를 벌여야 했다. 당시 회계 방식으로는 투자하는 동안 막대한 손실이 누적되었다. 적자를 보면 주주에게 배당할 수 없었다. 기존 주주들에게 배당된 금액에 이끌려 새로 출자한 주주들의 불만이 쌓였다. 이를 해결하기 위해 고정자산 투자에 들어간 비용을 분산하는 감가상각 방식이 고안되었다.

감가상각은 발생주의 회계의 출발점이 되었다. 발생주의 회계는 현금주의 회계와 대비되는 방식이다. 고정자산 투자는 현금주의에 따르면 전액 비용으로 반영되는 반면 발생주의로는 감가상각 금액만큼만 비용으로 처리된다. 발생주의는 고정자산의 비용을 그 자산을 투입해 매출을 발생할 수 있는 여러 기간에 걸쳐 분산한다. 비용과 매출을 연계하는 것이다. 감가상각 처리가 지출 상황에서의 발생주의 회계이고, 외상매출금 기장은 수입 상황에서의 발생주의 회계다. 외상매출금으로 현금이 들어오지는 않지만, 상품을 매입한 경비가 외상매출금에 대응한다.

발생주의 회계혁명은 그러나 다른 문제를 낳았다. 고무줄 회계와 분식회계라는 문제였다. 회계의 신뢰성 제고를 위해 회계감사와 공인회계사(CPA) 제도가 탄생했지만, 발생주의의 한계를 해결하지는 못했다.

이런 가운데 버핏이 주주이익이라는 혁명적인 개념을 내놓으면서 현금 중시라는 새로운 패러다임을 제시했다. 버핏은 앞서 말한 대로 1986년 주주서한에서 "주주이익은 공시된 이익에 감가상각, 감모상각 등 현금 유출이 없는 비용을 더하고 사업이 장기적인 경쟁적 위치와 판매량을 충분히 유지할 수 있을 정도로 공장 및 기계설비에 투자되는 연간 유형자산 투자비용의 평균치를 빼서 계산한다"고 밝혔다. 이 주주이익은 영업현금흐름에서 자본적 지출과 운전자본증가액을 제외한 금액인 잉여현금흐름임을 우리는 이미 알고 있다. 버핏의 주주이익은 발생주의 투자에서 현금주의 투자로 중심을 전환하는 데 핵심이 된 개념이다.

버핏을 필두로 한 가치투자자를 비롯해 필요한 사람들은 기업의 현금흐름을 재무제표로부터 직접 계산했다. 현금흐름표가 작성된 건 재무제표 발달 과정의 가장 마지막 단계였다. 현금흐름표는 미국에서 1988년에 의무화되었다. 한국은 서구보다 늦은 1995년에야 현금흐름표를 작성하기 시작했다. 현금흐름표 작성은 기업회계의 3차 혁명이라고 의미를 부여할 수 있다. 그리고 이 3차 기업회계 혁명을 이미 앞서 활용한 선구자가 버핏이었다.

발생주의 회계는 창의적으로 수치를 바꿀 여지가 있다. 분식도 가능하다. 그러나 현금은 정직하고 분식할 수 없다. 그래서 주주이익, 즉 잉여현금흐름은 주가에 직접 영향을 미친다. 많은 사람이 내재가치를 정의하기 힘들어하지만 버핏은 명확하게 정의했다. 단순한 의미로 현재와 미래의 현금흐름의 합이다. 내재가치에 따라 투자하는 것이 가치투자다.

버핏이 현금흐름을 중시하는 패러다임 전환을 실행한 지 수십 년이 지났는데도 한국에서는 아직 이 투자 접근법이 거의 활용되지 않고있다. 국내 투자자들은 현금흐름에는 눈길을 주지 않는다. 일반 투자자는 물론이고 증권사의 애널리스트들 중에서도 현금흐름을 분석하고 거론하는 이가 거의 없다.

1장에서 저자가 한 말을 다시 강조하며 마무리하고자 한다. '본말전도

(本末顚倒)'는 '근본 줄기는 잊고 사소한 부분에 치우쳐 일을 처리함'을 뜻한다. 투자자가 중요하게 고려할 '본(本)'은 기업의 수중에 있는 현금이다. 손익계산서의 이익은 이 '본'이 표현된 결과인 '말(末)'에 해당한다. 손익계산서의 이익에만 신경 쓰는 방식은 본말전도의 접근이다. 이익을 보되 현금에 더 집중하는 대전환을 독자 여러분께 제안한다. 이것이 바로 버핏의 주주이익을 기반으로 한 가치투자의 출발선이다.

책임 편집자 백우진

워런 버핏식 현금주의 투자 전략

초판 1쇄 2020년 5월 20일
　　2쇄 2020년 12월 10일

지은이　　| 장홍래

펴낸곳　　| 에프엔미디어
펴낸이　　| 김기호
책임편집　| 백우진
편집　　　| 양은희
마케팅　　| 박강희
디자인　　| 채홍디자인

신고　　　| 2016년 1월 26일 제2018-000082호
주소　　　| 서울시 용산구 한강대로 109, 601호
전화　　　| 02-322-9792
팩스　　　| 0505-116-0606
이메일　　| bookdd@naver.com
블로그　　| https://blog.naver.com/bookdd

ISBN　　| 979-11-88754-27-4

이 도서의 국립중앙도서관 출판예정도서목록(CIP)은
서지정보유통지원시스템 홈페이지(http://seoji.nl.go.kr)와
국가자료공동목록시스템(http://www.nl.go.kr/kolisnet)에서 이용하실 수 있습니다.
(CIP제어번호: CIP2020016929)